U0621697

求真务实六十载

——历史研究所同仁述往

中国社会科学院历史研究所 编

中国社会科学出版社

图书在版编目（CIP）数据

求真务实六十载：历史研究所同仁述往／中国社会科学院历史研究所编.
—北京：中国社会科学出版社，2014.6
ISBN 978 - 7 - 5161 - 4291 - 2

Ⅰ.①求…　Ⅱ.①中…　Ⅲ.①中国历史—文集　Ⅳ.①K207 - 53

中国版本图书馆 CIP 数据核字（2014）第 105382 号

出 版 人	赵剑英
责任编辑	黄燕生
责任校对	胡　燕
责任印制	戴　宽

出　　版	中国社会科学出版社
社　　址	北京鼓楼西大街甲 158 号（邮编 100720）
网　　址	http://www.csspw.cn
	中文域名:中国社科网　　010 - 64070619
发 行 部	010 - 84083685
门 市 部	010 - 84029450
经　　销	新华书店及其他书店

印　　刷	北京君升印刷有限公司
装　　订	廊坊市广阳区广增装订厂
版　　次	2014 年 6 月第 1 版
印　　次	2014 年 6 月第 1 次印刷

开　　本	710 × 1000　1/16
印　　张	20.75
插　　页	2
字　　数	330 千字
定　　价	66.00 元

凡购买中国社会科学出版社图书,如有质量问题请与本社联系调换
电话:010 - 64009791
版权所有　侵权必究

目　录

序　为人民群众而研究历史 …………………………… 卜宪群（1）

在《历史研究》创刊初期的日子里 ……………………… 林甘泉（1）

尹达先生与郭沫若交往中一些罕为人知的往事 ………… 谢保成（10）

问学苑峰先生的往事 …………………………………… 谢保成（24）

形象史学的先行者和奠基人
　　——记沈从文的学术研究方法 ……………… 赵连赏（36）

难忘师恩 ………………………………………………… 吴伯娅（46）

谢桂华先生的简牍学成就 ……………………………… 邬文玲（51）

有为事业甘"下地狱"精神的应永深 ………………… 王宇信（72）

我的老师林甘泉先生 …………………………………… 杨振红（77）

记业师陈高华先生 ……………………………………… 刘　晓（84）

孜孜笃实　精进不已
　　——陈祖武先生的治学进路与成就管窥 …… 林存阳　杨艳秋（98）

巨匠规矩　金针度人
　　——回忆李学勤先生指导我作硕士论文的点滴 ……… 苏　辉（126）

历史研究所甲骨学六十年 …………………… 宋镇豪　刘　源（132）

秦汉魏晋南北朝研究室与简帛研究中心六十年回眸 …… 杨振红（159）

登堂琐忆 ………………………………………………… 梁满仓（166）

历史研究所的敦煌学研究 ……………………………… 杨宝玉（170）

《天圣令》整理出版始末 ……………………………… 黄正建（179）

历史研究所的宋史、辽金史研究 ……………………… 关树东（189）

历史研究所明史学科六十年 …………………………… 万　明（199）

历史研究所徽学研究的回顾与展望 …………………… 阿　风（229）

从中亚到内陆欧亚：古代中外关系史研究室发展回顾 … 李锦绣（235）

"侯门一入深似海"

　　——思想室的今昔 ………………………………… 张海燕（252）

历史地理研究室的过去与现在 ………………………… 史为乐（273）

我在《中国史研究》杂志社的三十年 ………………… 彭　卫（281）

我和《中国史研究动态》 ……………………………… 刘洪波（287）

那些年，我们做过的那些事 …………………………… 刘荣军（299）

同舟十五年 ……………………………………………… 张金奎（305）

在所十年 ………………………………………………… 陈时龙（310）

编后记 …………………………………………………… 王震中（314）

序

为人民群众而研究历史

卜宪群

时光荏苒，星移斗换。新中国成立 65 年之际，我们迎来了历史所建所 60 年的喜庆日子。60 年一个甲子轮回，在中国人的记忆中有着特殊回味。60 年来，在党和国家的关怀下，在海内外史学同仁们的支持下，经过几代人的艰苦奋斗，不懈努力，历史所不仅为新中国历史学的建设与发展做出了自己应有的贡献，也奠定了历史所在中国古代史研究领域中的地位。在这个喜庆的日子里，每位曾经在历史所学习、工作或关心、支持过历史所的人，都会从内心发出许多由衷的感慨！我自 20 世纪 90 年代初来到历史所，在这个神圣的殿堂里学习和工作，转瞬已有 20 余年。我与每位同仁一样，深受前辈学者治学为人精神的熏陶，沐浴着前辈、同辈学者的关心与帮助，在这个大家庭里生活与成长，这是一份难得的温馨！在建所 60 年之际，我们继《求真务实五十载》之后，再编《求真务实六十载》，其目的不仅是要记录下同仁们对这个大家庭点点滴滴的感情，记录下曾经岁月里的成就与艰辛，更是希望今天的历史所人能够继承与弘扬 60 年来的优良传统，不负党和国家与人民的希望，不负历史所前辈学者的希望，不负关心与支持历史所建设与发展的海内外学者的希望，在中华民族伟大复兴的历史进程中做出我们应有的贡献！要做到不辜负这三个希望，我们就必须铭记史学工作者的历史责任，铭记我们是以马克思主义为指导的国家历史研究所，铭记我们是在为国家和民族、为人民群众而研究历史。借同仁们给予我的这个机会，就这个问题谈几点自己的感受，不当之处，请批评指正！

一　马克思主义史学与传统史学的根本区别

古往今来，史学与所有学问一样，是作为一门对人类社会有用的学问存在着的，只不过在不同的历史阶段其所服务的主体内涵不同而已。从一般意义上来说，史学研究由事实判断和价值判断构成，但这二者并不是截然分开的。通常认为，事实判断是寻找个别事物的真实历史状态及其内在联系，具有纯粹的客观性。实际上，我们在承认事实判断具有客观性特点的同时，也应注意到不同历史时期史家对历史事实研究的选择性。史家选择什么样的历史事实作为其关注、研究、分析的对象，是与其历史观、价值观相联系的。因此，价值判断与事实判断实际上也很难分离。从这个角度来看，将历史上最广大的人民群众纳入史家科学研究的视野是唯物史观产生以后的事情。20 世纪唯物史观传入中国后，中国史学发生了根本性的变化，其突出特征就是发现并承认人民群众在历史进程中的决定性作用。在这种科学理论指导下的价值判断不仅使中国史学在研究方法、对象和内容上焕然一新，也为近代以来的中国争取民族独立、国家富强提供了坚实的理论与思想基础。改革开放以来，史学研究百花齐放，就中国古代史领域而论，以人才培养与学科建设为基础，以新材料、新角度和多学科交叉而带动的研究使中国古史在众多方面取得了重大进展。但是，我们也要看到中国古史研究中存在的两个方面问题：一是对人民群众的历史作用关注不够；二是研究的存在的碎片化倾向导致史学与时代主体的脱节。前一个问题与我们当前研究中普遍的理论缺失有关，后一个问题本质上也牵涉到理论问题，与前一个问题有紧密的联系。这两个问题都使我们身处这个时代的史学工作者的史学研究，与党和国家、与人民的愿望要求仍然有差距。如何坚持马克思主义唯物史观，坚持史学研究的方向性和目的性，特别是史学研究如何贴近人民群众、走进人民群众，是史学工作者，特别是我们国家专业史学研究机构的学者应当思考的问题。

中国是一个史学大国，传统史学（指清代以前的史学）体裁多样、内容丰富，是我们祖先史学智慧的象征。但从本体论、认识论和方法论上看，传统史学的宗旨是资政，这是一个不可否认的事实。瞿林东先生有一本论文集，叫《史学在社会中的位置》，很值得看看。在《论史学在社会中的位置》这篇文章中他对中国古代史学在社会中的位置有三句话：

"在久远的古代，史学在社会中的位置，突出地表现为它对于政治统治的重要。"

"（魏晋南北朝隋唐）史学在社会中的位置更加扩大了和加重了：政治仍占有主要的分量。"

"盛唐以下，关于史学作为兴亡治乱之借鉴和惩恶劝善之参照的社会作用，已成为统治集团、士人阶层以至于更多人的共识。"

瞿先生的这个看法，是符合中国古代史学实际状况的。我国史学起源时期"左史记言，右史记事"，记的是君主之言之事，即《左传》说的"君举必书"。孟子说"《春秋》，天子之事也。"表明传统史学自其起源之始，是服务于君主等统治阶级的。伟大的史学家司马迁要"究天人之际，通古今之变"，看似超越了阶级性，但他的史学主旨仍在于政治统治。大家熟悉的《资治通鉴》从书名上就可看出其编撰目的。此类编撰思想贯穿于历代官方史著中，大家想必也不会否定的。

传统史学的内容当然不都是资政的，而且传统史学强调资政也不是没有其积极意义。传统史学的资政宗旨在我国历史上的许多时期对统治阶级总结历史经验，肃清吏治，完善制度，保持社会的相对稳定与发展起到过非常重要的积极意义。举例说，春秋时期的鲁国大夫臧文仲从汤、禹因"罪己"而兴盛，桀、纣因"罪人"而速亡的历史观察中，总结出"其兴也勃焉"，"其亡也忽焉"的历史经验。臧文仲关于禹、汤和桀、纣行为的总结是劝诫鲁君的资政性总结，积极意义值得肯定。这种总结治乱兴衰经验的思考在后世历史上的许多时期还有很多，特别是其中的"民本"思想尤为珍贵。"民本"思想的推动，传统史学功不可没。不晚于西周，我国思想家将神（天）与君的关系转化为民与君、政与君的关系，提出了重民的思想，史书中记载不绝，如"民惟邦本，本固邦宁"、"民之所欲，天必从之"、"国将兴，听于民；将亡，听于神"、"夫民，神之主也"等等，影响了很多统治阶级中的帝王和有识之士，文景、光武、唐太宗、明太祖等都是代表，"民本"思想不仅对古代历史，即使对我们今天仍有借鉴的意义。

但是传统史学对治乱兴衰的历史总结和其中的"民本"思想并不能改变其基本价值观。传统史学中告诫统治阶级重视"民本"的目的，并不是为了服务人民群众而是为了如何更好地统治和管理人民群众，说白了是为了让人民不起来抗争。因此，在传统史学中，人民群众是没有主体地位的。在他们所认为的历史发展规律和动力上，无论是"五德终始说"还是"三统说"，只有君权神授、圣君贤臣的历史作用，而不会有人民群众。对"食货"的重视是传统史学的卓识，但传统史学家不可能认识到生产物质资料的人民群众和由物质资料生产所构成的该时期的经济基础，是决定历史的根本因素。

以唯物史观为指导的马克思主义史学与传统史学并不是截然对立的，传统史学的体裁、朴素的唯物主义观点以及其"经世致用"的史学思想都有现实意义。但又与传统史学有着本质的区别。如果简单概括为一句话，就是肯定还是否定人民群众是历史的创造者是一个根本标识。

二　人民群众在马克思主义史学中的地位

在中国，率先质疑并改变传统史学的内涵而重视社会大众的并不是马克思主义史学，而是以梁启超等为代表的新史学。梁启超批判了传统史学的四大弊端，并在西方进化论的影响下提出历史要"叙述人群进化之现象也"。几乎在同时，随着马克思主义的传入，中国马克思主义史学也开始出现。马克思主义在历史观和方法论上与传统史学根本不同，其对历史的解释范式也发生了根本变化。但在风雨如晦、鸡鸣不已的那个时代，中国马克思主义史学更多的是对中国近代国家民族危亡的思考，其反映就是20世纪20年代关于中国近代社会性质的论战。在抗日战争，这场中华民族空前危机中，马克思主义在艰难的环境中成长，体现出对国家、民族未来命运的深刻忧虑。即使是关于中国古代历史的思考，马克思主义史学，甚至包括一些实证史学的代表人物，都是从这个角度出发的，林甘泉先生在《20世纪中国历史学》这篇文章中已有论述，大家不妨读读。

从中国马克思主义史学的形成与发展中我们可以看到，中国马克思主义史学在从其起源开始所思考的问题，即国家独立、民族富强，本身就代表了当时最广大人民群众的根本利益。它诞生之始就与人民大众血肉相连。如李大钊在《我的马克思主义观》一文中开天辟地地提出，人民"生产衣食的方法"是历史发展决定性因素。

人民群众在马克思主义史学中的地位并不仅表现在对国家民族现实命运的关注，而在于其历史观，在于它所创立的唯物史观中所赋予人民群众的科学阐释上。在唯物史观看来，人类社会的发展具有不以人的主观意志为转移的客观规律性，是一个自然的历史过程。这个过程不是偶然历史事件的堆积，而是有规律可寻。一切社会历史因素，如政治、法律、宗教、哲学、文学、艺术等等，都是相互作用的，但归根结底，它们都是建立在一定社会经济形态发展必然性基础之上的相互作用。物质生活的生产方式制约着整个社会生活、政治生活和精神生活。生产力决定生产关系，经济基础决定上层建筑；社会存在决定社会意识。人类社会是运动、变化、发展着的，要用运动、变化、发展的辩证观点把握研究对象之间的基本历史联系，同时又要把研究对象放在一定历史范围之内，具体问题具体分析。历史变化的动因不应单纯用人们的思想动机来解释，而应着重考察这种变动背后的物质生活条件。生产方式的变革是一切社会制度和思想观念变动的基础。在阶级社会里，阶级斗争是这一变革的推动力之一。人民群众是历史创造者，杰出人物在历史上发挥着重要作用，但决定历史前进方向与国家民族命运的最终是人民群众。

在这些基本原理中，人民群众是历史的创造者虽然只是唯物史观基本原理之一，但实际上与其他各条原理有着不可分割的内在关系。因为唯物史观中的"人民群众"，所指的是"生产者阶级"，无论是物质生活的生产方式，还是导致生产方式变革而引发的人类社会运动变化等最基本因素中，这个"生产者阶级"都是最终决定性的力量。这与马克思主义所肯定的生产力是人类社会历史发展最终决定力量在逻辑上是完全一致的。

20 世纪 80 年代有过一次关于人民群众是否是历史创造者、是否是历史主人的争论。这次争论中的有些学者认为，马克思只说过"人们自己创造自己的历史",而没有说过"人民群众是历史的创造者"这句话。所有的人都参与了历史的创造。人民群众只能创造人民群众的历史,英雄创造英雄的历史,他们都不能创造一切历史。人民群众在历史上实际是被奴役的地位,而不是历史的主人。人民群众只是历史物质条件的创造者,不是全部历史的创造者等等观点。

这场争论在当时对纠正过去某些教条式的、"左"的历史认识有一定作用,但也造成了很多认识上的误区。我以为人民群众是历史创造者的基本理论是一个与唯物史观紧密相连的问题。人民群众是历史的创造者,与唯物史观生产力与生产关系、经济基础与上层建筑的矛盾运动是推动人类历史前进动力的马克思主义核心理论一致的。不承认这一理论,也就谈不上承认人民群众是历史创造者理论。我体会并赞成从以下三点来看待人民群众是历史创造者问题:

首先,马克思虽然没有说过人民群众是历史创造者这句话,但马克思说"人们自己创造自己的历史"绝不是人人是历史创造者的含义,而应从三个方面来理解其背景:一是从自然史与人类史相区别的角度说的。与自然史不同,人类是有目的地创造自己的历史;二是从"神"创造了历史还是人类自己创造自己的历史角度说的,"人们自己创造自己的历史"是把人的历史还给了人;三是从历史不是哲学家们所喜爱的那些思想观念的逐渐实现,不是检验他们逻辑结构的工具,而是要求把人的历史还给人这个角度说的。因此,马克思的话有其产生的历史背景,不能将"人们自己创造自己的历史"与人民群众是历史的创造者截然对立起来。的确,这里的"人们"应当包括了人民群众之外的其他群体,但马克思、恩格斯在论证这一命题时仍多次强调,"经济条件"、"经济的前提"是"决定性的",而人民群众正是最基本的经济生产者。这说明,在马克思恩格斯看来,"人们自己创造自己的历史",绝不是人人都是历史的创造者和决定因素的含义。

其次,马克思强调人们自己创造自己的历史,是要在一定历史条件下的创造,人民群众也不例外。按照有些人的逻辑,既然人民群众是历史的创造者,那么人民群众为什么从一开始就不创造出一个为人民群众服务的制度而要创造出一个剥削压迫自己的制度呢?这是不正确的,忘记了马克思所强调的人们是在一定历史条件下创造历史的基本原理。人民群众同样也只能在一定历史条件下创造历史。恩格斯在一篇文章中说:"在17世纪的英国和18世纪的法国,甚至资产阶级的最光辉的成就都不是它自己争得的,而是平民大众,即工人和农民为它争得的。"历史上的人民群众当然只能在既有的生产力的状态下创造历史,甚至是受剥削的历史,但终究是他们推动着历史的前进,包括以一种剥削制度替代另一种剥削制度的前进。

再次,人民群众是历史创造者是从马克思主义唯物史观最基本原理出发得出的结论,但绝不能做机械的、狭隘的理解。唯物史观的最基本原理就是强调以物质生产为基础的生产力的发展是历史发展的现实基础和决定性因素,人民群众正是这一基础的创造者。不能以每个人都在创造历史,人民群众只创造人民群众自己的历史这种模糊、似是而非的说法来替代人民群众是历史创造者的理论。可以说每个人都有自己的历史,但绝不是每个人都是历史的创造者。

唯物史观从生产力的决定性作用角度来看历史的创造者,因此在唯物史观中"人民群众"的概念也是发展变化的。历史上的"人民群众"指什么?当然还可以深入研究。

马克思和恩格斯充分肯定生产者的历史作用。他们在《神圣家族》一书中说:"历史活动是群众的事业,随着历史活动的深入,必将是群众队伍的扩大。"我理解这里的"群众"就是直接生产者。但是,唯物史观还并不是简单地从这种概念来看待人民群众的历史作用,而是从整个人类历史发展最基本的规律,即生产力是人类历史发展最基本动力的经济形态理论出发的,人民群众正是生产力的创造者。不管个人的主管想象或如何去创造自己的历史,但人类社会由低级向高级的发展规律,奴隶制替代封建制,资本主义替代封建制,都是不可抗拒的规律。这正是马克思唯物史观揭示人民群众创造历史的伟大意义和永恒魅力所在。

肯定人民群众是历史的创造者,是史学与人民群众产生联系的必要的、科学的理论前提。我们坚持人民群众是历史创造者理论的真正目的在于:要坚持运用唯物史观的基本理论,运用生产力与生产关系、经济基础和上层建筑的矛盾运动是推动人类历史向前发展的科学观点来分析、研究和观察历史。为人民群众研究历史是一个史学与现实的问题,但根本是一个理论方法问题。为人民群众研究历史并不是说我们只去研究直接生产者的历史，或者说只去做历史知识的普及工作，而是应当在历史研究的全部过程中以唯物史观为指导，探求历史发展的科学规律，使史学研究服务于国家和民族，服务于中华民族伟大复兴的当代使命。

三 当代中国为史学研究提出了重大命题

历史是人民群众的事业。当代中国深刻而伟大的变化，正是人民群众历史创造力的证明。时代变化业已凸显出对史学的真诚渴求。今天，我们无论是走有中国特色的社会主义道路，还是解决所面临的许多重大现实问题，都离不开从历史的角度加以审视，离不开对许多重大历史问题的认识。因此，不能正确地阐释历史，就不能科学而合理地认识现在。史学工作者作为人民群众的一部分，应自觉承担起时代赋予的责任，不能做袖手旁观者。

史学研究给时代变化提供历史借鉴和智慧支持，从来都是史学发展过程中的永恒主题。我国史学有着悠久的求真务实、经世致用传统。在许多重要历史时期，史学家都肩负重任，用自己的笔触，记录、总结并传承历史。汉代司马谈临终前感慨地说："今汉兴，海内一统，明主贤君忠臣死义之士，余为太史而弗论载，废天下之史文，余甚惧焉"，深刻体现出一位史学家强烈的时代意识和责任感。国家和民族需要史学，是因为史学记录和传承着一个国家和民族的历史文化，是凝聚全民族的精神财富，是每一个国家和民族前进的必然起点，无法舍弃。政治需要史学，杰出的政治家总是善于继承历史，能够从历史中看见未来的方向，从丰厚的历史遗产中寻求到治国理政的方法。社会需要史学，是因为历史本身是社会大众创造的，人们可以从历史中吸取智慧和经验，开阔视野，陶冶情操，树立正确的世界观和价值观。

改革开放以来，面对纷繁复杂的国际国内形势变化，党和国家对繁荣和发展包括历史学在内的哲学社会科学提出了新的、更高的要求，社会大众也表现出空前的"历史热"。对此，一些史学工作者提出"崛起的中国需要历史学家在场"，强调历史学"要关注民族与人类的命运"，呼吁史学工作者要承担起"社会责任"，这是完全正确的。这不仅是繁荣和发展哲学社会科学的需要，更是史学工作者为人民群众而研究历史这一根本宗旨的需要。我想如下几个方面值得我们思考和关注：

一是史学要关注与研究中国历史的发展道路，正确阐释走有中国特色社会主义道路的必然性。我们取得的成绩与存在的问题，与我们的所走过的道路密不可分，需要我们从历史的角度总结。习近平同志在十二届人大一次会议以来的多次讲话中提到三个时间点：5000 多年、170 多年、30 多年，这三个时间点所对应的时间段，正是中华文明形成与发展、鸦片战争和改革开放以来三个时期。5000 多年是中华民族一脉相承的历史，170 多年是鸦片战争以来仁人志士寻找救国救民道路，并最终选择社会主义道路的历史，30 多年是改革开放，形成有中国特色社会主义道路的历史。这三个时期是一个有着内在必然的历史联系的过程。正是以这样的历史眼光，以习近平同志为总书记的新一届党中央领导集体，提出要实现中华民族伟大复兴中国梦的远景。中国梦离不开中国历史文化背景，中国人民和各国人民要正确理解中国梦，也离不开对中国历史发展道路的正确认识，史学应当为弘扬这一时代主题发挥出自身的学科优势。近来，有的史学工作者对史学远离现实而呈现出边缘化的状况表现出忧虑，这种担心不无道理。中国崛起和中国道路业已展现的世界意义，给史学研究带来了新的视野，提出了新的问题。但根本的问题还不是边缘化，以历史虚无主义为代表的史学领域中的某些"研究范式"，丑化中国历史文化，曲解中国历史特别是近现代历史发展道路，其所造成的历史价值观的混乱，要比"边缘化"更为严重。阐释中国历史发展道路、阐释中国梦、中国崛起的内涵和意义，必须摒弃历史虚无主义，以唯物史观为指导，总结历史规律，科学回答和解释走有中国特色社会主义道路的必然性。这是时代对历史学的呼唤和要求。

二是史学应结合现实，探讨当代社会伟大变革历史进程中所出现的问题，承担起史学工作者应尽的责任。史学研究是一个复杂的过程，有着强烈的个性色彩。每一项严谨的具体问题研究都有其合理的科学价值，探讨个别事物及其相互间的联系无疑也是必要的。但史学不应只成为史学家自己手中的艺术品，研究的"碎片化"是导致其经世致用作用丧失的必然结果。改革开放以来，环境史、区域史、文化史、社会史、边疆史、海洋史的崛起，适应了时代的需要，引起社会的广泛关注，产生了积极的社会作用。但仍有许多问题有待深入。从宏观上来说，对中国历史与世界历史的统一性和多样性问题的认识，随着中国的崛起而显得越发重要；探讨事物之间的普遍联系进而对中国历史发展的规律性、历史发展的动力进行再分析，已经是摆在史学工作者面前的重大问题。从中观或微观上来说，历史上统一多民族国家的形成问题、边疆与民族问题、"三农"问题、城镇问题、区域发展问题、基层社会管理问题、环境与灾害史问题、海洋与中国历史发展道路问题、丝绸之路与中外关系问题，都是有待开拓或深化并与现实有重要联系的课题。

三是史学工作者要重视普及科学历史知识，传播与弘扬优秀传统文化。史学的研究成果不能只局限在史学研究者的范围之内。多年来，由于史学工作者淡出历史知识普及领域，致使错误的历史价值观和错误的历史知识在各种媒体上传播，误导了广大读者和观众。用科学的历史观、正确的历史知识普及传统文化已是社会真诚的渴求。历史文化资源与自然环境资源同等珍贵，史学工作者应当为优秀历史文化的传播做点自己的贡献，使人们更加敬惜历史文化资源，而不是滥砍滥伐。这一点我们应当向郭沫若、范文澜、翦伯赞、吴晗等马克思主义前辈学者多学习。十八大以来，习近平总书记围绕历史与传统文化发表过一系列重要观点，体现出中央对史学研究的高度重视，其中的许多问题既需要我们进行深入研究阐述，也需要我们结合具体史实，通过普及方式传播给社会。

四　做好新时期的历史所人

成立于 1954 年的历史研究所是在党和国家直接关怀与指导下建立的，1960 年一所、二所合并，称为历史研究所，这在《求真务实五十载》一书中已有论证。在新中国百废待兴的初始岁月，中央政府即决定在大学之外建立国家历史研究专门机构，并指派郭沫若同志兼任一所所长、陈垣先生任二所所长，足见对历史所的厚望。也正是因为中央政府及有关部门的高度重视，在建所之初，能够汇聚、凝聚一批史学大家，他们或在历史所工作，或在历史所兼职，或与历史所共同合作项目、教授学生，为历史所的学科建设与人才培养奠定了坚实的基础。60年来，一代又一代历史所人，自觉坚持以马克思主义为指导，秉持求真务实、理论联系实际的优良学风，取得了很大成就，与新中国史学同前进，共命运，是新中国史学的一个组成部分。林甘泉先生在《五十年的回忆和思考》（载《求真务实五十载》）一文中对此已有详细论述，大家可以参看。

今天工作在历史所的同仁，包括我自己在内，已经是以 20 世纪60、70 年代出生的人为主。我们属于历史所第几代人，大家还可以排一排、算一算。我们是幸运的，今天的历史所，无论是物质条件还是学术研究环境，都是前辈学者们不曾拥有的。但面对前辈学者高山仰止的学术成就，面对前辈学者为国家与社会所做出的贡献，面对党和国家以及社会对历史学的需求，我们身上的担子还很重。作为新时期的历史所人，唯有兢兢业业，鞠躬尽瘁，牢固树立起为国家、为民族、为人民大众而研究历史的信念，才能真正做好本职工作，为繁荣和发展哲学社会科学，为哲学社会科学创新工程贡献出历史所的力量。

最后，我也借此机会，向所有关心支持过历史所建设的海内外专家学者致以最诚挚的感谢！

在《历史研究》创刊初期的日子里

林甘泉

　　1954 年创刊的《历史研究》，已经走过了 60 周年。新中国成立之后，在《历史研究》出版之前，已经有几个地区性的历史刊物。《历史研究》是第一个由党中央决定创办的全国性的历史类学术刊物。1953年 10 月，我被调到《历史研究》编辑部。作为一个刚刚踏进史学之门的青年，我有幸在一些史学前辈的领导下，参加了刊物创刊初期编辑部的一些具体工作，这是我一生难忘的一段日子。

　　1953 年，党中央决定成立中国历史问题研究委员会。这年 8 月 5日，中共中央批准历史问题研究委员会成员名单，陈伯达为负责人，成员有郭沫若、吴玉章、范文澜、侯外庐、吕振羽、翦伯赞、杜国庠、胡绳、尹达、刘大年等。9 月 21 日，陈伯达主持召开委员会第一次会议，决定出版一个全国性的历史刊物。当时还未确定刊物的名称。10 月，委员会召开第二次会议（郭沫若未参加），确定刊物名称为《历史研究》，编委会由党内外 17 位史学家组成，郭沫若为召集人。会议还确定刊物的主编、副主编由尹达、刘大年担任，负责具体工作。1954 年 2 月，《历史研究》创刊号问世。《历史研究》的出版，及其编委会成员的组成，体现了新中国史学家强大的合力。在《历史研究》创刊初期，贯彻"百家争鸣"的方针，是这个刊物给我留下的最深印象。

　　刘大年同志（本文随后提及一些史学前辈时，不再称同志或先生）在《〈历史研究〉的光荣》一文中已说明，"百家争鸣"方针的提出与《历史研究》的创刊有直接联系。陈伯达曾经对尹达和刘大年说，办刊物必须"百家争鸣"。1956 年 1 月，康生在怀仁堂举行的一次有关知识分子问题的会议上说，陈伯达提出了"百家争鸣"问题。陈伯达听了连忙递上一个条子，声明不是他提出的，是他向毛主席请示办《历史研究》的方针时毛主席说的。据中央文献研究室的同志查档案，1956年4月25日，毛泽东在中央政治局扩大会议上宣布，艺术问题要"百花齐放"，学术问题要"百家争鸣"。这时距离《历史研究》创刊已经两年了。现在我们可以得出一个比较完整的认识：毛泽东在1953年9、10月间就提出历史研究要"百家争鸣"；1956年4月，他在中央政治局扩大会议上正式宣布了"百花齐放、百家争鸣"方针；而"双百"方针在《毛泽东选集》中见诸文字，则是在1957年2月27日最高国务会议上作《关于正确处理人民内部矛盾的问题》报告。刘大年认为，1953年历史问题研究委员会召开第一次会议，如果陈伯达正式传达"百家争鸣"是毛泽东提出的办刊物的方针，郭沫若撰写的《历史研究》发刊词肯定要写进去，这个意见是对的。今天我们所看到的发刊词，虽然也提出希望"有心认真学习和研究的朋友们都请来参加这项工作"，但并没有提到"百家争鸣"。

为什么毛泽东以《历史研究》为突破口，提出学术问题要"百家争鸣"？刘大年指出，这件事的背景，涉及中国古代史分期讨论中郭沫若与范文澜的不同意见之争。毛泽东是一位对历史很有兴趣、而且历史知识十分渊博的领导人。他对20世纪20年代的中国社会史问题论战以及后来有关中国奴隶社会和封建社会分期问题的讨论十分关注。他在1939年12月撰写的《中国革命和中国共产党》一文中曾经说，"中国自从脱离奴隶制度进到封建制度以后，其经济、政治、文化的发展，就长期地陷在发展迟缓的状态中。这个封建制度，自周秦以来一直延续了三千年左右"。但在《毛泽东选集》中，这篇文章有一个小注，说明"中国社会"这一章，"是其他几个同志起草，经过了毛泽东同志修改的"。这个小注，给毛泽东关于中国古代社会历史分期的见解留下了一个比较灵活的余地。我们不妨认为，毛泽东在撰写《中国革命与中国共产党》时，是赞同西周封建论的，但这并不是他的定见，此后毛泽东的见解有所变化。据知情者说，毛泽东在50年代曾经说他"比较赞成郭沫若的主张"，"他对陈伯达说：郭老有实物根据，他掌握了那么多甲骨文"（逄先知、金冲及主编：《毛泽东传1949—1976》，中央文献出版社，2003 年版）。综合有关的记载来看，毛泽东对中国古代社会历史的分期是很关心的，他对不同的分期意见都很注意，偶尔也提及自己的看法。但他有一个原则：这个问题应该由历史学家根据占有的史料来研究，通过深入的讨论求得共识。历史问题的认识不能由任何一个人（特别是不能由政治家）来做出结论，一锤定音。在 50 年代初期，有些主张西周封建论的学者常引用毛泽东在《中国革命与中国共产党》中的那段话来发挥自己的见解，这显然并不符合毛泽东的本意。陈伯达向他请示办《历史研究》的方针，他强调要"百家争鸣"，意思也就是要鼓励不同意见的争论。尹达和刘大年在《历史研究》创刊时虽然不知道毛泽东曾对陈伯达指示刊物的工作方针应"百家争鸣"，但因为陈伯达交代过要"百家争鸣"，所以《历史研究》从创刊号开始，确实是朝着这个方向努力并坚持着的。

　　《历史研究》创刊时的编委人员构成，也体现了"百家争鸣"的办刊方针。编委会由 17 位史学家组成，其中既有在国内外享有盛誉的史学大师如陈垣、陈寅恪、汤用彤等，也有几位在当时史学界已经很有影响力的中年学者；既有共产党员，也有非党员。创刊号印出的编委名单，陈寅恪列名其中，是不是得到陈寅恪的同意，这是许多人关心的问题。众所周知，中国科学院在酝酿成立历史研究第二所时，曾拟请陈寅恪担任所长，并于 1953 年 11 月下旬派曾做过陈寅恪助教的北京大学历史系副教授汪篯带上郭沫若院长和李四光副院长的两封信到广州中山大学见陈，但遭到陈的拒绝。陈寅恪在《对科学院的答复》中，以自己"不宗奉马列主义，并不学习政治"，而且"身体不好"为由，拒绝了二所所长的任命。时隔一个来月，郭沫若又请他担任《历史研究》编委，陈寅恪会同意吗？曾经被海内外一些人热炒的《陈寅恪的最后 20 年》一书，认为陈寅恪在拒绝担任历史二所所长之后，"向北京最后关上了大门，关闭之严密，没有留下一丝余地"。这种没有根据的说法，是对陈寅恪形象的极大歪曲。1999 年，我在《文坛史林风雨路——郭沫若交往的文化圈》代序中，曾据蒋天枢《陈寅恪先生编年事辑》所载陈寅恪 1954 年 1 月 23 日致郭沫若的一封信中有"一九五四年一月十六日手示敬悉。尊意殷拳，自当勉副"字句，判断这是陈寅恪对郭沫若邀请他担任《历史研究》编委的答复。2001 年，由陈寅恪家属编辑出版的《陈寅恪集·书信集》也收入了蒋天枢所引用的上述信札。郭沫若 1954 年 1 月 16 日致陈寅恪的信，是在陈寅恪拒绝担任历史二所所长之后发出的。这时《历史研究》编委会的名单已经中央批准，其中就有陈寅恪。这个名单要在 1954 年 2 月份出版的《历史研究》创刊号上刊载，所以郭沫若赶在创刊号出版之前给陈寅恪写信，告知他被邀请为编委的消息。陈寅恪随即在 1 月 23 日复信表示"自当勉副"，表示同意担任编委，语气是相当诚挚的。信中还说："寅恪现仍从事于史学之研究及著述，将来如有需要及稍获成绩，应即随时函告并求教正也。"

郭沫若与陈寅恪 1954 年 1 月份来往的两封信，是在汪篯已经回到北京并带回陈寅恪拒绝担任历史二所所长的答复之后，这一点很重要。陈寅恪在给科学院的《答复》中，说自己"不宗奉马列主义，并不学习政治"，"我提出的条件，科学院接受也不好，不接受也不好。两难。我在广州很安静，做我的研究工作，无此两难。去北京则有此两难。动也有困难。我自己身体不好，患高血压"。这是陈寅恪认真而坦率的实话，其中固然有对共产党缺乏了解的偏见，但说他向北京"关上了大门"、"没有留下一丝余地"，完全是无稽之谈。事实上，陈寅恪让汪篯带回两篇文章，也有希望能在北京发表的意思。

经党中央批准，中国科学院在 1954 年下半年开始筹备成立学部委员会。陈寅恪被提名为哲学社会科学学部的学部委员。在酝酿过程中，由于陈先前辞任历史二所所长，对他的提名曾有一些不同意见。据原科学院党组书记张稼夫回忆，[①] 最后请示了毛主席，毛主席指示"要选上"。这次提名的信息，是由时任中共中南局宣传部副部长、与陈寅恪私交不错的杜国庠面见陈传达的。陈寅恪表示同意。杜国庠专门到北京向张稼夫和郭沫若做了汇报。郭沫若为此致信陈寅恪，称"学友杜守素来京，获悉先生尊体健康，并已蒙慨允担任中国科学院社会科学部委员，曷胜欣幸"。他还告诉陈寅恪："尊著二稿已在《历史研究》上先后发表，想已达览。""《历史研究》编辑工作缺点颇多，质量亦未能尽满人意，尚祈随时指教，以期有所改进。"

---

① 中国科学院《院史资料与研究》，1991 年第 2 期。

辞任历史二所所长，但同意担任《历史研究》编委和科学院学部委员，这三件事是一个完整的史料链，反映了陈寅恪基于自己的价值观和身体状况有条件地与共产党合作的态度。有的人千方百计想把陈寅恪称道的"独立精神"和"自由意志"，放大为拒绝与共产党合作的政治态度，这完全不符合历史事实。至于说共产党从中央到地方的一些负责同志对陈寅恪生活的关怀，郭沫若和陈寅恪在广州热情相会和他们在《再生缘》作者问题讨论中所表现出来的情趣与友谊，这更是一些有政治偏见的人所不愿意提及的。

为了贯彻"百家争鸣"的方针，《历史研究》从创刊伊始，就迅速对中国古代史问题组织了不同观点的讨论。从1954年第1期到1955年第6期，共发表7篇有关文章。1956年从双月刊改为月刊，当年发表有关文章19篇。这些文章具有以下几个特点：一、涉及的年代从商周到秦汉；二、西周封建论、战国封建论和秦汉封建论的观点基本上都已提出；三、文章的作者既有已负盛名的史学家，也有初学历史的青年；四、主张西周封建论的范文澜和主张战国封建论的郭沫若虽然没有发表有关的文章，但多数文章讨论的焦点却都涉及他们的分期主张；五、魏晋封建论先前声音很小，在讨论中逐渐扩大了影响。1956年，我应《人民日报》理论部之约，写一篇介绍古代史分期讨论情况的报道。西周封建论的观点，举范文澜、吕振羽、翦伯赞为代表；战国封建论的观点，举郭沫若为代表；秦汉封建论的观点，举侯外庐为代表。这些都没有问题。魏晋封建论的观点举谁呢？我颇费斟酌。当时王仲荦在《文史哲》曾连续三期刊载一篇有关奴隶社会瓦解和封建社会形成的长文，应该说是对魏晋封建论比较系统的论述。但我知道，在此之前，尚钺在中国人民大学历史教研室究生班的讲课，以及他主编的《中国历史纲要》，都显示了他是魏晋封建论者，而且他还因此受到一些史学界同仁的批评。何兹全在新中国成立前的《食货》杂志上，也发表过比较系统的魏晋封建论的观点，只是由于他曾一度跟随陶希圣工作，新中国成立后在政治上受到一定歧视，这使他一度不愿意重申他旧日的学术观点。我考虑再三，决定把他们三人有关的观点综合加以介绍。

除了推动中国古代史分期问题的讨论之外，《历史研究》在创刊初期，还陆续推出中国近代史分期、中国封建社会土地所有制形式、中国资本主义萌芽、汉民族形成和中国农民战争等问题的讨论。史学界后来有所谓"五朵金花"的说法，这句话的发明人是向达。他当时是历史二所的副所长，也是《历史研究》的编委。他说这话的意思是希望史学界不要把研究工作都集中在历史分期等"五朵金花"问题上，要开拓研究视野。这意见当然是正确的。《历史研究》在创刊初期也发表了不少具体问题的实证性论文。向达并没有贬低"五朵金花"课题重要性的意思。但这句话后来在一些人那里，却成了嘲讽"五朵金花"没有学术含量的说辞，这就根本不是向达的本意。向达对《历史研究》编辑部的工作是很关心也很支持的。《历史研究》1954 年第 2 期发表两篇有关南诏历史的文章，一篇是向达的《南诏史略论》，另一篇是刘尧汉的《南诏统治者蒙氏家族属于彝族之新证》，两篇的论点不同，分歧在于蒙氏到底属于什么族。向文认为属于氐羌，刘文则认为是彝族。刘文是经向达最后审稿同意发表的，他并代编辑部写了一个"编者按"，称刘文"给南诏史的研究提供一些新材料，是值得我们注意的"，但又说"论文的结论我们认为还待进一步的研究，不能即作为定论"。向达对于刘尧汉的结论显然是不同意的，但是他并没有完全否定刘的文章，而是主张这个问题可以继续讨论。这应该说也是一种主张"百家争鸣"的态度。但没有想到，这期《历史研究》发行后，《人民日报》编辑部有位同志到《历史研究》编辑部来，说有读者向《人民日报》反映，对《历史研究》的"编者按"有意见，问"不能作为定论"的意思是不是反对作者的观点？是不是没有加编者按的文章都是编辑部支持的？一个"编者按"竟然会在读者中引起那么强烈的反响，这实在出乎我们编辑部同志的意料。来访的记者是我接待的，我只好对他解释，编辑部绝没有那个意思，是我们考虑不够周全，用语不够恰当。这件事对我们这些编辑人员来说是一次教育，让我们在处理不同学术观点的稿件时更加慎重，注意避免让作者或读者感到编辑部有门户之见。这件事也说明，《历史研究》"百家争鸣"的方针当时已经在广大读者中产生了影响并受到重视。

　　《历史研究》创刊初期，不少编委积极投稿。我翻检 1954 年至 1956 年的刊物目录，发现下列编委都有一篇乃至两篇以上的文章发表：郭沫若、白寿彝、向达、吴晗、季羡林、侯外庐、胡绳、范文澜、陈寅恪、嵇文甫、汤用彤、刘大年、翦伯赞。不是编委而投稿发表的老专家和中年专家有：周谷城、杨树达、罗尔纲、岑仲勉、贺昌群、唐长孺、邓广铭、王崇武、胡厚宣、尚钺、王毓铨、陈直、陈梦家、周一良、韩国磐、任继愈、荣孟源、黎澍、邵循正、孙毓棠、千家驹、王玉哲、赵光贤、杨向奎、浦江清、冯家昇、朱德熙、范宁、束世澂、李埏、邓拓、齐思和、陈述、金兆梓、杨宽、金毓黻、张维华、马非百、童书业、日知、万国鼎、林耀华、石峻等。上引编委和非编委的一长串作者名单，既说明史学家们对《历史研究》的支持，也说明《历史研究》对史学界研究工作的开展是起了推动作用的。还应该提到的是，在这几期《历史研究》的目录上，已出现好几位当时尚属青年、后来都成为史学界骨干的作者，如戴逸、金冲及、田余庆、蔡美彪、余绳武、李学勤、李泽厚、黄盛璋、胡如雷、孙祚民、王思治等。

1954年《历史研究》刚创刊时，尚无固定的办公地点，编辑部暂时挂靠在东厂胡同近代史研究所，借用所里的一间阅报室办公。最初的工作人员只有3人，除我之外，还有两位女同志，一位是刘坤一，原是燕京大学历史系的研究生，因病休学，这时病愈，参加工作；另外一位是胡柏立，负责收发和保管稿件、信件以及其他行政事务。我们三人先前都没有做过刊物的编辑出版工作，亏得中国科学院有一个编译局，刘大年当时兼任这个局的副局长，他请《科学通报》编辑部的许良英同志帮我们联系印刷厂以及其他一些出版事务。刘大年还让我拜访当时国内唯一的理论刊物《学习》杂志社，向他们取经。《学习》编辑部当时在中南海，接待我的是陈翰伯同志，他大概是编辑部的一位负责人，很热情地给我介绍了一些办刊物的经验。近代史所的谢珽造、钱宏等同志为《历史研究》的出版也帮了不少忙。初期的来稿都送请编委审阅并提出是否采用的意见。郭沫若自己就看过不少稿子。记得杨向奎最初的一篇来稿是探讨《周礼》真伪问题，郭老看了以后不满意，编辑部也就没有采用。后来杨向奎再送来一篇《释"不玄冥"》，郭老看了很满意，认为"可成定论"，建议登《历史研究》，并提出了一点补充意见。又如贺昌群的《论西汉的土地占有形态》，郭老看得十分仔细，写了"大小意见十八条"，请贺昌群修改后再刊用。编辑部当时没有必需的图书，需要查对史料时，只能到近代史所的图书馆借用。翦伯赞和吴晗的两篇稿子，引文很多，在校对清样时，两人叫我干脆到他们的家里，按照他们抄录的卡片校对引文。记得吴晗书房里一面墙整齐摆满了卡片柜，我当时很有些震撼，心想自己什么时候才能像他这样做研究啊！吴晗和他的夫人袁震还热情留我吃了午饭。

1956 年，《历史研究》编辑部搬到东四头条 1 号历史研究所第一、二所，有了正式的办公室，人员也增加至五六人。张云非同志担任编辑部的组长，他是一位很负责任和非常朴实的老同志，原先在徐特立同志身边帮助做文字工作。不久，尹达又从中国人民大学调来张书生、郝镇华、邹如山三位俄文和英文翻译，成立了一个《史学译丛》组，附设在《历史研究》编辑部。《史学译丛》不定期出版，在五六十年代颇受史学界欢迎。

《历史研究》编辑部的人员虽然有所增加，而且有许多稿件依靠编委审稿，但随着来稿增多，迫切需要加强编审力量。为此，经主编、副主编提议和编委会同意，以编委会的名义聘请北京和外地的一些知名学者作为刊物的"特约编辑"。我记得历史一、二所的杨向奎、胡厚宣、王毓铨，历史三所的荣孟源，北京大学的张政烺、周一良，北京师范大学的何兹全等人都曾经被聘请为"特约编辑"，帮助审阅某些来稿。为了加强与高等学校历史系的联系，编辑部还邀请若干高校的历史系成立通讯小组，报道该校的有中国历史研究动态。

1957 年以后，我虽然没有完全脱离《历史研究》编辑部的工作，但工作重心已经逐渐转移到历史一所。郭沫若兼任历史所所长，尹达任副所长，杨向奎任所的学术秘书。我的任务是当杨向奎的助手，同时兼任秦汉史研究室副主任，协助主任贺昌群工作。1960 年以后，历史一、二所合并为历史研究所，所长仍由郭沫若兼任，副所长尹达、侯外庐、熊德基。《历史研究》编辑部仍然附设在历史研究所，主编、副主编仍是尹达、刘大年。我终于完全脱离了《历史研究》编辑部的工作，但我始终牢记在编辑部工作的那段日子，牢记编委会、主编、副主编对我的培养和教育，牢记编辑部同志们对我的帮助。正是那几年的工作和学习，使我终身受益。我虽然从小就对历史有兴趣，1947 年考入厦门大学时，选的是也历史系，但历史专业的知识其实知道得很少，而在

1949 年 4 月我就离开学校了。正是《历史研究》创刊之后在编辑部的工作经历，让我真正踏入了史学之门。我感谢《历史研究》，并为它的茁壮成长和影响力不断扩大祝福。①

———————

　　①　本文由赵凯同志记录和整理，有些原始资料引自拙编：《文坛史林风雨路——郭沫若交往的文化圈》中谢宝成和刘潞的文章，并经郭沫若纪念馆郭平英、李晓虹核实。谨一并致谢。

尹达先生与郭沫若交往中
一些罕为人知的往事

谢保成

尹达先生的人生道路和学术道路深受两个人的影响，一是郭沫若，一是梁思永。这里，披露几件尹达先生与郭沫若交往中罕为人知的往事。

一 未谋面前有"神交"

尹达先生一生亲笔写过两篇关于郭沫若的文章，一篇是 1945 年 3 月写于延安清凉山的《郭沫若先生与中国古代社会研究》，3 月 13 日发表在延安《解放日报》，4 月重庆《群众》第 10 卷第 7、8 期转载；一篇是 1980 年 11 月 30 日写于北京的《郭沫若与古代社会研究》（以延安所写为"前篇"，新写为"续篇"）。

"前篇"回顾与郭沫若的交往："大革命失败之后，白色恐怖笼罩着全国，不少的青年知识分子大都彷徨歧途，无所适从，他们对中国革命的信心是减低了，对中国社会发展的规律和动向存在着一些糊涂观念。这时候，正迫切地要求着这一问题的解答。"郭沫若出版了《中国古代社会研究》，"以锋利的文学手法，把枯燥的中国古代社会写得那样生动，那样富有力量，对当时的青年知识分子，正像打了一针强心剂。"紧接着写道："郭先生这一本书的功绩绝不止此，在中国，这是以唯物史观的观点研究中国历史的第一部巨著，从中国历史科学的发展上看，它确是一部划时代的作品；由于它的诞生，才把陈腐的中国古代史料点活了，才奠定了研究中国古代社会历史的基础。"特别强调

"郭先生研究中国古代社会的态度是非常审慎的，他深刻地了解古籍特点，并不曾醉心于那些真伪莫辨的古书，而别辟生面，从最可靠的史料着手研究"，"在国外那样困难的条件下"研究甲骨文字，写成《卜辞通纂考释》一书，"成为中国空前的、综合性的、关于甲骨文字的杰作，每一个研究古代社会和古文字学的人，都依靠着它作为最可靠、最珍贵的读物"。同时，肯定董作宾"将卜辞分为五个时期"是"中国古文字学上的创见，同时也正是研究殷代社会的学者所必须重视的收获。"①

尹达先生在延安写成《中国原始社会》一书，扉页为《从考古学上所见到的中国原始社会》，以别于其他关于原始社会的论著，由作者出版社 1943 年 5 月出版。全书分三编，第一编从考古学上所见到的中国原始社会，第二编从古代传说中所见到的中国原始社会，第三编补编，由已发表的文章三篇组成：中华民族及其文化之起源、关于殷商社会性质争论中的几个重要问题、关于殷商史料问题。

第一编第二篇中国氏族社会，1955 年改写为《中国新石器时代》的长篇论文，反映出作者深受梁思永的学术影响。第一编第三篇在崩溃过程中的中国氏族社会——小屯文化的社会，"不称之为'殷代文化'而更切近事实的称之为'小屯文化的社会'"，显示与其他原始社会史著述的不同。这一篇反映出作者深受郭沫若的影响，但又有与郭沫若不尽相同的认识。

首先，这一篇的结构与郭沫若《中国古代社会研究》第三篇《卜辞中的古代社会》的结构几乎完全相同：一、经济结构，包括农业、牧畜、狩猎、工艺、贸易与交通五项；二、社会组织结构，包括氏族组织、战争、阶级和私有财产的发生、国家的初期形态四项；三、意识形态，包括宗教、历法、文字、艺术四项。引用基本史料，主要依据郭沫若《卜辞通纂考释》，并"借重""彦堂先生的成果"。

贯穿这一整篇，有一个长期被人们忽略但又非常重要的观点，即把

---

① 上引均见《郭沫若与古代社会研究》，《中国史学集刊》第 1 辑（江苏古籍出版社1987 年），收《尹达史学论著选集》（人民出版社 1989 年版，下同）、《尹达集》（中国社会科学出版社 2006 年版，下同）。

"帝王"遗存与一般居民遗存区分开来的观点:

> 我们不能将所有的材料等同看待:其中之甲骨文字、精制的铜器、细腻的石雕、伟大的葬地、以及小屯村北的房基遗存等等,我们不得看作一般居民的遗存,不得根据这些材料就直接的肯定的推断小屯文化之一般的社会情况;因为,这些是当时所谓"帝王"们的东西,质的方面高出于一般居民之上。小屯附近的十个遗址,大部分可以代表当时的社会一般的生活。[①]

这是一个很值得从事考古工作注意的问题,即如何用考古材料看待古代社会,是以"帝王"的遗物为依据,还是以一般居民的遗物为依据?

经济结构一章,明确表示:

> 我们并不否认青铜器的存在;但是,当时青铜器的所有者是所谓"帝王",并没有普及于一般社会之中,且当时的"帝王"和其辅佐者很明显地已经完全脱离生产了,铜器的制作仅限于兵器和礼器,便是很清楚很有力的凭证。因此,我们以为铜器在当时的生产事业里并不曾起更大的作用,它不是当时的主要的社会性的生产工具;而只是少数脱离生产事业的"帝王"的用品,……我们不能因此就和一般的生产工具联系在一起。[②]

农业一节,指出"殷末的'帝王'虽然脱离了生产,但是其生活的基础主要的还是建筑在一般氏族成员的农业生产上"。通过对卜辞等"许多材料的分析",认为"殷代末期农业已经发展到相当的高度,它是当时社会的主要产业部门,我相信这是正确的结语"。牧畜一节,认为"殷末'帝王'对于畜牧没有对于农业那样的关心,可知当时畜牧已经

---

① 《中国原始社会》,作者出版社 1943 年版,第 72 页;《尹达史学论著选集》,人民出版社 1989 年版,第 121 页。

② 《中国原始社会》,第 73 页;《尹达史学论著选集》,第 122 页。

降到次要的地位了"，"帝王"祭典"偶尔用三百家畜作为隆重的祭典的牺牲"，并不能证明"殷代牧畜必为主要产业"。狩猎一节，虽然完全移录了《卜辞中的古代社会》中甲骨文里形容"猎用的工具"的字，并引用了郭沫若的一段论述，认为"当时的'帝王'很喜欢田猎"，但"这些只是他们行乐的一个部门，和一般的社会生产事业并没有什么直接的关联，所以我们不能根据这些材料去推测当时一般氏族成员的狩猎生活"。工艺一节，将"帝王"用品与一般氏族成员用品区分开的论述，更具有方法论的意义：

> "帝王"的用品，不是一般氏族成员的用品；它们固然可以说明小屯文化在工艺方面高度发展的现象，但不能够代表一般工艺的情况。小屯村周围的许多遗址里的遗物虽较小屯简单，却足以代表当时一般氏族成员的工艺。我们将这两部分材料配备在一起，分类说明，从各类之一般状况说到其各类特别发展的部分，这样才能够使我们对于当时的社会有更具体的了解。①

不能单凭某一方面的遗物来判断社会发展水平，而要将"帝王"用品与一般氏族成员用品"两部分材料配备在一起，分类说明"，从"一般状况说到各类特别发展"的情况，才能对当时社会有最接近事实的了解。这既是针对那种仅凭片面考古材料便下结论的研究方法，更是针对那种只追求有"豪华"出土物的"大发掘"而不愿进行仅有"一般"遗物的"小发掘"的偏向，以致失却考古发掘的目的和意义的做法。贸易与交通一节，比较谨慎地表示，在"一般氏族成员居住的遗址，似已有贝；但其数量的多少和其余各遗物的关系，还没有经过相当的研究"，"至少当时的'帝王'与其他部落有着贸易的事情"。

　　社会组织结构一章，较比郭沫若《卜辞中的古代社会》第二章"上层建筑的社会组织"，各有侧重。氏族组织一节，仅仅认为有"彭那鲁亚家族的亚血族结婚制的痕迹"，"就殷代后期全部'帝王'的亲

---

　　① 《中国原始社会》，作者出版社1943年版，第79页；《尹达史学论著选集》，人民出版社1989年版，第131页。

属关系和婚姻关系讲，我们还不能因此就肯定的说这现象是当时的特征"，推测"那时候很可能是从对偶婚向一夫一妻制推移的一个过程"。论述偏重于战争、阶级和私有财产的发生、国家的初期形态三个方面。战争一节，着重指出"最初对外的战争是为了整个氏族联盟的利益"，"联盟的军事领导者，在战争濒（频）繁的过程里，巩固了他的地位，扩大了他的权威，为氏族联盟而举行的战争，变成为'帝王'自身利益和爱好而举行的战争了"，"这现象就是氏族社会行将崩溃的特征"。阶级和私有财产的发生一节，从小屯村附近的墓葬进行考察，分作四类，"从墓室的大小、深浅和遗物多少精粗上可以看出阶级相互的差别；那被杀头殉葬的人们正是当时沦为奴隶的俘虏"。从毫无顾忌的残杀奴隶的现象分析，认为"当时对于奴隶并不过分重视，并没有将他们看作生产工具"，因此说"小屯文化的社会是氏族社会渐趋于崩溃的道路，奴隶的使用在生产过程里并不占重要的地位。"① 虽然引用了《卜辞通纂》中"奴隶用作耕牧"的三片甲骨材料，但认为"仅四事，且辞较含混；于此可知当时驱使奴隶从事生产事业还不是主要的目的，并不曾将奴隶看作重要的生产工具"。国家的初期形态一节，强调小屯文化的社会已经"可以看出一个初期的国家的影子；但我并不是说当时已经产生了健全的国家组织，我只承认国家在氏族社会行将崩溃的母体内已经是胚胎了"，"殷代的灭亡结束了小屯文化的社会里正在发育着的国家形态；这并未发育健全的胎儿，便在外部侵扰的情况下夭折了"。

意识形态一章，"依据着考古学和古文字学上的一些材料来研究"当时的文化生活，为郭沫若《卜辞中的古代社会》拟做考察却未做出论述的内容。

鉴于将"帝王"遗存与一般居民遗存加以区分，尹达先生不同意郭沫若《卜辞中的古代社会》中"商代是金石并用的时代"的结论。经济结构一章开篇即针对"铜器和石器都存在着，因而就等量齐观的，名之曰'金石并用时代'"的观点提出质疑："这样，固然能够将事实部分的表现出来，但究竟在当时的生产过程里起主导的作用的是铜器呢，还是

---

① 《中国原始社会》，作者出版社 1943 年版，第 91 页；《尹达史学论著选集》，人民出版社 1989 年版，第 151 页。

石器呢？看到这'金石并用'的名子，并不能替我们解答这样的问题；相反的，使我们觉得似乎两者都是主要的东西。这样，模糊了事实的真象，忽视了它们在生产过程中的性质和作用，这是不妥当的说法。"[1]

第三编补编中《关于殷商社会性质争论中的几个重要问题》一文，针对当时争论的主要问题，将第一编、第二编基本观点提炼出来，更加明确地表示对郭沫若、吕振羽、范文澜等人的一些观点的不同意见。在"殷代社会的生产工具是铁器，是青铜器，还数石器？"一节，不同意郭沫若的"商代是金石并用的时代"、吕振羽的"殷代之为青铜器时代"、范文澜以"殷墟发掘只是开始，断定'必无'铁还有些太早"等说法。在"殷代主要的经济基础是牧畜还是农业？"一节，不同意郭沫若"商代的产业是由牧畜进展到农业的时期"、范文澜"首牧畜而次农业"的说法。其"简短的结语"的基本点是：

殷代后期的生产工具不是铁器，也不是铜器，而是石器；……

主要的产业部门不是牧畜而是农业；但牧畜业在社会发展的过程中也起了它应有的作用。

社会的本质还是氏族组织；但是，在它的内部胚育着新的社会的胎儿，私有财产和阶级正在逐渐地发展着。

殷代后期的社会是在崩溃过程中的氏族社会；是没落的氏族社会走向坟墓里去的前夜。

同时，特别提到：

郭沫若先生对于殷代后期社会性质的估计，基本上是正确的；但是，他对于个别问题——如强调牧畜及彭那鲁亚家族等——的解释还不能够令人满意。

吕振羽先生把握着殷代社会发展过程中的一面，强调了氏族社会内部孕育着之新的社会的因素，因而认为殷代后期是奴隶社会；

---

[1]　《中国原始社会》，作者出版社 1943 年版，第 673 页；《尹达史学论著选集》，人民出版社 1989 年版，第 122 页。

这是不合于全面的具体事实的推论。①

以上是尹达先生 1943 年 5 月以前阅读郭沫若《中国古代社会研究》形成的基本认识。当读到郭沫若 1944 年 10 月新发表的《古代研究的自我批判》一文后，便在 1945 年 3 月发表《郭沫若先生与中国古代社会研究》一文，称赞"郭先生绝不曾以已知的事物为限，而是不停滞地在追逐着新的史料、新的发见，尤其是真实而可靠的考古学上的收获"，认为《古代研究的自我批判》"这篇文章从郭先生自身研究的经过里，检讨了中国古代社会中的许多问题，把十几年研究的菁华简要的写出来了；这的确是古代研究中的一件极宝贵的文献"，"我觉得特别值得提出的，正是郭先生严肃的科学的治学精神"，文章结尾处引录了郭沫若《新陈代谢》一文中"我们应该要比专门家还要专家，比内行还要内行，因此不可掉以轻心，随便的感情用事。不要让感情跑到了理智的前头，不要强不知以为知，一切的虚矫、武断、偷巧、模棱、诡辩、谩骂，都不是办法，研究没有到家最好不要说话，说了一句外行话，敌对者会推翻你九仞的高山"的一段话，说"这段话正是今后研究中国古代社会的人们的正确方向"。

尹达先生回忆，在发表《郭沫若先生与中国古代社会研究》这篇文章不久，"周恩来副主席从重庆回到延安，写信给我，要我把自己的著作给他一册，他返回重庆时好转给郭老；同时还要我继续写文章，以便使重庆和延安两地文化工作者相互配合，开展工作"。1946 年 5 月，尹达先生调往晋冀鲁豫北方大学任教，兼图书馆馆长，"8 月间接从延安转来郭老的来信和《十批判书》"。截至此时，尹达先生尚未见过郭沫若，却总结说：

从三十年代起我就在郭老的影响下，逐步走上了用新的史学观点探索古代社会的道路；在相当时间里，在我虽说从事具体的考古发掘，但由于郭老的影响我始终尽最大可能读了一些进步的

---

① 《中国原始社会》，作者出版社 1943 年版，第 159 页；《尹达史学论著选集》，人民出版社 1989 年版，第 337—338 页；《尹达集》，中国社会科学出版社 2006 年版，第 282 页。

理论书籍。应当说，在治学的精神上，我已成为郭老的私淑弟子了。①

二　谋面以后作"助手"

在《郭沫若与古代社会研究》一文"续篇"，尹达先生回忆：

一九四九年北平解放，郭老从东北来到北平。这时候，我认识了郭老，得到了面受教益的机会。一九五三年，中国科学院要我帮他筹建历史研究所第一所，并筹办《历史研究》。从此，我在郭老的领导下，工作了近二十五年，直到郭老去世。

协助郭沫若创办历史研究所第一所，根据尹达先生手稿和有关书信披露几件相关往事。

（一）1955 年 6 月，尹达先生作为中国科学院哲学社会科学部常务委员，出席中国科学院学部成立大会。10 月，因历史研究所第一所已创办一年多，高级研究人员调配问题尚未得到解决，便起草了一份拟聘所外兼任研究员的报告，全文如下：

张副院长并
转郭院长：
历史研究所第一所，成立业已年余，而高级研究人员至今未能调配，工作进行甚为困难。年来亦曾多方设法，但调配的专任高级研究人员，最近几年恐仍不甚可能。
我们考虑至再，认为聘请在京及京外的科学家以兼任本所研究人员，使在一定期间完成一定研究任务，是十分必要的，同时为他们配备一定助理人员，协助工作，也能够在三五年内培养一些青年干部。只要计划搞得适当，组织工作搞得周密些，我们认为这是一

---

① 上引均见《郭沫若与古代社会研究》。

个切合实际的方案。另拟"办法草案"请审阅批示。

　　根据这一原则，拟聘北京大学教授张政烺、四川大学徐仲舒、山东大学杨向奎以及武汉大学唐长孺四位兼任我所研究员；另详附件。山东大学已为杨向奎于应届毕业生选配了两位助手。

　　以上四人都和高等教育部黄副部长交换了意见，他已初步同意。我院如果同意，望能与高等教育部函商，以便早日确定。

　　这一办法是否可行？望批示。

　　敬礼！

尹达
五五．十月五日①

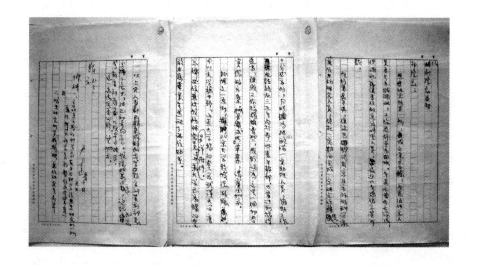

　　同时报送的还有两个附件：附件一、高等学校的科学家在中国科学院历史研究所一所兼任研究员的暂行办法（草案）；附件二、历史研究所第一所拟聘兼任研究员名单。

　　不久，报告得到落实，张政烺、徐仲舒、杨向奎、唐长孺四位教授成为历史研究所一所兼任研究员。再后，张政烺、杨向奎正式调入历史

---

① 手稿现存中国社会科学院历史研究所。

研究所为研究员。

（二）与起草调配兼任研究员报告的同时，尹达先生会同有关方面拟出一份《历史研究所第一所拟聘学术委员名单》报送郭沫若，名单如下：

1　郭沫若　学部委员

2　嵇文甫　河南师范学院院长

3　翦伯赞　北京大学历史系主任，学部委员

4　吕振羽　学部委员，党员

5　张政烺　北京大学历史系教授

6　周一良　北京大学历史系教授

7　邓　拓　人民日报总编辑，学部委员，党员

8　徐仲舒　四川大学历史系教授

9　杨向奎　山东大学历史系教授，党员

10　顾颉刚　历史研究所一所研究员

11　尚　钺　中国人民大学历史教研室主任，党员

12　唐长孺　武汉大学历史系主任

13　唐　兰　故宫博物院学术委员会工作

14　尹　达　本所，学部委员

郭沫若在名单上批示如下：

> 尹达同志：一所事，连所长名义我都久想辞掉。学委中千万不要列名。我最怕开会，耳朵聋，实在也没有办法。我并非消极，我天天也在做事。但空头名衔太多，于心实难安。其他各位都同意，□顾既可列入，则上海的周、广州的容，似亦可考虑也。郭沫若十、十一、①
>
> （下略）

根据郭沫若批示，名单增加了周谷城、容庚，由16人组成历史研究所第一所第一届学术委员会。1956年7月，郭沫若复函尹达先生："一所

---

① 手稿现存中国社会科学院历史研究所。

的学术委员会同意召开一次，恐怕是第一次吧，即可作为成立会。"①
至此，历史研究所第一所学术委员会正式宣告成立。

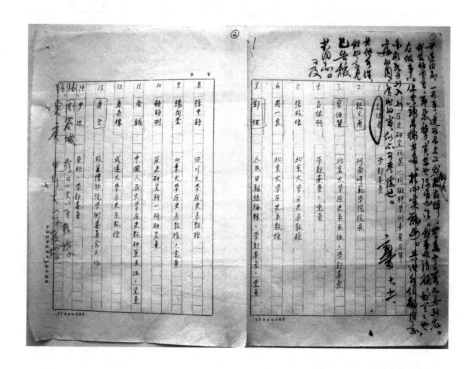

（三）自 1958 年始，尹达先生与吴晗负责组织、谭其骧主编改绘
杨守敬《历代舆地图》（即《中国历史地图集》）。1960 年 2 月 26 日，
历史研究所第一、二所合并，郭沫若任所长，尹达先生任副所长。为培
养历史舆地图绘图人才，尹达先生致函哲学社会科学部，强调历史地图
绘制"要有专门的人材"，"要配套成龙"。

　　　君辰同志并

　　　有渔同志：

　　　这件事，我考虑至再，认为是完全必要的！因为历史地图的制

---

① 《郭沫若书信集》下，中国社会科学出版社 1992 年版，第 194 页。

图是历史学科中的一项必不可少的东西。目前实在缺乏这样的人材。

"历史地理"的人材，已由复旦"历史地理"专业培养，且已分配给十名，这对于一个新的学科说，是完全必要的。"历史地理"人材，只能为历史地图提供"编稿"，提供编绘草图，并不能绘制或清绘历史地图！

因此，历史地图的绘制就要有专门的人材，才能说是配套成龙了。

目前，国家测绘总局虽说已有"历史地图绘制室"，已有二十多人在工作，但就历史地理及历史学科的需要说，还是远远不能满足需要的。

就最近几年说，"历史舆地图"的清绘就会因人力不足拖延下来。且"中国大地图集"中的"历史地图集"还未开始，将来会迫切需要比较熟练的绘制历史地图的编绘人材！如果不早作打算，就会影响今后的工作。

从历史学的发展看，全国有这么二三十位绘制历史地图的专门人材，对各主要历史系都是完全必要的。

从科学院历史学科各所说，不论是历史所，近代史所或考古所，都需要这样的人材。

所以，我希望能从学部编制中增加五个名额；放在测绘总局，在编制"中国舆地图集"的过程，培养这一方面人材，是完全必要的。

切望加以考虑，是为至盼。

布礼！

尹　达

1965 年 2 月 4 日①

---

① 手稿及打印件现存中国社会科学院历史研究所。

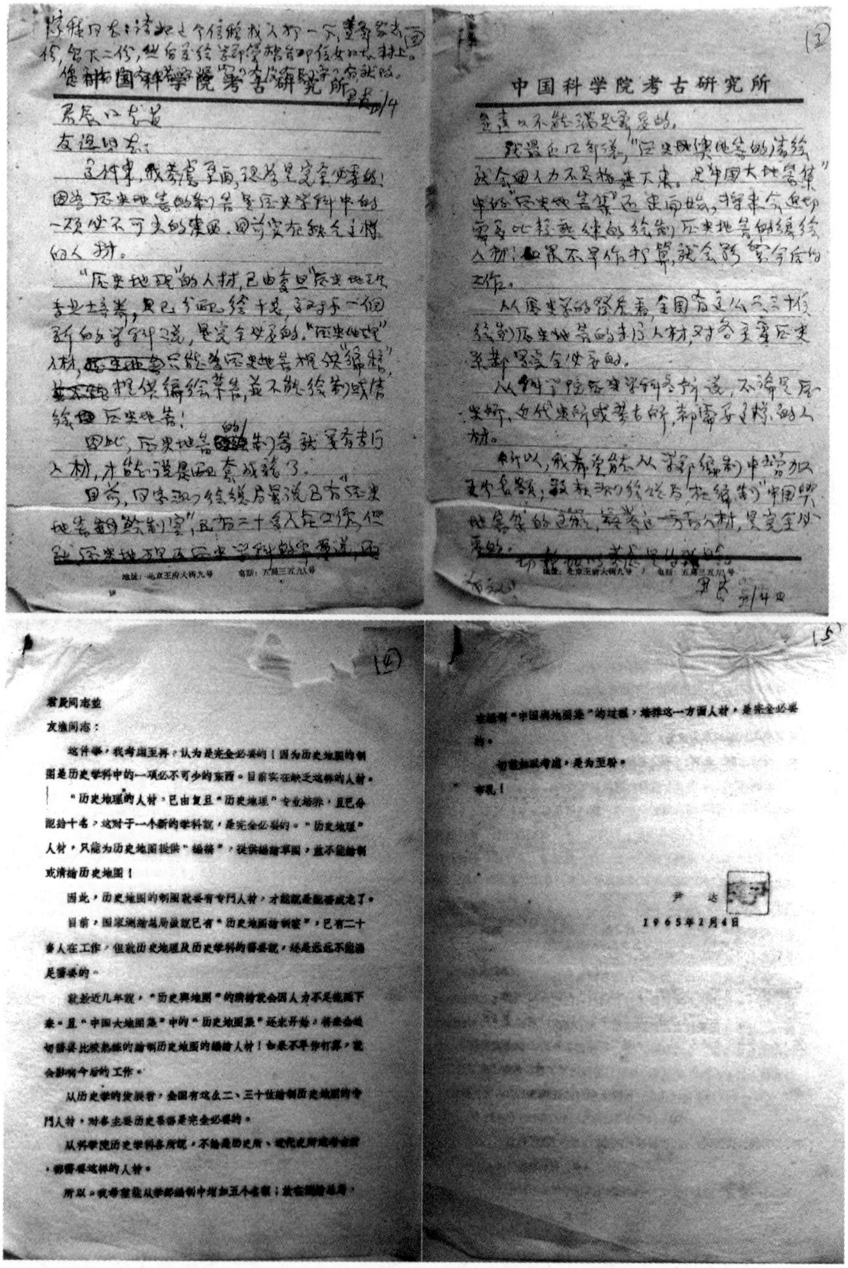

中国科学院考古研究所

中国科学院考古研究所

尹达
1965年2月4日

由此，历史研究所相应成立了历史地理研究室。

（四）协助郭沫若"筹办《历史研究》"，自 1954 年 2 月创刊至 1960 年历史研究一、二所合并，尹达先生兼《历史研究》主编长达 6 年之久。从郭沫若的两封信可见尹达先生是如何协助办好《历史研究》的。

1. 1954 年 11 月 16 日，郭沫若复信尹达先生，称"杨向奎同志的《释"不玄冥"》，可成定论"，并表示"愿意替他补充一点意见"，即甲骨文的玄字，"乃镟之初文，象形"，"正象两手操镟而旋转之"，认为"原稿似可登《历史研究》，请斟酌。"① 杨向奎的《释"不玄冥"》一文，发表在《历史研究》1955 年第 2 期。

2. 1955 年 2 月 18 日，郭沫若复信尹达先生，说"读了一遍"贺昌群的《论西汉的土地占有形态》一文，写了"大小意见十八条，提供作者参考"，以"第九条特别重要"，同时指出原稿第 2 页第 1 行的一段叙述"大有语病"。信末嘱"此意见请送贺昌群先生阅"。② 尹达先生将信转致贺昌群，贺昌群根据郭沫若的意见对原稿进行了认真修改，正式发表在《历史研究》1955 年第 4 期，后收入《中国历代土地制度问题讨论集》（生活·读书·新知三联书店 1957 年版）。

3. 1953 年 12 月汪篯先生自广州带回陈寅恪《对科学院的答复》和两篇新作、四首诗。两篇新作《记李唐之李武韦杨婚姻集团》和《论韩愈》，郭沫若转给尹达先生，随即刊登在《历史研究》1954 年创刊号和 1954 年第 2 期。同年 9 月 30 日郭沫若致函陈寅恪，在表示"蒙慨允担任中国科学院社会科学学部委员，曷胜欣幸"的同时，告知"尊著二稿已在《历史研究》上先后发表，想已达览"③。

尹达先生协助郭沫若组织编写《中国史稿》，已有拙文《郭沫若主编〈中国史稿〉》收入《求真务实五十载——历史研究所同仁述往》，此处不再赘述。

---

① 《郭沫若书信集》下，中国社会科学出版社 1992 年版，第 174 页。
② 《郭沫若书信集》下，中国社会科学出版社 1992 年版，第 177—178 页。
③ 《郭沫若关于〈历史研究〉的六封信》，《历史研究》1994 年第 1 期。

问学苑峰先生的往事

谢保成

适逢历史研究所建所一个甲子轮回，将应张政烺（字苑峰）先生嗣哲极井之约为《张政烺先生学行录续集》所撰《缅怀苑峰先生，追思问学往事》一文稍加添改，与《尹达先生与郭沫若交往中一些罕为人知的往事》一文，一并作为对历史研究所六十寿诞的纪念！

一

1961 年考入北京大学历史学系本科，在文史楼听过张政烺先生授课。1978 年考为中国社会科学院研究生，在历史研究所小礼堂听过张政烺先生讲版本学。而登门问学苑峰先生，则是 1982 年入冬以后的事，这还得从我的研究生导师尹达先生说起。

1982 年 11 月 16 日是郭沫若诞辰 90 周年，史学界拟定召开纪念学术报告会。尹达先生作为郭沫若的"私淑弟子"，与郭沫若共事 25 年，无论如何都要对"郭老的业绩"作一次"系统总结"，但因久病住院，指定由我起草报告文稿。10 月 22 日下午，在协和医院病房，尹达先生谈郭沫若近两小时，具体到报告稿的写法。文稿起草完成经审阅后，由我在纪念学术报告会上代尹达先生宣读。河南四家刊物，三家都已刊登了尹达先生当年 4 月河南行期间的报告，唯独没有文稿给《史学月刊》，便决定将纪念郭沫若诞辰 90 周年的学术报告稿修改后寄给他们发表。其中，有关甲骨文、金文方面的问题，尹达先生让我直接找胡厚宣、张政烺两位先生，说已经跟他们交代过了。于是，我便有了登门向胡、张两位先生问学的机缘。当时，胡、张两位先生都写有纪念郭沫若诞辰 90 周年的论文。尹达先生《郭沫若所走的道路及其杰出的学术贡献》一文在《史学月刊》1983 年第 2 期发表后，一位在文博系统的昔日北大历史学系同窗传话给我，说文章中关于金文的一些提法是张政烺先生的观点。当时尹达先生已经卧病不起，不允许探视，7 月 1 日便离世了。我没有能够将这一情况汇报给尹达先生，但在稿件寄出之前，尹达先生已叮嘱我注明"此稿是根据尹达同志在郭沫若诞辰 90 周年纪念会上的书面发言由谢保成同志修改而成"。当时以为是先生提携弟子，此时方才明白其另有含义。现在看来，这反倒成了我问学苑峰先生的一项明证。

时隔不久，河南人民出版社邀请苑峰先生主编一部古代职官辞典。苑峰先生的弟子吕宗力找到我们几个研究生院的同窗，赖长扬（师白寿彝）负责先秦，吕宗力负责秦汉，我负责隋唐五代，商传（师谢国桢）负责明代，中国历史大辞典编纂处李世愉（师商鸿逵）负责清代，组成一个编写小组。

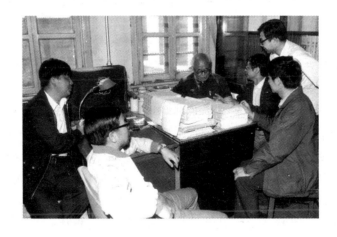

我保存的这张照片，是职官辞典各断代稿件集中后，苑峰先生来到历史研究所三号楼，在我住的办公室——史学史研究室，与编写组主要成员一起商议通稿事宜。

二

1987 年 10 月，苑峰先生写定《中国古代职官大辞典·前言》（河南人民出版社 1990 年版），我也分到住房，搬至永安南里。苑峰先生住 8 号楼，我住 9 号楼，登门问学更近了一步。从这时起至 1995 年，是我问学苑峰先生的主要阶段。

问学主要集中在三个方面，一是郭沫若的金文研究，二是有关版本的相关问题，三是了解苑峰先生的治学经验。

有了先前为尹达先生起草文稿的教训，我从拜读郭沫若的三部金文著作——《殷周青铜器铭文研究》、《两周金文辞大系图录考释》、《金文丛考》入手。弄不懂的地方，再向苑峰先生请教，渐渐有了入门感觉。在 1995 年出版的《郭沫若评传》和 1999 年增订出版的《郭沫若学术思想评传》中都有"凿破彝铭之'混沌'"一章，对郭沫若的金文研究有了一个较为系统的把握。论述郭沫若取得创获同时存在的某些偏颇，引述了苑峰先生最新研究成果——关于"易卦"问题的观点。同时，把苑峰先生为新发现的郭沫若《商周古文字类纂》所写"后记"写入两本郭沫若评传。

版本问题，细琐、繁杂，没有实物，很难明白、系统。1995 年夏，侯外庐先生的女公子、北京大学历史学系同年级同学、近代史研究所的"黄埔一期"侯均初，将一部明版《文苑英华》交我请苑峰先生鉴定。这对我来说，是一次问学版本的绝好机会。前后近 20 天的时间，我数次登门，从用纸、版式、装订，到书口、鱼尾形状、刻工以及与宋版书的区别，得到一次比较系统的了解。因其书缺页，是明后期（隆庆年间）的本子，苑峰先生就没有写书面鉴定。此后数年间，我以海内外见存四种刻本、日本见存三大抄本汇校而成《贞观政要集校》。虽然是受陈寅恪先生关于《贞观政要》版本问题论述的启发，但关于版本知识的积累和运用却多源自苑峰先生、受益苑峰先生。因此，在纪念苑峰先生九十华诞之际，写成《〈贞观政要〉的流传与版本》一文收在《撷芬集》。《贞观政要集校》一书 2003 年由中华书局精装初版、2009 年精装再版、2011 年第三次印刷，成为我在古籍整理方面的一本代表作。

这里，特别介绍一下发表在《史学史研究》1994 年第 1 期的《张政烺先生谈治史》，这是一篇访问记，可算作对《张政烺文史论集》的一点点补充。

1993 年 12 月 10 日下午，赖长扬受《史学史研究》委托，约我一起访问苑峰先生，从如何走上治史道路谈起，涉及最早发表的论文，在古文字、金石、版本等领域取得的成就，历史学与现实的关系、历史分期主张、史学史与文献学，以及对青年史学工作者的希望等问题，间有傅学苓先生的插话。谈基础史学和应用史学问题，苑峰先生强调"历史学究其基本作用说，它应当是运用的，不然它就没有什么存在的价值"，"社会的要求不同，历史学家所讲的内容也不同。就一个普普通通的史学家来说，也是根据社会和人们的需要来选择自己所研究的内容的"，"除了社会和人们的需要之外，还有学术上的需要，学术上提出的问题、难题需要解决，也是需要"。"历史学家不可能不关注社会注意的问题，社会也不可能不影响历史学家研究的重点"。"历史学应当加强基础方面的研究，这包括基本理论、文献的考订整理、年代的确定、事件真实的过程等等方面的研究，但做这些都是为了应用"。谈史学史与文献学，苑峰先生认为："文献学大体可以和史料学相当，虽然范围有大小，但基本范围相同。搞史学史很难。过去写的史学史著作大体上是史料学、史部目录学，基本上是将《四库提要》抄出来发挥一下。不过，教学与研究有区别，学生有用的、需要的就应当讲"，"史学家流派应该讲，社会背景也应该讲"。说到对青年史学工作者的希望，苑峰先生颇具感慨地说："我希望青年学者加强基本功，尽可能多读些书。过去搞旧学的人在文字上没有多少障碍，都可以读原文。现在很难，连读原文都有困难。学中国史的，从《史记》到《明史》都可以看一看，这是过去。现在就不行了。学外国史的，也是这个问题。读得少，搞研究就难了。另外还有个问题，就是面太窄。研究汉代就只看汉代的书，汉代以前不管，汉代以后也不管，那是不行的。"同时强调："史学研究要发展，还是得从培养学生做起，从训练他们的基本功做起。现在教学上很困难，学生的基础差，特别是古文基础差，教起来困难，学起来也很困难，水平很难提高。这个问题不解决，今后的古史研究就无从发展。就现在说，全国搞历史研究的人不是多，而是少，就是这么少的人当中，能起点作用的，也只是一小部分。"直至采访结束时，仍在强调："治史还有个目录学、文献学的问题，由此才能展开问题的研究。还是要读书多，积累多。"

苑峰先生不止一次以皇室戚作比喻说，过去所留下的东西很多，"集中累积起来，但不总都是有用的"，"平时存放材料，到用时需要什么取什么"。对于教授学生，苑峰先生更有极为可贵的卓识和实践："学生需要补充什么知识就应当给他们补充什么知识"，要做到"跟皇史戚、档案馆一样"。傅学苓先生说："张先生就这么个人，把时间都给了别人，有些人上门求教，他总是放下自己的事，给人查资料、回答问题。有个别人上门讨教后，还剽窃张先生的观点写成文章发表，甚至还在文章中装腔作势地表示不同意张先生的某个观点。有些好心人劝张先生说，不要理睬这种人，少接待甚至不接待求教的人，张先生却总改不了，人家来了，照样不厌其烦地帮忙。"这里，追述一件往事。《职官大辞典》出版后，有一天傅先生打电话说张先生有事找我。原来是一位读者就《辞典》中的问题写信给苑峰先生，宗力已经出国，我以为要我处理回信事。其实，苑峰先生已经写好回信，让我再看一看，说如果可以，就把信寄出，甚至连信封都亲笔写好。我看过之后，就到邮局把信寄出了。后悔没有留一份复印件，仅记得是一位河南的唐姓读者。

此外，《张政烺文史论集》中有两篇文章涉及"今注二十四史"问题。《关于今注本〈金史〉工作问题的通信》一文，是苑峰先生带病写就交到我手的一封写给张博泉的信。信末署 1996 年 1 月 6 日，但 1 月 5日苑峰先生即已犯病，12 日交我转《〈今注本廿四史〉通讯》，13 日我即为苑峰先生起草住院报告，30 日陪傅学苓先生送苑峰先生住院。另一篇《关于古籍今注今译》说对于今注二十四史的工作只是"挂名"，"既不'总'，也不'裁'"。其实，从上面关于今注《金史》写给张博泉的信，足以证明苑峰先生并非"不'总'不'裁'"。我当时参与其事，负责经籍艺文志今注。1995 年夏，拟就一份《今注六史经籍志细则》并写出几篇样条，9 月 23 日下午与今注二十四史执行负责人赖长扬，就经籍艺文志今注的体例及样条，登门听取苑峰先生的意见。后经修改，刊于《〈今注本廿四史〉通讯》，成为指导今注工作的规范之一。

《关于古籍今注今译》一文，苑峰先生既肯定"作今注以总结迄今研究《二十四史》的成果，条件是成熟的。几十年来很多有声望的断代史专家已各有厚积，还可以组成精干的班子"，又以一半以上篇幅论证今注工作是一项具有"一系列高难度的工作"，"必须有充裕的时间。绝不能急于求成"，同时警告说："如果注者迫于时限而草草成书，将贻害读者，愧对后人。"这篇文章，完全可以说是指导今注二十四史工作的一篇总则。

在三大问学收获之外，苑峰先生淡泊名利、默默无闻的严谨治学精神，留给我的印象最为深刻，对我的影响至今犹存。

三

问学苑峰先生，得见苑峰先生在一些书上写有批语，便向傅学苓先生建议，把苑峰先生写有批语的书清理一下。后来，傅先生把有苑峰先生亲笔字或印章的五本郭沫若著作——《中国古代社会研究》、《青铜时代》、《十批判书》、《美术考古一世纪》、《奴隶制时代》给我，说："送你作纪念。有机会顺便清理一下。"我写了一纸借条，借回这五本书，如今成为我藏书中的"善本"。

这里，仅就《奴隶制时代》（新文艺出版社 1952 年版）说一件问学的故事，并将苑峰先生在书中的批语摘录出来。书中《申述一下关于殷代殉人的问题》有一整段引文，郭沫若只说 1935 年春同蒲路开工得一瓦盆，盆内四周有丹书 219 字，没有注明出处。苑峰先生告知，查郭象升《汉熹平二年张叔敬墓朱书壁央瓦盆文考释》。后来，有好几人向我问到这一引文出处，我都按照苑峰先生的指示如实转述给他们了。

苑峰先生写在书中的批语，一共六处：

第 7 页两处，在郭沫若引《殷契粹编》1221 片“己巳、王刞（锄）……”下有钢笔所写“杨树达释掘矿”；在引《殷契粹编》1222 片“王令多……”下有钢笔所写“多羌，此是俘虏作生产奴隶”。

第 8 页，在郭沫若说“周代农事诗中无牛耕痕迹”、周武王灭殷之后“也还未言用牛耕”上端，有钢笔字眉批“周易周礼亦无”。

第 9 页，在郭沫若节录《曶鼎》第三段铭文上端有钢笔字眉批：“众与臣有别。”

第 32 页，在郭沫若叙说公私家争取人民，除齐晋之外，别国的情形时，举“鲁国的季孙氏，他也很会收揽人心”句旁有钢笔所写“季氏世脩（修）其勤”六字。

最有意思的是一处在第 53 页上端，用红墨水写下一组西汉京城及京畿的户、口数字，并相加计算：

长安	户	80800	口	246200	
京兆尹		195702		682468	
左冯翊		235101		917822	
					2436360
右扶风		216377		836070	
		647180			

这是对应于郭沫若《附论西汉不是奴隶社会》一题关于“西汉是有大量的奴隶存在”，但“已经不是奴隶社会了”的结论，查考西汉京城及京畿的户、口之数进行的统计。

長安　戶 80,800.　　0 246,200.

京兆尹　195,702.　　682,468

右扶翊　235,101.　　917,822 ⎱2,436,360

右扶風　216,377.　　836,070

647,180

奴隸制時代

治郡國緡錢，得民財物以億計，奴婢以千萬數，田、人縣數百頃，小縣百餘頃，宅亦如之。於是商賈中家以上大率破……」「其沒入奴婢分諸苑養狗馬禽獸及官自縕乃足。」（見史記平準書及漢書食貨志）。從這一事實裏面，可以看出私家和官家的奴婢都不少。「奴婢以千萬數」，確數究是多少不得而知。但沒入官師的奴婢，依照李悝的計算，「八月一石半」一年則為十八石，「四百萬石」可供養二十二萬人以上，還有「官自罐」的食數。再加原有的奴婢，則僱僱京師，官家奴婢的數目就很可觀了。這雖然是一時的慣例，不能作為平時的數目，但平時的數目也是很多的。漢元帝時，是在漢武元鼎之後七八十年了。據漢書貢禹傳是「諸官奴婢十萬餘人，戲游無事，稅良民以給之，歲費五六鉅萬」。（「鉅萬」即萬萬）。還是服役的奴婢，另外還有從事生產者，同一頁賈傳裏說「今漢家鑄錢及諸鐵官皆置吏、卒、徒攻山取銅鐵，一歲功十萬人以上。」所謂「徒」也同樣是奴隸，一部分是有罪的人，一部分是從民間微發來的。被微發者十萬，農民便少十萬，故說「十萬人常受其飢也。」

此外官家奴隸還有些零星數目，見左列資料。

「大僕、牧師諸苑三十六所，分布北邊西邊，以郎為苑監，官奴婢三萬人，分養馬三十萬匹。」（漢書景帝紀）

中農食七八人，是七十萬人常受其飢也。」

五三

四

　　受惠苑峰先生，我有幸两次得到题字。1990 年 8 月花山文艺出版社出版栾保群、吕宗力校点的《日知录集释》，书名题字是吕宗力 1989 年 4 月完稿时就已约请苑峰先生题写。不久，宗力出国。书名题写后，由我转寄给在石家庄的保群。当时即想，日后出书也请苑峰先生题写书名。

　　时隔不久，得见巴蜀书社出版的《纪念顾颉刚学术论文集》中苑峰先生《"十又二公"及其相关问题》一文，文章第二部分"法天之数"在列出《史记》十二本纪之后有这样一段论述：

　　这个目录可以说是乱七八糟的。其原因在于十二这个数字不能增减，内容虽然经过考虑，拼凑而成，免不了杂乱无章。刘知幾认为《秦本纪》（自伯翳至于庄王）、《项羽本纪》当为世家，称本纪自乱其例，事实上司马迁也未必看不到这一点，只是为了把十二个座位填满，才作出这种安排的。

再三拜读之后，带着疑问冒昧向苑峰先生请教。

　　我的基本想法是：《史记》十二本纪在司马迁是自成体系的，这就是《太史公自序》所说"略推三代，录秦、汉，上记轩辕，下至于兹，著十二本纪，既科条之矣。"司马迁用十二本纪纪"王迹"，展示治乱兴衰的原委，并非后来刘知幾所想象，用本纪记皇帝。十二本纪分三种类型：其一，《五帝本纪》记传说时代，将当时所知最早的传说作为"古今之变"的开端；《夏本纪》、《殷本纪》、《周本纪》记三代，夏、殷仅有世系，《周本纪》自厉王始有年代。四篇本纪，越古越简略，并非一"帝"一纪，亦非"系日月以成岁时"，这就是所谓的"略推三代"。其二，《秦本纪》最能体现"王迹所兴，原始察终"的原则。周尚未亡，秦作为诸侯不可以入"本纪"，但秦始皇统一天下必须立《秦始皇本纪》，而考察秦之"王迹所兴"，"原其始"没有《秦本纪》又不行。后来《魏书》创"序纪"、《金史》创"世纪"都有这个因素在内，应该说《魏书》、《金史》实际效法的正是《史记》创"秦本纪"的做法。项羽是一度"号令天下"的"王"者，写"王迹"不能不写项羽。秦统一天下前后的"王迹"，恰恰分为三个阶段：《秦本纪》纪统一天下的漫长岁月，《秦始皇本纪》纪统一后暴虐天下加速灭亡，《项羽本纪》纪楚亡汉兴再建统一。三个环节，缺一不可。第三种类型，高祖至孝武，一个皇帝一篇本纪，才如刘知幾所想象的那样。用《太史公自序》来看十二本纪，其编纂思路很清楚，并不见"拼凑"痕迹；用刘知幾所想象来看十二本纪，才会有"杂乱无章"或"拼凑"之感。我们评论司马迁的著作，首先要看司马迁本人的思路，不应该用后人的观念来理解司马迁本人的思想。

　　苑峰先生听我陈述之后稍事沉默，即问我是否写有成稿，我回答没有，只是读《史记》的一写想法，我正在写《隋唐五代史学》一书，写好以后想来请教。

1993 年秋冬之交，我的第一本代表作——《隋唐五代史学》交付出版，冒昧造访，请题书名，苑峰先生当即问横写还是竖写，"学"字写简体还是繁体，我回答说都行，苑峰先生让我过一两天去取。12 月14 日下午，到苑峰先生书房，桌面上摆着三条，两条竖写、一条横写，都不太满意，问我要不要重写。我连说不要重写，只是看着三条不知怎样选取。傅学芩先生来书房，建议把横条上的"代"字剪下来，贴到较满意的那一竖条上，然后用印，《隋唐五代史学》1995 年 2 月厦门大学出版社出版第 1 版。12 年后商务印书馆增订再版时，苑峰先生已经过世，我便在 2006 年 1 月"改版引言"中写下这样一段文字："文本书初版本题写书名的张政烺先生去世整整一年了，此次改版沿用初版本题签，以表对张先生的缅怀之情！"为沿用初版本题签，征求傅学芩先生意见，傅先生不但表示非常支持，还特地提供了苑峰先生的另一印章，说可以与初版本有所区别，于是商务版《隋唐五代史学》封面便有了两方苑峰先生之印。不过，封面设计者把用印的位置给移动了。

关于《史记》十二本纪的问题，直至 2003 年撰写《中国史学史》一书时，才写成《〈史记〉体系再考察》一文，发表在《求是学刊》

2005 年第 6 期，但已经不能当面向苑峰先生讨教了。好在傅学苓先生告诉：张先生对你说的《史记》"秦本纪"影响《魏书》"序纪"、《金史》"世纪"的问题，住院前一直没忘，希望看到你的文章。

另一幅题字，完全是机缘。1995 年 4 月中旬，河南濮阳县政府以濮阳为张姓老家，通过我在北大的一位张姓朋友找我引见，陪他们向苑峰先生求字。恰逢收到《隋唐五代史学》样书，5 月 5 日下午送书给苑峰先生，见此篆书——"弘扬中华文化优良传统"（106×34cm），无题款，无日期。

我把条幅拿到历史研究所照相室拍照，月底将照片寄给濮阳。6 月底濮阳来请题字，加盖了中国社会科学院历史研究所公章后在濮阳展示至 11 月 7 日归还，苑峰先生嘱我"放起来"。苑峰先生病逝，我将条幅送至傅学苓先生处，傅先生说"难得你认真保留张先生的遗墨。当年张先生不落题款、不写日期，你最了解实情，最有资格留作纪念！"

五

　　我 1997 年 2 月出国讲学回来后，苑峰先生时断时续住院，入冬以后基本住院。我的问学，如果从 1982 年秋冬之交算起的话，至此整整十五个春秋。之后，苑峰先生住院长达七八年之久，虽然不再可能问学，但苑峰先生对我潜移默化的影响却一直延续着。

　　不论问学期间，还是苑峰先生住院以后，每逢宗力回京，我二人都一定同去家中看望或到医院探视。每逢中秋、春节，我都和郭沫若纪念馆郭平英或赵笑洁到家看望苑峰先生伉俪。苑峰先生住院、过世以后，依然按时看望傅学苓先生。苑峰先生病逝，宗力未能赶回来，家祭、公祭我都代为参加。2010 年夏傅学苓先生入院，我与宗力、平英、笑洁一同前去探视，竟成诀别！

　　这张合影是 1994 年 7 月宗力回来，在苑峰先生家后院由傅学苓先生拍照，借此表达对苑峰先生伉俪的深切缅怀之情！

形象史学的先行者和奠基人

——记沈从文的学术研究方法

赵连赏

在中国历史上，若除去文字发明前和较完整文字体系没有形成的时间不计，利用文字记述和研究历史的时间至少在 3000 年以上，文字为悠久中国文化的传承立下了头功。但是，一切事物都具有其两面性，文字在记述历史方面，具有简便易行、不受时间空间的限制、便于承传保存等优点；其不利的方面在于，文字记述的历史比较抽象、客观度难以把握，特别对一些相隔时间较远名物的描述难以具体、理解困难等问题。因此，通过纯粹利用文字记述的历史和历代依靠文字研究后的历史文献，在其准确性和客观性方面都不可避免地存在一些问题，尤其在物质文化史研究方面，该类问题颇为突出。比如，春秋时期出现并被广泛使用的礼服深衣，东汉以后逐渐消失，历代文献中，只有深衣的抽象文字叙述，后世研究者也是通过历代的文字描述，用文字证文字的方式进行研究说明，由于过于抽象，对错往往难以界定。至清代，一件深衣的形制已经近于模糊的地步，导致当时一些大儒们纷纷参与研究、甚至争论。深衣形制的问题，直到马王堆汉墓发掘出土了深衣实物，这个问题才告解决。类似的问题在以往的历史研究中还有许多，如果继续沿用这种文字证文字的传统方式，显然已经有些行不通，若想使这类问题得到比较有效的解决，这里就"涉及一个方法问题"①

---

① 沈从文：《文史研究必需结合文物》，《沈从文全集》第 31 卷，北岳文艺出版社 2002年版，第 311 页。

一　什么是形象史学

沈从文所说，涉及的方法问题就是学人们必须天天接触的研究方法问题。以郑康成为代表的古史大家运用以文字证文字，或曰以文献证文献（又可称为以书证书）的传统研究历史的方法解决学术问题被延续了近2000年，直到20世纪20年代，以国学大师王国维为代表的学者们提出了用文献结合出土文献的"二重证据法"进行历史问题研究后，历史研究的方法才有了新的变化。使得以往在历史研究方面所运用的传统的以文献证文献研究方法的基础上，又增加了一种新的研究方法，并且在之后的一段学术研究过程中取得了较好的成效。

自新中国成立以后，特别是改革开放以来，用文献结合出土文物的方法研究历史，已经被越来越多的人所接受。运用这种研究方法取得的学术成果如雨后春笋，不断涌现，成效显著。通过对大部分利用文献结合出土、传世文物方法研究成果的研究考证，我们发现，沈从文是继"二重证据法"之后，文物结合文献研究历史问题方法最早的倡导者和执行者，并且，经过他大量的研究实践，对这种研究方法有着更清楚、更全面、更具体的诠释。沈从文认为："文学、历史、或艺术，照过去以书注书方法研究，不和实物联系，总不容易透彻，不可避免会如纸上谈兵，和历史发展真实有一个距离。"① 明确提出，文史研究必须结合文物的学术主张。

那么，怎样才能使各种历史等问题得到明了、透彻的最终解决？文献与文物结合的具体方法又是怎样的呢？沈从文认为，首先必须要将学术研究的视野放开，注意文字以外的各种方方面面材料的收集研究，这包括"从地下挖出的、或纸上、绢上、墙壁上、画的、刻的、印的，以及目下还正在使用着的东东西西。"② 这些内容包含所有出土和传世

---

① 沈从文：《文史研究必需结合文物》，《沈从文全集》第31卷，北岳文艺出版社2002年版，第311页。

② 同上书，第312页。

的岩画、造像、壁画、书画、服饰、建筑、家具以及陶瓷、玉器、青铜器、漆器、金银器等一切图像和器物等文物。之后，充分利用这些文物所特有的直观性，先将所要研究问题对象涉及的文物形象进行有序排列，认真观察、分析、比较每件文物的质地、造型、纹饰、色彩等特点，从这些文物的形象中努力寻找出同类、同时代文物的共性与差别，找出相承时代、不同时代、不同民族、不同地区各类文物间的异同规律，在对它们的形象有了基本研判的基础上，再结合文献对该问题进行研究结论的过程。这个过程，就是形象史学的研究方法。

二　研究方法的来源基础

十分明显，掌握、驾驭各种文物，成为能够运用形象史学方法从事文化史研究的先决条件和基础。我们知道，沈从文在没有全面利用形象史学研究方法之前，他既没读过国内外的任何大学，也没有在任何国外的文物研究机构工作的经历，他的文物研究基础从何而来？似乎成了人们普遍关心的谜。

在许多人的印象中，沈从文从一位著名的文学创作者的作家角色，半路出家，突然"转业"到了文化史研究之中，并且也获得了巨大的成功，这一过程，充满了传奇和神秘；但是，事实并非如人们想象的那样简单。文物研究是一门涉及多种学科的学问，掌握它需要长期的摸索、钻研和努力，沈从文也不例外。他在文物研究方面，早早地就进行了自我训练。还是在沈从文刚刚小学毕业后、从军为湘西王陈渠珍做文书的时候，就有了接触、了解文物的机会。当时，这位湘西地方军队首领是一位颇有些文化修养的军人，他的身边收有不少文物和书籍，"大橱里有百来轴自宋及明清的旧画，与几十件铜器及古瓷，还有十来箱书籍，一大批碑帖，不多久且来了一部《四部丛刊》"①。这些东西都由沈从文负责管理和编序，待平时该办的事情完成后闲暇时，沈从文就把那

① 沈从文：《学历史的地方》，《沈从文全集》第 13 卷，北岳文艺出版社 2002 年版，第 356 页。

些古书画一轴轴、一卷卷地取出，或将书画挂在会议室的墙壁上独自鉴赏，或翻开《西清古鉴》、《薛氏彝器钟鼎款识》对照书中的文字，认识所存铜器的名称。并通过这些文物中的"一片颜色"、"一块青铜"、"以及一组文字"等"种种艺术"获得了对中华民族物质文化的"初步认识"。此番经历，成为沈从文初识文物、学习历史的第一课堂，在他的心中牢牢地扎下了根，并且从此影响了他的一生。用沈从文自己的话说，他对以文物为主的文化史的学习研究"一直有兴趣"，① 这一情结甚至先于他的文学创作。②

正如沈从文自己所言，从此以后，不论是他离开湘西来到北京，还是他在青岛大学、西南联大、北京大学的任教期间，以及新中国成立后直接投入文物、文化史的研究，直到去世，沈从文对文物的研究热情从未间断过。这种持之以恒的坚持"文物结合文献研究历史问题方法"的态度，体现出沈从文对中华文化的真诚热爱，并为他创立和使用形象史学研究方法奠定了第一层基础。

掌握了相应的文物研究技能，也才具备了从事形象史学研究一半的要求，还需要具备已有学术研究方法理论的基础素养。

在沈从文"形象史学"研究方法出现之前，以往学界运用的历史学研究方法中，主要有两种形式：第一种，是用传统的纸质文献为研究依据，对历史问题进行研究，即前述以文献证文献方法。王国维"二重法"出现之前，学术成果基本都是依靠这种研究方法完成的，诸如常见的《十三经注疏》、《新定三礼图》、《通雅》等，多不胜数，并且至今这种方法仍在延续中；第二种，在利用传统的纸质文献依据基础上，再加入以出土的文献资料为依据，通过对二者的研究和相互印证，完成对历史问题的研究。这种研究方法，即是王国维为代表的学者提出的、引起学术界广泛重视的、著名的历史研究新的理论方法——"二重证据法"。王国维当时用带有几分庆幸和自豪的语言解释了这种新的

---

① 沈从文：《答瑞典友人问》，《沈从文全集》第 27 卷，北岳文艺出版社 2002 年版，第 347 页。

② 拙作《沈从文的文物情结》，见丁伟志等主编《学问人生》（上卷），高等教育出版社 2007 年 5 月版，第 135 页。

研究方法，他说："吾辈生于今日，幸于纸上之材料外，更得地下之新材料。由此种材料，我辈固得据以补正纸上之材料，亦得证明古书之某部分全为实录，即百家不雅训之言亦不无表示一面之事实。此二重证据法惟在今日始得为之。"①

王国维运用这种新的研究方法，利用当时为数不多的甲骨材料和先秦文物上表现出的金文材料，对《五帝德》、《帝系姓》等一些历史文献进行了对照研究，印证了史实的存在，达到了非常好的研究效果，为学界所称道。二重证据法的突破点在于，它打破了中国学术史运用了近两千年传统的以文献证文献的研究模式，为更深入研究中国历史文化开辟了一条新的研究方法和途径，是中国历史文化研究的创新，意义重大。

沈从文是"二重证据法"的积极推行者。他认为："王静安先生对于古史问题的探索，所得到的较大成就，给我们树立了一个新的工作指标。"② 在研究过程中，如果依靠"'以书注书'方法是说不清楚的，若从实物出发，倒比较省事"③。他还在美国圣诺望大学的一次讲演上说："（文物）十分显明是可以充实、丰富、纠正《二十五史》不足与不确的地方，丰富充实以崭新内容。文献上的文字是固定的，死的，而地下出土的东西却是活的，第一手的和多样化的。任何研究文化、历史的朋友，都不应当疏忽这笔无比丰富宝藏。"④ 表现出了沈从文在高度认可王国维新史学研究方法的同时，更加强调了学者们应当重视文物在研究中的积极作用，充分体现出沈从文以文物为主导、结合文献进行研究的方法主旨，这种研究方法意识，是对二重证据法的进一步发展。

---

① 王国维：《古史新证》，湖南人民出版社 2010 年版，第 2 页。

② 沈从文：《文史研究必需结合文物》，见《沈从文全集》第 31 卷，北岳文艺出版社 2002 年版，第 312 页。

③ 同上书，第 314、315 页。

④ 沈从文：《从新文学转到历史文物》，见《沈从文别集·自传集》，岳麓书社 1992 年版，第 234 页。

三　研究方法的指导思想

　　任何一种研究方法的产生，必然要有一个指导思想作指引。沈从文形象史学研究方法的确立和运用，所奉行的指导思想是辩证唯物主义哲学观。这种指导思想不仅体现在形象史学的研究方法上，沈从文一切学术研究工作都蕴含着辩证唯物主义哲学思想，它是沈从文整个学术研究思想体系的重要理论基础。

　　在日常的研究工作中，沈从文十分注重唯物辩证法理论在具体问题研究中的运用，他善于研究观察文物形象的普遍性和特殊性以及它们之间的联系变化。指出："我们的研究，必须从实际出发，并注意它的全面性和整体性。明白生产工具在变，生产关系在变，生产方式也在变，一切生产品质式样在变，随同这种种形式的社会也在变。"[1] 同时，沈从文更注意观察研究文物与文物的普遍联系关系，他认为："我们学习应用一个基本原则，'凡事不孤立存在，而彼此间又必有一定联系'来看待问题。"[2] 并根据他对各种文物图案形象的研究，说明该规律的客观存在："装饰花纹，一个时代有一个时代的风格，反映到漆器上是这个花纹，反映到陶器、铜器、丝绸，都相差不多。虽或多或少受材料技术上的限制，小有不同，但基本上是相似的。这就是事物彼此的相关性。"[3]

　　沈从文不仅笃信这种理论思想观点，而且更加注重理论思想在研究工作中的使用和落实。他说："我们说学习思想方法不是单纯从经典中寻章摘句，称引理论，主要是从实际出发，注意材料的全面性和不断发展性。若放弃实物，自然容易落空。"[4] 比如，普遍被学界认为是五代画

　　[1]　沈从文：《文史研究必需结合文物》，《沈从文全集》第 31 卷，北岳文艺出版社 2002 年版，第 311 页。

　　[2]　沈从文：《中国博物馆的研究工作》，《沈从文全集》第 31 卷，北岳文艺出版社 2002 年版，第 366 页。

　　[3]　沈从文：《文史研究必需结合文物》，《沈从文全集》第 31 卷，北岳文艺出版社 2002 年版，第 311 页。

　　[4]　同上书，第 314 页。

家胡瓌所作的名画《卓歇图》（见下图），以其具体的人物事迹、场景和传神的色彩、笔功流传至今，多少年来，不同时间的研究者都认为它出自五代胡氏之手，似乎已经成为铁定的事实。而沈从文则秉承"凡事不孤立存在"和事物之间相互"联系"的原则，不惧压力，敢于坚持，着重对画中各类形象细节进行全面和历史的观察，通过对画中所绘故事中表现出的贵妇戴高装巾子、男子戴软巾，一般侍从秃顶不戴冠巾，以及侍女衣襟左衽、有膝襕等人物服饰形象特点的认真分析研究比较，认定画中的这些服饰内容都是辽金时期人物服饰所具有的典型形象特征，并以此为依据，果断认定该作品的成画年代是辽金时期，而非五代。

　　法国著名哲学家笛卡尔在他的《方法论》著作中，告诉了人们在研究问题的时候，需要注意四个主要步骤，其中，第二个步骤是"为将我在很多部分中所有的困难，尽量分析开，使能获得最好的解决。"①沈从文虽然没有在学校接受过系统的东西方哲学理论思想的学习经历，但是，他却能够充分地意识到不同时代文物形象普遍与特殊的关系问题，并能够准确地抓住《卓歇图》中所表现出来的种种具体的形象细节内容，再对照宏观历史，做出了正确的选择结论。

金人作《卓歇图》（局部）

---

① ［法］笛卡尔：《方法论》，彭基相译，商务印书馆 1933 年版，第 22 页。

四 研究方法的实践效果

实践是验证理论方法正确与否的试金石，利用形象史学研究方法不断的实践与成功是沈从文文化史研究理论思想的另一心得。沈从文认为，教学中普遍采用的西方学院式考古学培养出的人才，并不能满足我们文化史研究工作的需要。他还认为，训练一名文史教授或专家，远比训练一名有"常识"的文物研究员容易得多。若想进一步解决郑玄、刘熙等历史先贤解决不了的问题，就必须努力利用为数众多的博物馆文物，大量实践，只有将这些文物形象反映出来的内容搞明白后，才能够很好地去解决文物所对应历史时期出现的问题。在沈从文的学术生涯中，抛开他正式转入文物研究之前二十多年的文物研究积累不计，仅在他进入历史博物馆的前十年左右时间里，经他手的文物就有近百万件之多。反复的实践探索，使沈从文充分地掌握了不同历史时期各种不同文物形象、内容以及它们变化的规律，这为他的形象史学学术研究提供了有力支持和保障。

多年来，沈从文运用这种新方法，凭借对文物各种形象的实践解决了许多的文化史研究领域的问题。① 比如汉代的进贤冠上帻巾出现的时间问题，历史文献记载有所不一，有的说是在汉文帝和元帝时就有，又有记载说是在王莽时期才出现，到底哪种记载正确呢？对此，沈从文并没有简单地抓住一两个论据就事论事的说明结论，而是从宏观出发，根据已掌握的各种文物形象，将它们按照不同时间和形状规律一一排列起来，首先分析了进贤冠的结构特色之后，再对不同时期进贤冠形象的共性和个性逐一进行分析比较，很快便从中找出了它们的变化规律和异同，认为东汉与西汉的进贤冠构成形象存在着明显的差异，因此得出结论：认为文献中记载加帻巾的进贤冠出在王莽时代以后是比较可信的。

---

① 拙作《沈从文的文物情结》，见丁伟志等主编《学问人生》（上卷），高等教育出版社 2007 年版，第 140 页。

　　再比如，沈从文对中国历代马的艺术的研究。这个研究专题并不是他文化史研究系列中的擅长部分，除了《沈从文全集》收录了"马的艺术和装备"单元部分发表外，此前，他几乎没有公开发表过相关论述。而我们是通过《全集》已经公开披露的研究手稿中，才看到了沈从文在马的艺术方面的研究。通过这几篇研究文章，在我们看到沈从文对中国马艺术研究成果的同时，更让我们发现了他真切形象史学研究方法的实践过程。当中，仅用于研究的各代马图就有113幅之多，基本包括了中国历史上各时期关于马的视觉形象信息，时间跨度两千多年，从西周到明代，材料内容几乎没有断代；反映形式包括：青铜、石器、玉器、陶器、瓷器、砖雕、壁画、绘画、马俑等。有关马艺术的内容，包括马姿、马鞍、马镫、马车、马甲等马具；马的表现数量有单、有双、有群、有队列。这些关于马的艺术形象的分类排序都是沈从文生前的真实工作现状的实录，透过文中各式马形象的展现，一方面我们可以看到沈从文学术研究的仔细和严谨，另一方面，我们还可以十分清楚地看到了沈从文形象史学的具体研究过程。

顾恺之《洛神赋》马车图

　　以上两个研究事例，都突出地体现了形象史学研究方法的客观性和可靠性，有了这般严谨的研究推断和研究积累的过程，所研究的结论不正确都难，体现了形象史学研究方法的科学性。

五　小结

沈从文直到最后，也没有来得及将他辛苦实践付出大半生、并获得巨大学术成功的文物形象研究结合文献解决历史问题的方法总结成理论，形象史学研究方法理论的提法也不是由他提出来的，这已是一个无法弥补的现实，也是一个遗憾。但是，通过以上几方面对沈从文和他形象史学研究方法实践过程的介绍，以及他运用这种方法研究完成的累累硕果，还有谁能够否认沈从文是"形象史学"研究方法的先行者和奠基人呢！

难忘师恩

吴伯娅

2014 年是历史所建所 60 周年，我也即将迎来人生的 60 周岁。自大学毕业后，我就在历史所工作。38 年过去，弹指一挥间。进所初期的往事，历历在目；学术前辈的教诲，言犹在耳。在庆祝建所 60 周年之际，我的思绪回到了当年。

1976 年是个令人难忘之年。自然界，先是陨石降落，后是唐山大地震。人世间，周恩来、朱德、毛泽东相继去世。9 月 18 日，我从武汉大学历史系毕业，来到了中国科学院哲学社会科学部历史研究所。同年分配到历史所的还有北京大学历史系的王旭、复旦大学历史系的许敏、四川大学历史系的罗崇良。当时，历史所的楼前还搭着防震棚。住在所里的员工及其家属晚上就睡在防震棚里。不久，"四人帮"垮台。10 月 1 日天安门广场举行盛大的庆祝活动。中国历史翻开了新的一页。

"文革"结束之后，历史所的科研人员和全国人民一样以十分急迫的心情渴望恢复业务，迅速找回被耽误的 10 年。1978 年，历史所恢复各研究室建制，成立了清史研究室。杨向奎先生任研究室主任，王戎笙先生任副主任，何龄修先生任学术秘书。研究室成员有周远廉、郭松义、韩恒煜、许曾重、李新达、赫治清、张捷夫、冯佐哲、樊克政、傅崇兰、林永匡等人。我和新来的大学毕业生李格进入了清史室，成为这个队伍中的两名小兵。

杨向奎先生，我们尊称为向老。他毕生从事历史教学和研究，学问渊博，著述宏富，为我国历史学的发展做出了重要贡献。20 世纪 60 年代中叶以后，他又以史学为主，兼探索自然哲学和理论物理学的奥秘，发表了多篇重要论文。作为一位博古通今、学跨文理、德高望重的学术前辈，向老在清史室享有崇高的学术地位，备受尊崇。但是，他没有架子，平易近人，待年轻人宽厚热情。初次见面时，他那慈祥的面容就给我留下了深刻的印象。随着接触的增多，我真切地感受到向老既是我们青年人敬仰的史学家，又是一位和蔼可亲的长者，热心育人的园丁。能在他的指导下学习工作，真是三生有幸。至今我的眼前还常常浮现出春节清史室同仁给他拜年的情景。他住在干面胡同。大家相约来到他的家中，向他表达节日的祝贺。他的住房不大，里面满是书籍，可谓坐拥书城。大家围坐在他的身旁，听他讲述社会见闻、人生感悟、自己治学的体会、前辈学人的逸闻。向老娓娓道来，大家听得津津有味。狭小的房间里欢声笑语，其乐融融。向老毕生勤奋，年轻时每天工作 10 多个小时。拜年时，他谈起自己黎明即起、努力工作的情景，提醒大家抓紧时间、勤奋读书、刻苦钻研。向老的言传身教，使大家深受感动。拜年活动成了新年工作的起点。

为了建设好清史研究室，向老提出了"分兵把口"的方针。那就是根据研究室全面发展重点突出的需要，室内每一个研究人员都要明确自己的长期研究领域、研究方向，还要明确近期的研究课题。使人人有工作目标，又不会重复研究，而整个研究室不致出现许多空白。他让何龄修先生找本室年轻的科研人员谈话，根据个人的实际情况给他们定一个课题，作为三五年内进行研究的范围。赫治清先生的天地会研究、傅崇兰先生的城市研究等课题，都是那时确定下来的，后来都取得了优异的成果。

我和李格是工农兵学员。由于"文化大革命"，大学期间我们无法正常上课，没有学到应有的知识。根据我们的实际情况，研究室给我们的首要任务是补课、打基础，指定有长期科研经验、具有深厚学术积累的先生对我们进行专门指导。王戎笙、何龄修、周远廉、郭松义、韩恒煜等先生是我们的辅导老师。在清史研究室的办公室里，这些先生无偿地轮流给我们上课，无保留地将自己多年的研究心得传授给我们，耐心地指导我们如何读书、如何写作。我和李格真是幸运，进了一个师资强大的辅导班。为了我们能尽快成长，研究室还鼓励我们旁听历史所研究生的课程，以及北京大学、中国人民大学的相关课程。我们两人忙于听课，认真读书，努力追赶时代前进的步伐。

当时，历史所的条件比较艰苦。向老、王戎笙、郭松义等先生的住房都很小。还有一些先生没有住房，携家借住在历史所办公室。何龄修、张捷夫先生及其家属就住在历史所的办公室里。我和许敏、李福曼三人合住在历史所的一间办公室里。李福曼在历史所资料室工作。她是梁启超之子考古学家梁思永的遗孀，比我大48岁。我们老少同屋，和睦相处多年。她常说："我们是真正的忘年交。"历史所的条件虽然艰苦，但各位先生的敬业精神令人敬佩。正如何龄修先生在《清代人物传稿》的"卷头语"中所言，"我们作者的工作条件差，许多同志要克服种种意想不到的困难。就说我们室吧，由于住房拥挤，我们有的传稿曾是坐在小凳子上伏在床边写成的（现在我们这位同志一家四口总算有一套20多平方米的楼房了），有的传稿是与子女交替使用书桌和缝纫机写成的，而这些传稿的作者都是我室的副研究员。他们的条件如此，其他可知。但是，许多同志虽长期被这类困难所困扰，心情不免凄苦和不快，却没有被压倒。他们朝气蓬勃，完成自己所承担的国家任务。"

同住学部大院，便于我向何龄修等先生请教。何先生多年的耳提面命，使我深受教益。何先生要求我认真读书，从基础性史书读起，如《圣武记》、《东华录》等，对清朝的军政大事、发展脉络有清楚的认识。他强调一定要读原始材料，读《清实录》，边读边做卡片。卡片的左上角，写史料的时间。右上角，概括该条史料的核心内容。中间抄录史料。右下角注明史料来源。来不及抄录的史料，就按这种方法制作索引。卡片积累到一定程度，就作编年、分类。要读清人诗文集。既读他们写的文章、奏折和书信，也要读他们写的诗词，学会以诗证史。要去历史档案馆查阅清代档案。要对各种不同的史料记载进行比对，发现问题、辨明真伪，弄清史实。要读学术界的研究成果，学习他们的研究思路、写作方法。何先生经常询问我的读书情况，检查我的卡片，解答我的问题。告诫我不要急于写文章，要多读书，打好基础。他说道："做学术研究要打基础，就像盖楼要打地基一样。地基的深浅好坏，直接关系到大楼的高低和质量。"

何先生毕业于北京大学历史系，对老师邓广铭先生的"四把钥匙"论印象深刻。他向我们讲解道："邓先生认为，年代、地理、职官制度和目录学是打开中国历史之门的四把钥匙。年代和地理是时间和空间的问题，是历史的载体。职官制度是国家机器的重要表现，不懂得职官制度甚至看不清看不懂史料。目录学则是整理和统率图书典籍，概括其内容和学术源流的学问。这'四把钥匙'对治史具有根本的重要性。"何先生还就"四把钥匙"之一的职官制度专门给我和李格上了一课，题目是"清代职官别称"。这个课堂笔记我保存至今，并将复印件传给了我的研究生。

清史室成立之后，向老不仅提出了"分兵把口"的研究室建设方针，而且创办了《清史论丛》。向老亲任主编，王戎笙先生任副主编。何龄修、周远廉、郭松义、张捷夫先生为编辑。向老亲自规定方针，参加审稿，主持退稿等事宜。1979 年 8 月，《清史论丛》第 1 辑由中华书局出版。此后，《清史论丛》每年出版一辑，一直被海内外清史研究者、高校及相关研究单位广泛收藏。美国哈佛大学、荷兰莱顿大学、中国台湾"中研院"等许多著名科研机构的图书馆，均将该集刊作为清史研究必备图书。向老历来提倡严谨求实的学风，对本室成员严格要求。但也重视对后学的鼓励和扶植。他曾对《清史论丛》的编辑们说道："对青年人要降格以求，他们才有发表的机会。他写出来，发表了，继续钻研的劲头就上来了。如果总也发表不了，有的人可能就泄气了。有时候这样做可能影响一个人一辈子的发展。"1982 年，我的处女作《试论清初逃人法的社会影响》在《清史论丛》第 3 辑上发表。它是我几年来学习清史的一个小结。文中引用的史料既有《清实录》、清代档案、地方志，也有清代史书、清人诗文集，反映了那些年清史室先生们指导我读书的情况。

1983 年 5 月，为了实施"国民经济和社会发展第六个五年计划"中哲学社会科学的各项任务，全国历史学科规划会议在湖南省长沙市召开。会议讨论了清史编纂规划，要点是自 1983 年起到 1990 年，以 8 年的时间，完成一部 10 卷本的《清代全史》（当时暂名为《清代通史》）和大约 20 卷的《清代人物传稿》。

王戎笙先生是《清代全史》项目负责人。他团结全室，携手兄弟单位，精心规划设计，组织班子，研究攻关，执笔著述，出色地完成了任务。《清代全史》共 10 卷，将近 400 万字，出版后反响甚大。先后获得中国社会科学院首届优秀科研成果奖、郭沫若优秀历史著作奖、第八届中国图书奖等等。在《清代全史》的撰写过程中，王戎笙先生有意培养年轻人，使之在科研实践中锻炼成长。他给了我一个很好的学习机会，让我撰写该书第 2 卷第 4 章 1、2、3 节，即《三藩割据势力的形成》、《三藩之乱》、《平藩战争的胜利》。通过这个项目，我受到了锻炼，学到了很多东西。

1983 年确定的国家重点项目《清代人物传稿》，由历史所清史室和中国人民大学清史所共同承担。何龄修、张捷夫先生是《清代人物传稿》上编 2、4、6、7、9、10 卷的主编。清史室的成员大多都参加了这个项目。我也置身其中。何龄修、张捷夫先生对我们指出："毫无疑问，将要入传的大部分历史人物，有许多现成的碑传志谱材料。这当然是创作新的传记的好条件。但是，《清代人物传稿》上编要想具有生命力，就绝不能靠钞撮现成的碑传志谱成书，而应该建立在研究的基础上，了解传主生活的历史环境，熟悉人物的毕生事迹（对现成的碑传志谱材料和其他材料要下纠错彰幽、删繁补缺的改造、制作工夫），把握住这个人在历史上的作用和地位，总之，对传主有较深的理解，才能把传记写好。"他们还指出："历史人物传记有史学和文学两个方面的属性。我们要求作者注意传记的这个特点，努力使传记的科学内容和优美形式结合起来。"在他们的指导下，我先后撰写了数十篇不同类型的人物传。通过对这些人物的研究，加深了我对清朝历史的认识。

以上是我进所初期的学习经历。事隔多年，如同昨日。我出生于 1955 年，学生时代遇上"文革"十年动乱，没有学到应有的知识，没有受到系统的史学训练。在学术研究的道路上，我深感自己水平太差，苦闷徘徊。向老等先生没有歧视我这个不合格的学生，而是伸出热情之手。向老等先生的关心和鼓励使我坚持下来，跌跌撞撞地走到今天。我衷心感谢向老等先生对我的培养教育，难忘师恩。

谢桂华先生的简牍学成就

邬文玲

谢桂华先生是湖南人，1938 年 10 月 31 日出生于湖南新化，2006 年 6 月 12 日病逝于北京，享年 68 岁。谢先生 1963 年毕业于武汉大学历史系，同年分配到中国科学院哲学社会科学部（1977 年更名为中国社会科学院）历史研究所从事科研工作直至 2003 年退休；历任实习研究员、助理研究员、副研究员、研究员；曾任战国秦汉史研究室和秦汉魏晋南北朝史研究室主任、中国社会科学院简帛研究中心主任，中国秦汉史研究会理事、副会长，中国人民大学国学院特聘教授等职。1992 年起获国务院颁发的政府特殊津贴。谢先生从 1978 年起一直从事简牍学与秦汉历史研究，不仅取得了丰硕的研究成果，而且对简牍学的学科发展和建设做出了重要贡献。

一　简牍整理释读成就

谢先生做了大量简牍整理释读工作，其成就主要体现在两个方面：一是对已公布的简牍释文的校订和解读；二是对新出简牍资料的整理释读。

《居延汉简释文合校》上、下册（与朱国炤、李均明合著，文物出版社 1987 年版，获历史所第一届科研成果二等奖）是谢先生在简牍释文校订方面最具代表性的著作之一。居延汉简自 20 世纪 30 年代出土以来，先后公布了三种释文本：劳干著《居延汉简考释·释文之部》（1943 年，1960 年台北重订，简称《考释》）、中国社会科学院考古所编著的《居延汉简甲编》（1959 年，简称《甲编》）和《居延汉简甲乙编》（1980 年，简称《甲乙编》）。这三种版本的释文不仅有诸多不一致之处，而且均存在大量误释、漏释或未释出者，再加上各自采用的简牍编号不同，使用起来也极为不便。谢先生等在对上述三个版本进行反复研读比对的基础之上，出版了新的释文本即《居延汉简释文合校》。该书以《甲乙编》释文为底本，参校《甲编》和《考释》释文，对照简影图版，将居延汉简的全部释文，按西北科学考察团最初在北京整理的编号顺序排列，重新释读校补，并附有《原简编号、出土地点、图版页码一览表》及《居延汉简台北本与甲乙编本简号校异》。凡是校补释文与上述三种释文不同者，均在按语中分别说明，以供读者择善而从。这样既反映了合校本释文与上述三种释文的相异之处，又反映了以往三种释文彼此之间的不同之处，令人一目了然，从而便利了运用者推敲释文的正误以定取舍的工作，也省却了使用者同时查阅三种不同释文的麻烦，加上合校本的校补工作是在整理居延新简的过程中进行的，有条件运用大量新简的材料与旧简的材料作对比研究，且尽可能充分吸收已公布的国内外有关释文的成果，在释文订补方面取得了重大突破，共校正了一万枚简中两千多枚简的释文。自合校本出版以来，即以其准确性、权威性、便利性受到学界的广泛认同和欢迎，被视为兼具学术价值与工具书使用价值的著作，从而全面取代了以往各家释文，成为居延汉简最权威的释文本。谢先生所发表的《〈居延汉简甲乙编〉释文补正举隅》（合撰）①、《〈居延汉简甲乙编〉释文质疑》（合撰）②、《〈居延汉简甲乙编〉释文平议》（合撰）③ 等论文，皆是订正居延汉简释文的先期成果。后来台北出版中研院历史语言研究所编著的《居延汉简补编》之后，谢先生又对其中 77 枚简的释文做了订正，发表了《〈居延汉简补编〉释文补正举隅》一文④。

　　简文的释读正确与否，不仅直接关系到简文资料的史料价值，而且

---

① 载《历史研究》1982 年第 5 期。
② 载《中国史研究》1983 年第 1 期。
③ 载《敦煌学辑刊》1984 年第 6 期。
④ 载《中国社会科学院历史研究所学刊》第二集，商务印书馆 2004 年版。

涉及能否正确认识相关制度和历史问题。比如，谢先生通过研究发现，居延汉简 3.14 "授为甲渠城北隧长"、"授为殄北塞外渠井隧长"，118.5 "授为橐他石南亭长"，403.11 "授为登山隧长"，居延新简 EPT65.430 "授为临之隧长" 等简中的 "授为" 均应改释作 "换为"；居延汉简 268.25、居延新简 EPT65.335 中的 "授补" 应改释作 "换补"；居延新简 EPF22.60 中的 "薰事"，以往读作 "谨事" 不准确，应当读作 "勤事"。"授" 与 "换"、"谨" 与 "勤" 虽然仅仅是一字之别，但却涉及对汉代边塞军事机构中吏员的迁转除授制度的正确认识。又如居延汉简 505.20 "凡五十八两，用钱七万九千七百七十四"，以及 502.8、506.11、506.26、506.27、505.15、505.36 等相类简文中的 "两" 和 "钱"，以往理解为黄金兑换钱币的价值，谢先生考辨指出，这些简文中的 "两"，非重量单位，不是指黄金的 "两"，而是与 "辆" 相通，系指受雇载粮的车辆。"钱" 亦非指黄金兑换钱币的价值，而是指 "僦钱"，即雇载费。① 又如额济纳汉简 99ES16SF2：1 中的 "茭钱"，谢先生指出其与以往居延汉简所见意指用于购买茭草的专门费用的 "茭钱" 含义不同，它是作为编户齐民向官府所缴纳田租的附加税，相当于 "藁税"。② 谢先生还对汉简中若干律令文书简的释文进行集中校订，并做出新的解读。比如居延汉简 4.1 "律曰：臧它物非钱者，以十月平贾计"，其中的 "钱" 字，以往诸家皆释作 "錄"，理解为 "抄录" 或者 "登录" 之意。谢先生通过辨识认为此字应释作 "钱" 字，并指出从律文来看，"钱" 与 "物" 相对应，意即价值，此处指如何计算赃物的价值。③ 张家山汉简发表之后，谢先生对《二年律令》中 15 枚简牍的释文、标点、排序等提出了新的校订意见。④ 不言而喻，诸如此类的校订，从根本上改变了相关简文的史料价值。

---

① 《汉简札记三则》，《湖南省博物馆文集》第四辑 "纪念商承祚先生诞辰九十五周年论文"，《船山学刊》杂志社 1998 年。

② 《额济纳汉简 "茭钱" 试解》，《历史研究》2006 年第 2 期。

③ 《汉简所见律令拾遗》，《纪念林剑鸣教授史学论文集》，中国社会科学出版社 2002 年版。

④ 《张家山汉墓竹简［二四七号墓］校读举例》，《简帛研究二〇〇二、二〇〇三》，广西师范大学出版社 2005 年版。

1978 年至 1994 年，谢先生参加了居延新简的整理工作，出版了《居延新简——甲渠候官与第四燧》（集体编著，文物出版社 1990 年版）和《居延新简——甲渠候官》上、下册（集体编著，中华书局 1994 年，获第二届国家图书奖提名奖、第九届中国图书奖、中国社会科学院第二届优秀科研成果奖、首届郭沫若中国历史学奖三等奖）两部著作。1995 年至 1997 年，谢先生负责并参加了尹湾汉墓简牍的整理工作，出版了《尹湾汉墓简牍》（集体编著，中华书局 1997 年版）。值得一提的是这次整理工作的速度之快、质量之高都是空前的，而且整理小组打破了以往"垄断"材料的风气，先将所有的整理成果及资料全部公布，以便和学界同仁一起研究，这是一种值得感佩和发扬的新风。这次整理还有意识地进行多学科领域的合作，利用高科技手段，收到了显著的效果。整理小组将尹湾汉简的原件全部调到上海复旦大学文博学院和物理二系，用红外线进行阅读，在定稿的基础上又纠正了七百多字（全文共四万多字），这是整理工作上的一大突破，海内外的学界都盛赞此次整理工作水平高，日本著名学者大庭脩撰文说，中国今后的简牍整理都应该采取"尹湾的模式"。2002 年至 2003 年，谢先生参加了额济纳汉简的整理工作，出版了《额济纳汉简》（魏坚主编，广西师范大学出版社 2005 年版）。值得一提的是，谢先生后来发现《额济纳汉简》的部分释文仍有可商榷之处，便不惜自揭其短，撰写《额济纳汉简订误》一文，对其中 14 枚简的释文重新做了校订。[①]

汉简草书的释读一直是难点。谢先生在这一领域多有建树，新释出许多以往无法释读或者错释的简文，他在《汉简草书辨正举隅》[②]一文中，即对 10 枚敦煌汉简和 10 枚居延汉简的草书文字重新做了订正和释读，极大地提升了这些简牍的史料价值。比如，敦煌汉简 497 原作"六月戊午府下制书曰安众侯刘崇与相张绍等谋反已伏辜崇季父蒲及令羣解印授肉袒自护书丁卯日入到"。谢先生指出，其中"蒲及"应为"蒲反"的误释，蒲反为县名，西汉时属河东郡；"自护"应释作"自诣吏"；"印授"应作"印绶"。这些释文的订正，使得该简内容得以清

---

① 《额济纳汉简订误》，孙家洲主编《额济纳汉简释文校本》，文物出版社 2007 年版。

② 《简帛研究》第三辑，广西教育出版社 1988 年版。

楚呈现，可改读作："六月戊午，府下制书曰：安众侯刘崇与相张绍等谋反，已伏辜。崇季父蒲反令辇解印绶、肉袒自诣吏。书丁卯日入到。"从而补充了《汉书·王莽传》失载的关于安众侯刘崇起兵反王莽事件的更多细节：在刘崇和张绍起兵反莽失败的政治背景之下，刘崇的季父、蒲反令刘辇"解印绶、肉袒自诣吏"，主动向当地官府请罪，以期免遭诛连处罚。

除了国内出土的简牍之外，谢先生也十分关注日本、韩国等地出土的简牍资料。比如他曾对韩国城山山城所出木简中 25 枚的部分释文作了补正，并探讨了这批木简的制作年代、主要内容、基本性质、形制和用途等问题。[①]

二　散简册书复原成就

由于单枚简牍的容字有限，古代人们发明了编册，即按照一定的尺寸、规格、形制，把一枚枚的简牍削治整齐，然后按顺序编成书册的形式，作为书写载体。由于编联简册所使用的编绳主要为细麻绳、青丝、素丝、皮革等，相比而言，编绳比竹木简牍更易朽断，故出土简册中少有编绳完整保留者，大多朽烂不存，本来编联在一起的册书，通常也散乱无序，失去了原貌。因此，重新进行集成编联和册书复原，成为除了文字释读之外，出土简牍整理研究最为重要的基础工作。

谢先生是散简册书复原领域的代表人物之一，复原了多件册书。比如他复原了居延汉简"建平五年十二月官吏卒廪名籍"，此名籍共由 23 枚简组成，但现在仅存 13 枚，有 10 枚已经缺佚。虽然这是一个不完整的册书，但经复原，整个廪名籍的基本结构和全貌已经大体清楚：

1　建平五年十二月官吏卒廪名籍　　203.6

2　令史田忠　十二月食三石三斗三升少　十一月庚申自取　　133.7

---

① 《韩国咸安城山山城木简初探》，《简帛研究二〇〇一》，广西师范大学出版社 2001 年版。

3—5（缺）

6　·右吏四人　用粟十三石三斗三升少　203.10

7　鄣卒张竟　盐三升　十二月食三石三斗三升　少十一月庚申自取　203.14

8　鄣卒李就　盐三升　十二月食三石三斗三升　少十一月庚申自取　254.24

9　鄣卒史赐　盐三升　十二月食三石三斗三升　少十一月庚☐292.1

10　鄣卒☐☐　盐三升　十二月食三石三斗三升少　十一月庚申自取　286.12

11—15（缺）

16　·右鄣卒九人　用盐二斗七升　用粟卅石　286.9

17　☐胡隧卒张平　盐三升　十二月食☐55.8

18　☐　盐三升　十二月食三石三斗三升少　十一月庚申自取 27.10

19—20（缺）

21　右省卒四人　用盐一斗二升　用粟十三石三斗三升少 176.18，176.45

22　·凡吏卒十七人　凡用盐三斗九升　用粟五十六石六斗六升大 254.25

23　·建平［五年］十二月吏卒廪名籍　203.6

通过"建平五年十二月官吏卒廪名籍"的复原，使我们对居延等汉代西北边陲屯戍地区的吏卒廪食制度，又得到了若干新的认识。第一，凡是在居延戍边的官吏，虽然每月都由官府配给和戍卒同等数量的食粮，但不配给食盐。第二，在居延戍边的戍卒，不仅按月都由官府配给一定数量的食粮，而且同时配给一定数量的食盐；食盐的定量标准为大月每人每月三升，小月或闰月每人每月二点九升。第三，为什么在居延戍边的官吏，政府不配给食盐呢？换句话说，他们每月所需要的食盐，又是通过什么渠道来供应的呢？这个问题，廪名籍并没有具体说明，但是通过居延汉简和文献记载，可以推测大概主要因为戍边的官吏，按月由官府发给薪俸，所以，他们所需要的食盐，是用他们所得到的俸钱来购买的。《全后汉文》卷四十六，崔寔《政论》云："夫百里长吏，荷诸侯之任，而食监门之禄，请举一隅，以率其余。一月之禄，得粟二十斛钱二千。长吏虽欲崇约，犹当有从者一人，假令无奴，当复取客，客庸一月千。刍、膏肉五百，薪炭盐菜又五百。二人食粟六斛。其余财足给马，岂能供冬夏衣被，四时祠祀，宾客斗酒之费乎？况复迎父母致妻子哉！不迎父母，则违定省，不致妻子，则继嗣绝，迎之不足相瞻，自非夷齐，孰能饿死？于是则有卖官鬻狱，盗贼主守之奸生矣。"明确说到百里长吏每月所需要的薪炭盐菜共五百钱，是由他们每月所得到的俸钱来支付的。又肩水金关所出地皇三年"劳边使者过界中费"册书亦云："·劳边使者过界中费：粱米八斗，直百六十；即米三石，直四百五十；羊二，直五百；酒二石，直二百八十；盐、豉各一斗，直卅；茅将置，直五十；·往来过费凡直千四百七十，·肩水见吏廿七人，率人五十五。"亦说明招待这位使者在肩水金关等地所食用的米、肉、酒、盐、豉、置钱，都是由肩水地区的现任官吏等廿七人，平均每人支付五十五钱来购买的。①

谢先生通过研究发现，1903 年至 1931 年从破城子旧出的和 1973 年至 1974 年新出的两批居延汉简中，有一部分断简是可以进行缀合和复原成册书的。他复原的"吏受奉名籍"残册，即是新、旧居延汉简册书复原的一个具体实例：

1　不侵隧长高仁　黍月禄帛三丈三尺　八月甲寅自取　隧长孙昌
取　卩　95.7

2　当曲隧长刑晏　黍月禄帛三丈☐　EPT6：2

3　☐八月甲寅隧长孙昌取　卩　EPT6：16

4　次吞隧长时尚　黍月禄帛三丈三尺　八月甲寅母☐取　卩
EPT6：76

5　☐☐月禄帛三丈三尺　八月癸卯妻取　卩　EPT6：6

6　☐☐　黍月禄帛三丈三尺　六尺计　九尺适

---

① 《居延汉简的断简缀合和册书复原》，《简帛研究》第二辑，法律出版社 1996 年版。

　　柒尺谦　丈一尺自取　　卩　EPT6：5

7　城北候长周育　柒月禄帛一匹留官

余帛一丈五尺五寸　□□一丈三尺　　EPT43：41

8　☑王丰　柒月禄帛三丈三尺　　八月癸卯自取　　卩　EPT43：46

9　☑柒月禄帛三丈三尺☑EPT65：78

　　尽管上述9枚简文于不同时期由不同探方出土，在书写格式等方面存在着某些差别，但是，因为它们同出土于破城子，且木质、形制和简文字体、笔迹、内容又完全相同，应属于同一册书。虽然它们仅仅是一个残册，但据此可知：

　　第一，关于候长、隧长等戍边基层官吏领取俸禄的具体制度。此残册是有关候长、隧长等领取俸禄时的名籍。根据这个残册可知，在正常情况下，他们的俸禄是按月领取的；在领取俸禄时，包括官职名、姓名、俸禄总额、领取日期和领取人，均要做出详细的登记。

　　第二，关于册书编制的具体年代。因为残存的九枚简文中均无纪年，无法直接知道册书编制的具体年代，但据简文中的"七"写作"柒"，"奉"写作"禄"，"四"写作"三"等特殊写法，似乎可以推测它应属于王莽时期。可是，将"奉"写作"奉禄"、"禄"或"禄钱"，并不是从王莽时期才开始的，居延新简EPT5：47"五凤四年八月奉禄簿"、EPT40.87"绥和二年十一月乙未辛亥第廿三候……受禄钱名籍一编敢言之"，均可印证。将"七"写作"柒"，虽从王莽时期开始，可是东汉光武帝建武年间仍在继续沿用，如居延新简EPT59：574"建武五年柒月"等，亦可印证。所以，仅凭简文中"七"写作"柒"，"奉"写作"禄"，"四"写作"三"，就肯定它一定属于王莽时期，则不一定可靠。根据居延新简EPT20：31和EPT65：99可知，残册第4简所记次吞隧长时尚与隧长秦岑和吞远隧长秦恭属于同一时期的人。再据破城子22号房屋新出建武四年"秦恭爱书"中的相关记载，可以推知次吞隧长时尚所领取的柒月俸禄，很可能属于建武元年或建武二年，此即该册书编制的具体年代。

　　第三，关于用布帛等实物来支付官吏俸禄的历史考察。根据敦煌和居延简中用布帛支付俸禄的相关资料，可以得出如下结论：（1）整个西汉时期，戍守西北边陲的官吏的俸禄，在多数情况下，是用钱来支付的，但是，有时也将俸禄折合成钱用布帛或谷物及其他实物来支付。（2）将俸禄折合成钱，用布帛或谷物及其他实物来支付，绝不是仅此王莽时期，也不是从王莽时期开始。①

谢先生还结合新、旧居延汉简复原了"王莽制诏"残册、"甲渠鄣候谊不留难变事爰书"残册、"元康四年赐给民爵名籍残册"等。

首先，关于"王莽制诏"残册，他发现新、旧居延汉简中下述 8 枚简文不仅出土地点相同，内容和文例相类，而且简的木质、形制和简文字体、笔迹也都完全相同，应属于同一册书：

1　辨衣裳审棺椁之厚营丘龙之小大高卑簿厚度贵贱之等级·始建国二年十一月丙子下　210.35

2　制诏纳言其宜官伐材木取竹箭　始建国天凤三年十一月戊寅下　95.5

3　制诏纳言其令百辽屡省所典修厥职务顺时气　·始建国天凤三年十一月戊寅下　EPT59：61

4　制诏纳言农事有不收藏积聚牛马畜兽有之者取之不诛　·始建国天凤三年十一月戊寅下　EPT59：62、63

5　始建国天凤三年十一月戊寅下　EPT59：99

6　□□掌酒者秫稻必齐麴蘗必时湛饎必絜（潔）水泉【必】香陶器必良火齐必得兼六物大酋　EPT59：343

7　监之勑于酒□□EPT59：492

8　□三年十一月戊寅下　EPT59：493

根据简文纪年，可以推测，整个册书应当包括王莽所建立的新朝历年所颁布的制诏。从简文制诏的内容来看，王莽起草制诏时很可能参照了《吕氏春秋》。根据简文记录的制诏下达日期，可知王莽使用殷正，以十二月为岁首，而把相当于夏正十月的孟冬和十一月仲冬的政令，均于十一月合并颁布。根据文献记载，仅知王莽颁布政令，均是仿照《周官》

---

①　《新、旧居延汉简册书复原举隅》，《秦汉史论丛》第五辑，法律出版社 1992 年版。

和《左传》，采用古文说，但根据这个制诏残册则仿照月令，可见亦兼用今文经。总之，利用儒家经典施政是王莽时期政治的一个重要特征，旨在说明他建立新朝以取代汉朝，既与天和神意相符，又合乎古义。

其次，关于"甲渠鄣候谊不留难变事爰书"残册，他发现新、旧居延汉简中下述 14 枚简不仅出土地点相同，简文内容亦相类，除了简 6 属于三面觚外，其余 13 枚简的木质和形制又相同，很可能系同一册书：

1　□□□□□复使根彊来曰欲言变事候故使我来召奈何不往敞复曰病未欲言根彊去　EPT51：2

2　听受若又顷根彊还言敞言胁惠不耐言变事　EPT51：7

3　谊不留难敞变事满半日时令史根尉史彊守塞尉万候长吕宪王充徐弘候史成遂　EPT51：17

4　根前所白候爰书言敞后不欲言今洒言候击敞数十下胁惠□EPT52：178

5　万谓敞候故使万留受□EPT52：357

6　□敞欲言变事后不欲言变事时彭（？）人（？）□
□不欲言变事皆证它如爰书敢言之27.21A、B

7　□敞后不欲言变事爰书谊数召根不肯见谊根且□46.23

8　□□□□□□敞后不欲言变事爰书□白谊所令□□□□□46.26

9　□□□□数反欲言即来言不欲言□46.28

10　□□送府君尉当听受敞欲言□123.8

11　□□□也君即以根不信前居延还根等□133.26

12　□敞欲言变事□123.47

13　□敞辞曰初欲言候击敞数十下胁惠不耐言□123.58

14　□坐之根意恐□谓充白根今王敞□123.61

不过上述简文的字体和笔迹的情况却显得比较复杂，有的简文用恭谨的隶体书写，有的则用隶体草书或草体书写，字形有大有小，并不整齐划一。其原因可能有二：第一种可能，这些简文虽均属同一册书，但或出自不同的书写人员之手，或书写的时间有先有后，或属于起草的草稿和正式文本的区别。第二种可能，它们不属于同一册书，而是分属于内容有关联的不同册书，究竟属于哪种可能，或者二者兼而有之，目前尚无法准确判断。

根据此残册及其他相关简文的考察可知，汉代不仅命令各级地方官吏及时听受上言变事，并向朝廷直至皇帝火速报告，不得停留和阻难，即使所属部吏平时没有人上言变事，亦当定期向上级官府回报。

虽然此残册因被火烧灼，贯穿此册书的中心内容和最终目的在于说明"谊不留难敝变事满半日"，而与此事件有关的人共九名。"留难"意即停留阻难，亦谓于事故意作梗，无理阻挠。整个册书的内容梗概大体是这样的：候长王敝初本欲向甲渠鄣候谊上言变事，但当谊先是使甲渠守塞尉"万留受"，后又复使甲渠属吏令史根、尉史彊去召唤和"听受"，往返多次，敝仍不欲言变事，其原因根据王敝的说法，他当初本欲上言变事，但因遭到甲渠候谊的笞击，两胁疼痛不能再言变事，但据令史根所言，谊之所以"击敝数十下"，是由于敝初欲上言变事，后又不欲言变事，现在又欲言变事，前后出尔反尔导致的，未知孰是？不过从册书的文例来看，当属于爰书。

根据册书中所涉及的人物信息，参照相关简牍资料，可以推知此册书制作的大体年代，上限不会早于元帝永光五年（前 39）正月以前，下限不会晚到成帝阳朔三年（前 22）九月癸亥朔壬午（二十日）以后。关于这一点，和册书出土的破城子第五十一、五十二探方中的有明确纪年的简，正好也是元帝和成帝时期的占绝大多数完全吻合。甲渠候官制作这份册书，是为了向上级机关居延都尉府汇报没有留难部吏上言变事的详情，或者是为了请示将部吏送往居延都尉府听受其上言变事，或者两者兼而有之。①

第三，他结合新、旧居延汉简，补充完善了"元康四年赐给民爵名籍残册"：

1　囗卌三　公乘邺京里马丙　大　故小男丁未丁未丙辰囗
162.15

————————

① 《新旧居延汉简册书复原举隅（续）》，《简帛研究》第一辑，法律出版社 1993 年版。

2　□卅四　公乘邺京里孟幸　卒☑　162.9

3　□卅七　公乘邺宋里戴通　卒　故小男丁未丁未丙辰戊寅乙亥癸巳＝癸酉令赐各一级丁巳令赐一级　162.14

4　□〔五十一〕　公乘邺池阳里解清　老　故小男丁未丁未丙辰戊寅乙亥癸＝巳癸酉令赐各一级丁巳令赐一级　162.10

5　□五十四　公乘邺池阳里陈穗☑　162.2

6　□五十九　公乘邺赐里史充☑162.17

7　☑卒　故小男丁未丁未丙辰戊寅乙亥癸巳癸酉令赐各一级丁巳令＝赐一级 162.8

8　☑赐里陈义☑　162.18

9　□六十五　公乘☑　162.1

10　☑公乘左都里崔黄☑　162.16

11　☑脱毋绅　卒　故小男丁未丁未丙辰戊寅乙亥癸巳癸酉令赐各一＝级丁巳令赐一级 162.13

12　☑　卒　故小男丁未丁未丙辰戊寅乙亥癸巳癸酉令赐各一级丁巳＝令赐一级 162.12

13　☑　老　故小男丁未丁未丙辰戊寅乙亥癸巳癸酉令赐各一级丁巳＝令赐一级 162.7

14　☑令赐一级　元康四年令　S　出☑　162.6

15　□五十五　公乘邺池阳里孙福气☑　EPT56：324

16　☑　公乘邺赐里纪宋　大☑　EPT56：321

17　☑□丁未丁未丙辰戊寅乙亥癸巳癸酉令赐☑　EPT56：327

简1—14 是 1930—1931 年在汉代甲渠候官遗址破城子出土，简 15—17 是 1973—1974 年在破城子出土的，两批简虽然出土时间不同，但出土地点相同，简文内容完全相类，简的质地、形制和简文的笔迹、书写格式等，也都完全相同，因此它们无疑当属于同一册书。遗憾的是，它们仍然不完整，只是一个残册。

对于前 14 枚简文，西岛定生、鲁惟一、永田英正、陈直等学者曾作过集成研究，但仍有不少没有解决的问题，尤其是 1—6、9、15 诸简第一段的释文及含义，一直存在争议。比如这几枚简的简端第一个字，有的释作"豆"，从而将第一段简文理解为"逗留日数"；有的释作"迹"，从而将第一段简文理解为"日迹日数"。均未安。谢先生不仅结合新旧居延汉简，为此册书补充了 15—17 简，而且纠正了上述各简第一段的释文，辨认出它们均为编号，分别是卅三（简 1）、卅四（简 2）、卅七（简 3）、五十一（简 4）、五十四（简 5）、五十五（简 15）、五十九（简 6）、六十五（简 9）。虽然简端第一个字还无法确认，但它和紧随其后的数字所组成的第一段简文的意义，则非常清楚了，即它们合在一起，起一个编号的作用，说明整个赐给民爵名籍的顺序。由此，此简册的简序也可按编号作相应的调整。①

谢先生的散简册书复原研究，尤其是打破出土时间的限制，将出土地点相同的新、旧居延汉简结合起来进行册书复原，极大地推动和拓展了这一领域的研究。

三　简牍与历史研究成果

谢先生一贯认为，从事简帛研究需要"爬两个坡"：第一个坡是"整理坡"，把简帛文字内容释读准确，是简帛研究最根本、最关键的前提性工作。第二个坡是"研究坡"，即利用整理成果进行研究，达到仅仅利用传世文献所不能达到的高度。因此，谢先生在从事简牍整理释读工作的同时，也注重利用简牍资料对相关历史问题进行研究，并取得了不少突破性的进展。

（一）关于祠社稷问题。谢先生在前人的研究基础上，又从西北汉简中梳理出 42 枚与西北边塞祠社稷活动相关的简文资料，对有关祠社稷的律令，西北边塞祠社稷的实态包括程序、仪式、性质、吉日选择、斋戒、时期、次数、供品、费用等问题，展开了详细讨论。指出西北边塞自都尉府到候官和部以下，虽属屯戍系统，但其祠社稷活动，与郡、县、乡等地方行政系统毫无二致，它是从都尉府到候官、部等各级官署

---

① 《元康四年赐给民爵名籍残册再释》，河南大学历史文化学院编《史学新论》，河南大学出版社 2005 年版。

的重要政事活动，属于典型的官社稷。①

（二）关于取庸代戍制度。谢先生从敦煌汉简和居延汉简中梳检出45条涉及"庸"的简文资料，以往这些简文中的不少文字被误释或者未能释读，比如将"庸"字释作"属"等，从而长期湮灭了其史料价值。谢先生结合相关文献记载，对这些简文的含义、性质、书写格式等进行详细研究，指出这些都是与取庸代戍有关的资料。认为以往将这些简文中的"庸"笼统地理解为"庸工"、"雇佣"或者"佣工"是不准确的，其确切含义应指取庸代戍，即被雇者代雇主戍边。从简文资料来看，雇主和被雇者绝大多数属于内郡人，且均为同县人。因此，雇主和被雇者必然是分居两地的。雇主应居原籍，而被雇者则应在边陲或为戍卒。根据这些简文资料，可以获知汉代取庸代戍制度的以下实态：第一，西汉时期的取庸代戍，并非孤立的个别的偶然现象，而是作为义务服役制的一种补充，并与之相辅相成的普遍制度。第二，汉代的取庸代戍制度，在籍贯、年龄、爵称、取庸代戍的期限、庸价等诸方面，都有明确的具体规定。第三，汉代取庸代戍制度的出现，乃是效法雇人代役而产生的。不过从简文资料来看，从西汉武帝至东汉光武帝时期，绝大多数戍卒包括田卒、河渠卒等为自行戍边，取庸代戍的仅占极少数，说明整个西汉时期的戍边，义务服役制始终占支配地位，取庸代戍则处于从属地位。不过从这些资料中也可以看到取庸代戍和募兵制有关联的蛛丝马迹。②

（三）关于汉代西北屯戍盐政。谢先生从居延汉简、居延新简、武威医简等西北所出简牍中梳检出36条有关汉代西北屯戍盐政的资料，逐一进行解释和考证，并对汉代西北屯戍盐政的若干相关问题包括盐的用途、戍卒的廪盐制度、各级官府对食盐配给的管理、官吏购买食盐等展开探讨。指出盐的用途主要有食用、祭社用、俸禄用和药用；甲渠候官的鄣卒和省卒每月配给食盐三升，按月以鄣为单位直接向甲渠候官领

---

① 《西北汉简所见祠社稷考补》，《简帛研究二〇〇四》，广西师范大学出版社 2006 年版。

② 《汉简和汉代的取庸代戍制度》，甘肃省文物考古研究所编《秦汉简牍论文集》，甘肃人民出版社 1989 年版。

取，甲渠候官所辖各部（候）、燧的戍卒，则以部（候）为单位，派人到甲渠候官领取回来分发给各燧的戍卒，但鄣的属吏不配给食盐，他们可能需用俸钱购买食盐；为了给戍卒供应和配给食盐，从朝廷的大司农至郡、都尉府、候官部（候）、鄣、燧等各级机构，曾建立和施行过一整套行之有效的账簿和文书制度。①

（四）关于邸阁问题。谢先生利用居延汉简中所见相关资料，对邸与阁的问题展开研究讨论。指出根据新旧居延汉简的记载可知：第一，汉代西北屯戍地区的邸与阁，都是分别设置的，这和汉魏之间史书和古印中"邸阁"连称迥然不同。第二，从居延汉简的资料来看，"邸"与"阁"均设置于候官所在地。第三，无论"邸"与"阁"，每天都派有一名鄣卒或省卒轮流看守，称为"守邸"与"守阁"。这也表明"邸"与"阁"同属于军事重地和要害部门。第四，居延汉简所见之"阁"，是存放官府和戍卒私人钱物的处所，所贮藏的物资十分广泛，包括官吏的俸钱、供应各部（候）的书写材料、配给戍卒的食盐、戍卒的私钱和个人布帛、衣履、私橐及其他器物。第五，无论是存入阁中的钱物，抑或取走阁中的钱物，都要履行严格的登记手续，建立了一套非常完备的账簿和管理制度。②

（五）关于秋射问题。谢先生从居延汉简中整理出 61 枚有关士吏、候长和烽燧长等属吏每年参加秋射考试和考课的简文，逐一进行考述和研究，揭示了不见于文献记载的汉代秋射制度的若干面向。结论指出：第一，根据简文所见功令第四十五条的规定，凡是担任部、燧两级的主要吏员，包括士吏、候长、烽燧长，均必须参加每年秋季的秋射或秋试射，时间为七月或八月，地点在候官。第二，功令不仅对参加秋射或秋试射的吏员做了规定，而且对秋射时的射程、弩力、发矢数、中帣矢数和赐劳或夺劳日数，均一一做了明确具体的规定。第三，秋射时必须由长吏主持会试，并将参加秋射吏员的所属官署（包括郡、都尉府、候官），本人所任职务、爵位、姓名以及发矢数，中帣矢数，一一登记，编制成"秋射名籍"或"射名籍"，作为事后申报和核准赐劳或夺劳的

① 《汉简与汉代西北屯戍盐政考述》，《盐业史研究》1994 年第 1 期。

② 《居延汉简所见邸与阁》，《出土文献研究》第三辑，中华书局 1998 年版。

凭证。第四，由候官为其下属参加秋射的吏员，根据都尉府的指示，起草向都尉府报请赐劳或夺劳的"秋射爰书"或"射爰书"，并将"秋射名籍"或"射名籍"作为附件，连同爰书一道呈报给都尉府核准。①

（六）关于医药简牍。谢先生撰有《西北边塞散见医药简牍与敦煌医药写本之比较》（含辑录）一文，在介绍中国医药简牍和帛书的出土、研究情况的基础之上，从西北边塞所出各批简牍中辑录出一百余枚散见医药简牍，其内容大体上可以分为两大类。第一类为医方简，第二类为有关戍边吏卒疾病（包括伤亡）的各类行政文书。其中第一类医方简，包括医方、药物账簿和盛药器物等三项。医方简又分为治疗戍边吏卒的人医方和治疗马、牛疾病的兽医方两种。医方简的内容包括方名、病名、症状、药物名、用药剂量、制药和服药方法等。第二类有关戍边吏卒疾病（包括伤亡）的各类行政文书，主要包括病卒名籍、吏病及视事书卷和爰书等。文章还比较了西北边塞散见医药简牍与敦煌医药写本之间的异同。②

（七）关于西汉地方行政制度。谢先生在对尹湾汉墓所出《集簿》等行政文书进行标点、逐字逐句考述的基础之上，不仅对部分释文做了订正，也对相应的职官制度及有关历史问题展开了讨论。认为尹湾汉墓所出《集簿》，和上计簿之间也许存在着某些联系，有的可能构成编制上计簿时的依据和基础资料，甚至可能单独作为报簿和上计簿一道向上呈报，但不应视同为上计簿；《集簿》将乡、里和亭、邮分别列项统计，说明亭、邮与乡、里属于不同性质和不同的行政系统。③谢先生还对尹湾汉墓所出《东海郡吏员簿》的主要内容和学术价值做了逐一考述，并根据相关资料详细讨论了东海郡的吏员设置，包括太守府、都尉府和各县、邑、侯国，以及盐官、铁官所辖吏员的情况。④

---

① 《居延简所见秋射及其相关文书考述》，《炎黄春秋》增刊《炎黄文化研究》第5期，1998年12月。

② 载郑州大学历史文化学院编《高敏先生八十华诞纪年文集》，线装书局2006年版。

③ 《尹湾汉墓新出〈集簿〉考述》，《中国史研究》1997年第2期；《尹湾汉墓简牍和西汉地方行政制度》，《文物》1997年第1期。

④ 《尹湾汉墓所见东海郡行政文书考述（上）》，《尹湾汉墓简牍综论》，科学出版社1999年版。

（八）关于汉初政治制度。谢先生曾对张家山汉简《二年律令》中《贼律》和《秩律》内容及相关历史问题进行过讨论，他认为从《二年律令》的内容来看，汉初统治者虽然在行政体制方面实行分封诸侯王国和郡县并行的双轨制，但仍然奉行秦朝的法家思想和统治政策，采用军事镇压和严刑酷法来维护中央集权的专制皇权。①

此外，谢先生还撰写了不少关于简牍资料介绍和简牍研究学术史综述的文章。比如他在《中国出土魏晋以后汉文简纸文书概述》② 一文中，对我国20世纪以来先后出土的魏晋以后汉文简纸文书，包括楼兰和尼雅出土的汉文简纸文书，各地墓葬出土的魏晋以后简牍，长沙走马楼古井出土的三国孙吴简牍等的出土情况、主要内容、价值等逐一做了概述。并对长沙走马楼三国吴简中的涉及吏民田家莂、隐核乡界州吏民户口、司法文书的部分简牍释文做了订正，对简牍内容及相关历史问题做了新的解读。他在《初读额济纳汉简》③ 一文，讨论了额济纳汉简的纪年、特点、内容、价值等问题。相关论文还有《百年简帛》 （上下）④、《秦汉简帛与秦汉史研究》（合撰）⑤、《二十世纪简帛的发现与研究》（合撰）⑥、《栉风沐雨成就斐然——50年来历史所简帛研究回顾》⑦、《回顾与前瞻——百年来简帛发展历程及其检讨》⑧ 等。

四　简帛学学科建设及发展贡献

谢先生并不是一个只顾埋头做自身研究的书斋型学者，他同时也是

① 《〈二年律令〉所见汉初政治制度》，《郑州大学学报》2002年第3期。

② 《简帛研究二〇〇一》，广西师范大学出版社2001年版。

③ 载魏坚主编《额济纳汉简》，广西师范大学出版社2005年版。

④ 载《文史知识》1999年第8、9期。

⑤ 载日本国中国史学会编《中国史学》第十卷，2000年版。

⑥ 载《历史研究》2003年6期。

⑦ 中国社会科学院历史研究所编《求真务实五十载：历史研究所同仁述往》（1954—2004），中国社会科学出版社2004年版。

⑧ 《长沙三国吴简暨百年来简帛发现与研究国际学术研讨会论文集》，中华书局2005年版。

一位充满激情和理想的学术活动家和组织者，具有强烈的学科意识，在简帛学学科建设和推进简帛学的繁荣方面功不可没。

其一，谢先生参与筹备并于 1995 年 3 月最早成立了中国社会科学院简帛研究中心。该中心是一个打破单位、地区界限的、开放性的简帛研究前沿阵地，它依托中国社会科学院历史研究所的研究力量，联合国内外同仁共同从事简帛研究。多年来，中心本着"推进学术、加强合作、提高水平"的宗旨，致力于简帛学科建设、新出简帛的整理研究以及国内外学者的合作交流，成效显著，得到海内外简帛学界的广泛认同。

其二，他参与创办、主编《简帛研究》和《简帛研究译丛》两份简牍帛书研究的专业性刊物，出版《简帛研究》一、二、三辑和《简帛研究二〇〇一》、《简帛研究二〇〇二、二〇〇三》以及《简帛研究译丛》一、二辑。刊物所收论文体现了当时海内外简帛研究的最高水平，起到了窗口作用，极大地推动了海内外学者的互相学习、互相促进。此外，他还是《简牍研究译丛》第一、二辑的编辑定稿负责人。目前《简帛研究》刊物已经成为简帛研究领域最有影响的专业性刊物之一。

其三，他积极谋求推进简帛研究学术著作的出版工作，与广西师范大学出版社合作，推出了"简帛研究丛书"系列，出版大庭脩《汉简研究》（徐世虹译），廖伯源《简牍与制度——尹湾汉墓简牍官文书考证》（增订版），鲁惟一《汉代行政纪录》（于振波、车金花译），永田英正《居延汉简研究》（张学锋译），富谷至《秦汉刑罚制度研究》（柴生芳译）等著作。目前"简帛研究丛书"系列已改名为"简帛研究文库"，继续推出高水平的简帛研究著作，已成为简帛学界标志性的著作出版系列。

其四，他和有关单位共同负责筹办两次简帛学国际学术研讨会：即 1991 年在甘肃兰州召开的"中国简牍学首届国际学术研讨会"和 2001 年在我国历史文化名城湖南长沙召开的"百年来简帛发现与研究暨长沙吴简国际学术研讨会"。会议规模空前，世界各地简帛学界的代表人物齐聚一堂，可谓群贤毕至，极大促进了国内外简帛学者之间的交流互动，至今为人称道。

其五，他多次以中国社会科学院简帛研究中心的名义参与发起组织简牍研读活动，意图在推进简帛研究的同时，培养更多从事简帛整理与研究的后备力量：1999 年至 2001 年，与清华大学思想文化研究所共同组织了"郭店楚简研读班"；2002 年至 2004 年，与中国文物研究所古文献研究中心、中国政法大学法律古籍整理与研究所共同发起组织了"张家山汉简研读班"；2005 年，与中国人民大学国学院发起组织了"额济纳汉简研读班"。研读活动成效显著，历次均有相关研读成果发表。不少研读班的年轻成员现在已经成长为简帛学领域的生力军。

其六，他多次参加国际学术交流活动。1989 年 3 月至 6 月作为中国社会科学院和日本学术振兴会的交换学者，赴日进行为期 3 个月的学术交流和访问；1992 年应日本关西大学东西学术研究所所长大庭脩教授的邀请，出席在大阪举行的汉简研究国际讨论会；1999 年 11 月，应韩国古代史学会会长、庆北人文大学史学科教授、博物馆馆长朱甫暾的邀请，出席由中、韩、日三国学者参加的有关咸安、城山山城木简的国际学术会议，发表题为《中国出土的魏晋以后简纸文书概述》的学术论文；同年 12 月，赴台北参加中国文化大学文学院史学系主办的第一届简帛学术讨论会，发表题为《〈居延新简补编〉释文补正举隅》的学术论文，会后应邀到中研院史语所进行了一周的学术访问和交流；2000年 7 月，受古克礼教授和罗维前博士的邀请，赴英国伦敦大学亚非学院，参加敦煌医药写本课题的合作研究，以及敦煌医药写本国际学术研讨会，提交论文《西北边塞散见医药简牍与敦煌医药写本之比较》，在剑桥李约瑟研究所作了题为《陵阳子解题》的学术演讲；同年 9 月受日本京都大学人文科学研究所富谷至教授的邀请，赴日本共同研究三国吴简和三国碑帖等文献资料。正是通过这些学术交流活动，他的简牍研究水平和成果为海外同行所了解和认可，他也以此为契机与海外简帛学者和研究机构建立了广泛的合作与联系。

其七，谢先生先后指导或共同指导过 10 多名学生，包括外国留学生、访问学者、博士研究生及博士后，开设《秦汉简帛研究》等课程。谢桂华先生平易近人，毫无架子，对学生他总是悉心指导，毫无保留地把自己的经验和方法传授给学生：第一，他认为从事简牍研究要有正确的方法，不要急于求成，要先明确目标，有计划性地下功夫，甚至下

"笨功夫"，打好基础。而"识字"是基础研究的起点，必须要持之以恒、系统地学习古文字。功夫到家了，自然水到渠成。第二，主张初学者先做目录，他认为目录在某种程度上就是老师，做目录就是自己给自己做导师。做目录是全面理解学科信息、充分掌握材料的一个重要方法。他常说"掌握材料是成为史学大家的基本条件"。第三，要求学生广泛了解已有的学术成果，了解学术信息以及国内外的研究动态。主张学术要在前人的基础上前进，在充分掌握已有学术成果的基础上寻求未解决的问题，找好自己做学问的"生长点"。第四，注重学术规范，要求学生养成严谨踏实的优良作风，他常说不仅要做到"知之为知之，不知为不知"，更要明白"不知并不是有理，而是要想办法去知道"。他主张在学问上"要海纳百川，切忌夜郎自大"，要充分了解、肯定、尊重别人的成果，学习别人的长处。不仅对前人的成果要肯定，对同时代的人的长处也要有选择性地学习，吸收精彩的地方，不以名气、名望、权威而论，"智者千虑必有一失，愚者千虑必有一得"。学习别人的东西要学会思考，能够鉴别其可取之处和不足之处，借鉴别人的研究角度、研究方法。第五，主张学生要有"主人地位意识"，学习要有主动性，视野要开阔，思想要放开。既要注重研究具体问题，也要明白研究具体问题并不是目的，关键是要打通整个简帛研究。要做到既能深入，也能扩展、打开。在研究方法上要注意宏观与微观结合、传世文献与出土文献结合、中国与外国结合。此外，他还主张学生要勤于动笔，用他的话说就是"只有干活才能长进"。在谢先生的细心教导之下，不少学生都成长为简帛学领域有影响的专业研究人员。

2003 年 8 月，谢桂华先生从中国社会科学院历史研究所退休。他本来计划退休之后专心从事简牍研究专著的写作，他常说自己研究了多年的简牍，如果不写几部研究专著出来，将是终身遗憾。可哪知天不遂人愿，他于 2003 年底罹患肝硬化，经入院治疗，病情基本得到控制。出院后，他一直带病坚持从事学术活动以及中国社会科学院简帛研究中心的工作。病情几度出现反复，2004 年和 2005 年均入院治疗。2006 年 5 月初，病情恶化，再度入院治疗，终因医治无效不幸去世。在最后住院治疗期间，他的身体已极端虚弱，但依然心系学问，关心学界活动，并在病榻上拟定了自选文集的出版目录。

　　谢先生的一生可谓命运多舛，生活坎坷，历经幼年丧父、中年丧妻、晚年罹病之痛。但是无论在什么样的艰难处境之下，他从来都没有放弃过对学术事业的执着追求。虽然跟同时代的一些简牍学家相比，谢先生的著述并不算宏富，但均以扎实严谨见长，经得起时间的检验。无论他的简牍整理与研究成就，还是学科建设贡献，在简牍学发展史上都不会被忽视和遗忘。

有为事业甘"下地狱"精神的应永深

王宇信

应永深同志在我们先秦史研究室的几个"年轻人"口中的称呼，从应先生到应永深，直到有时也从"老同志"之众，暱称他永深、老应，直至"应老粘"，反映了我们在一起三十多年与日俱增的友谊和岁月的沧桑（有时同事戏言，大学和研究所、机关单位不一样。大学毕业留校永远称老师，分配出去的学生回校，不管年龄多大，见到教过自己的，永远恭敬地称"老师"。而研究所和事业单位，除了少数的老专家或领导，历年分配来的大学生，一起摸爬滚打熟了，逐渐从一进门时的某"老师"，后来就直呼"某某某"，再后来就平等地呼之"老某"。如果闹僵了，就骂句"老王八旦"了）。虽然应永深驾鹤西归好几年了，但在我们心目中，应永深永远是个好老师、好兄长、好朋友。他是一个正直和充满仁爱之心的共产党员，他服从党的需要和安排，认真修养自己，是一个忠诚于信仰的50年代入党的好党员，我们一直怀念他！

一 初识应永深

1964年9月初，我到建国门的历史所报到后，和十多个新分配来所的大学生，暂住历史所原三号楼的小礼堂内。我和四川大学来的杨升南同分在先秦室，在新分配同志集中学习之余，我俩有时抽空儿到心中颇为神秘的先秦研究室去转转，顺便先熟悉一下环境。

只见研究室两边靠墙排满了一架架的书，研究室中间用一溜书架隔开，这排书架两边摆着一张又一张的书桌和椅子。有的老同志头也不抬地在看着古书，前面放着一叠卡片，旁边是一杯泡好的清茶。也有的人边吸烟，边在思考着……只见一个身体微胖、面容和善的中年人站了起来，和我们打了招呼，并一一问了我们姓甚名谁、何方人士以后，指着两张空着的书桌和椅子说，这是你的位子，那边的是他的位子。自此，我们就算在历史所坐了下来。谁知，这一坐就是四十来年直到退休！后来我们再去办公室，这位同志又和我们谈过话，无非是我们要坐好冷板凳，要多看书，要好好学习经典著作，打好基础云云。原来，我们第一个见面并与我们谈话的，是当时研究室的学术秘书应永深。

不久，哲学社会科学部下属各研究所，一律暂停研究工作，全部人员都要去山东农村（海阳县）参加伟大的社会主义教育运动（简称"四清"）。"四清"运动之后，就是长达十年的"文化大革命"。"文革"前应永深在学校时就入了党。应永深因为自己的出身，进行了脱胎换骨的改造。人们说他是一个"驯服工具"式和《修养》型的党员。因而，无论是在"文革"之前，还是在"文革"中，应永深都是组织叫干啥就干啥。但他为人心地善良，他的"中庸"，使他在"文革"运动中没有对什么人狠劲下手，不害人。而且在"文革"的后期，他也有自己的独立思考，坚持分清两类不同性质的矛盾，这是他多年修养的党性的表现，也赢得了我们年轻人的尊重。

二　应永深为事业甘于"下地狱"磨炼的心曲

应永深和肖良琼等老同志，是编纂《甲骨文合集》（以下简称《合集》）的"元老"，从开始启动至1982年全书出齐，二十多年来由于种种原因，虽然工作时断时续，但应永深一直参加到《合集》的出版完成。在胡厚宣先生启动《释文》工作时，应永深声明全部退出，用他的话说，是"解脱"了。

1972年从河南"五七"干校回北京以后，停顿多年的《合集》编纂工作重新启动。但当时正清理"帮派"体系，不能影响运动，所以《合集》工作只能"半地下"地进行。在郭沫若的过问下和中国社会科学院成立以后，《合集》编纂工作成为合法的科研工作，才与《中国史稿》一样，成为历史所较早启动的科研项目。

为了加快编辑进度，编辑《合集》需要增加人手，就把1963、1964、1965年新来研究室的大学生都吸收进来，《合集》编辑组一下子人丁兴旺。为便于研究和领导工作，成立了"核心小组"班子，由胡先生和原来就参加工作并有经验的老同志，再加上新来的杨升南等五人组成。应永深作为原先秦室学术秘书和老资格的《合集》参加者，理所当然地进入"核心小组"。虽然他在五人成员中地位仅次于胡先生，但向尹达、侯外庐等领导汇报工作，或求得支持、指导，要比胡先生次数多，并且更管用。不仅如此，编辑组的一些烦琐事务性工作，也落在他的头上。就连到白纸坊印刷厂去拉回五、六万张《合集》登记卡片，都由他出马派我和杨升南出工。用平板三轮拉回卡片以后，应永深还要自掏腰包，请我们去喝啤酒，以示犒劳……

我和杨升南从到历史所，再经过"文革"初期的大批判和在高潮中的"文化"革命，再到河南干校我们一群人也是边劳动边被"运动"，与应永深在一起的时间较长了，我们觉得他这个人正直、善良而且还不会落井下石，成了无话不谈的好朋友、好兄长。虽然有的同志开玩笑，说他总爱前楼、后楼，"拍哒、拍哒"地跑，爱打"小报告"。但我认为，他不会害人，"汇报"就和现在照常去找领导一样，是为了工作和上情下达，是他养成的组织观念强所致。在《合集》编纂过程中，由于我们几个是新手，有好多事情或甲骨学上的事情很是陌生，因此经常向老同志请教。但我们总感觉到，应永深的回答往往是含含糊糊，或者是他也不甚清楚，不像孟世凯等老手回答的那样明确，而且什么问题也能回答出个子丑寅卯。

参加一段《合集》编纂工作和读了一些书，积累了一些材料，也产生了一些问题。等问题思考得有了眉目，就想写文章发表……应永深曾代表"核心小组"，与我和杨升南谈过话，大意是为了集中力量抓《合集》的进度，不要急着个人写文章。有位苏联院士说过，《合集》是伟大的研究！等《合集》出版了，再研究写文章不迟……还对我们做思想工作，说你们看人家《史稿》组，都在认真地写书，没有人写自己的文章发表的，这就是奉献，要向人家学习！

有时应永深语重心长地开导我和杨升南说，你们不要急着写文章。

掌握的材料不全，写出文章观点会出错，让别人笑话……要大量积累材料，等年纪大一些了再写，写出一篇是一篇，才能立得住！我和杨升南不同意他的这些看法，有时就半开玩笑地顶他，我们又不是什么权威，无名小卒观点错了，再按正确的改就行了，有什么不好看的！我们有时还举郭老的话"今日之我与昨日之我作斗争"，不断进行自我批评，改正早年的不正确观点，大家对郭老实事求是的科学精神不是更尊重了么?！我们也说出我们的看法，趁年轻时写文章，可以练习自己的思路和文笔。如年轻时总不写文章，到老了就不会写文章了，也没有精力去写文章了！

　　我们四五个新参加《合集》编纂工作的同志，能见到这么多收集来的甲骨新材料，真是大开眼界，边整理边记下我们认为是重要的内容。"核心小组"派应永深与我们谈话了，说有人反映你们整理时记材料，会影响工作进度。应先集中力量进行整理，将来《合集》出版了再搜集材料研究！应永深又很严肃地对我们说，这么多年，老同志都知道，不能边整理边记材料。你们看，大家谁记了？又举一个老同志的例子，说刚参加工作时不知这条规矩，记好的资料卡片就被收走了，这是无声的批评……

　　我们几个新参加工作的人，对"核心小组"这一决定想不通。记下材料，可以加深对材料的理解和认识，对提高《合集》图版的编排水平有益无害，这有什么错？几个人商量了一下，就把王宇信起草，大家签名的信，寄给了当时学部负责人刘仰峤同志。我们依然故我，边整理材料，边记下有关内容留作研究……1976年冬，"核心小组"到郭沫若家中汇报《合集》编纂的进展，当小组成员汇报到组内关于先整理，后研究，还是边整理边研究的争论时，郭老当即不假思索地笑着说，还是边整理边研究的好！整理可以集中资料，研究材料可以提高整理材料的水平！郭老的一席话，为《合集》编辑组拨正了方向。随着《合集》的完成，编辑组的一批同志成长起来……

　　在大家编辑《合集》和搜集资料，并在晚上阅读甲骨书籍，努力打好甲骨学基础的时候，应永深却与大家不同，即白天做《合集》的工作，下班回家后，秉烛夜读念起了《两周金文辞大系考释》，一门心思地学起了金文。我曾劝过他：就连从资料室晚来的牛继斌老头，都在一边参加《合集》编纂，一边认真学习甲骨文，你怎么又放着天天接触的甲骨文不研究，学起了与现在的工作联系不多的金文？应永深对我说：我对甲骨文没兴趣，这么多年来参加《合集》的工作，全是组织的安排……。我则劝他说：你编《合集》不顺便深入甲骨文，却学起了金文。一心不能二用，金文也不会钻进去，小心将来你一文也不文了！

1982 年《合集》13 巨册出齐以后，胡厚宣先生开始组织原编辑组成员，分工进行《合集》各册释文的工作。多半辈子参加《合集》工作的应永深，说什么也不再参加《释文》的工作了，并表示《合集》集体工作已经结束，不再参与由个人承包一册的释文工作了。《合集》编完了，他也获得了"解脱"。我和杨升南劝他，最好做一本《合集》释文，既是对我们文字考释工作的训练和提高，也是对我们这么多年学习甲骨文的检验。人家牛继斌老头都参加了，你为什么不干？但应永深还是坚持他不再参加释文工作的决定，并向我们道出了深藏多年的心曲。

原来是，应永深对甲骨文根本不感兴趣，而是酷爱《左传》、《周礼》等古典文献。他的研究兴趣在两周，而不在商代。他虽很早就参加了《合集》的编纂，但他这是服从组织的决定，以加强《合集》编辑工作的领导，负责做思想政治工作和起把握方向的作用，他只能这样做。在应永深看来，这就和革命导师所说的为了解放受苦的工人大众，"我不下地狱谁下地狱"的奉献精神一样。几十年参加《合集》工作，是在为工作需要而奉献受煎熬。《合集》的集体工作结束了，用他的话说，也就从"地狱"中"解脱"了……这以后，我才明白应永深以前和我们说话时，经常强调"奉献"的深意，也理解了他有时对我和杨升南讲的"我不下地狱，谁下地狱"这句话里，有他多少烦恼和无奈……应永深虽然过早地离开了我们驾鹤西归，但他的奉献精神与《合集》共存！

应永深为了党的事业，不计个人得失，是一位甘于奉献的好党员。宽厚仁和，光明磊落，严己宽人，是我们几个当年《合集》编辑组的"年轻"人的好领导、好同事、好朋友，我们永远怀念他！

我的老师林甘泉先生

杨振红

初次见到林甘泉先生是在 1986 年 10 月安徽芜湖召开的中国秦汉史研究会第三次年会上。中国秦汉史研究会 1982 年成立，林先生是第一任、第二任会长。此次年会，林先生从会长职位上卸任，被聘为研究会顾问。当时我 22 岁，正在北京大学历史系读硕士研究生，即将进入二年级课程。对于我这样一个初入史学之门、蒙昧无知的青年学生而言，林先生是高山仰止的大家，故不敢冒昧拜谒求教。会后游览黄山，途中，我们一行数人遇到林先生一行。林先生身着中山装，风度儒雅，笑嘻嘻地和同行的唐赞功先生打招呼，这一印象深深地定格在我的记忆中。

1988 年 8 月，我从北京大学毕业，分配到历史所工作。林先生时任历史所党委书记。一天，林先生让我去他的办公室，说有事要跟我谈。我怀着忐忑的心情来到林先生办公室，林先生态度平易，让我坐，我顿时没有了紧张感。他谈到，1986 年国家社会科学基金"七五"计划重点课题"中国经济通史"立项，他负责"秦汉卷"工作。因为我的专业方向是秦汉经济史，硕士论文题目为《两汉时期的铁犁牛耕与"火耕水耨"》，因此希望我参加这个项目，负责"农田与水利"、"农业生产"、"畜牧业"三章的撰写。他简单介绍了课题的基本设计和要求，以及参加人员。当时已参加这个项目的有李祖德、田人隆、陈绍棣、李孔怀、王子今、马怡、孙晓先生。我当时虽不十分清楚这个项目的重要性和艰巨性，但刚刚参加工作，便得到这样一个学习提高的机会，自然十分高兴地应允了。林先生说，这个课题组你最年轻，课题组的事情你也帮忙做一下吧。

　　我来所时不满 25 岁，无论哪方面都不成熟，对于自己今后的发展甚至都没有规划和设想。林先生给了我这样一个任务，又能和我的硕士阶段衔接起来，一下子让我有了方向感。现在想来，这对我的成长帮助至大，不仅提高了自己的研究能力，而且避免了转型期的迷茫，节省了为寻找新的研究方向所耗费的时间和精力。

　　然而，这项工作最初进展得并不顺利。我首先选择了"畜牧业"一章，开始搜集资料。当时没有电子检索工具，面对浩如烟海的史籍，颇有些渺无头绪、不知所措的感觉。现在想来，实际上是当时自己对于历史研究方法还没有完全掌握，以至茫然失措。在懵懂状态下完成初稿。林先生看过之后找我谈话。他先给予肯定，然后建议我多参考前人研究成果，并给出一些具体意见。林先生虽然说得委婉，但我明白他对我写的不满意。我便按照他的指引，重新选择较为熟悉的"农业生产"一章，认真查阅前人论著，借助各种工具搜检史料。在这一过程中，我对历史研究的基本方法有了进一步的认识，并逐渐清晰了秦汉时期农业生产的基本状况和写作思路。将完成的一章交给林先生后不久，林先生打电话给我，说除了个别词句还需要斟酌外，整体写得不错。但是有一条材料可能有问题，他说你是否使用的是二手资料，没有回查。我听了十分羞惭。当时我从别人论著中见到这条材料，因为不是常见史料，一时查不到，就偷懒直接转引了，没想到一下子就被林先生慧眼识破。下星期上班时，我到林先生办公室去取稿子，看到林先生在我的稿子上密密麻麻修改了很多。后来我了解到，但凡林先生主编的书，都经过他逐字逐句的审读、修改。我拿回去，认真读了几遍，发现只要是经林先生改动的，无论是对观点的阐释还是材料的把握都更为稳妥，逻辑更为清晰，语句也更为流畅。有了林先生批阅的稿子为样板，我开始撰写"农田与水利"一章。写作过程中，认真核查每一条史料，不敢有半点懈怠。这次，林先生改动明显少了。"畜牧业"一章时，林先生几乎没有怎么改动。在这样一个写作过程中，我学习、成长了很多。

　　在这期间，我曾去日本一段时间。其间曾给林先生写过一封信，一是汇报自己在日本的情况，二是告诉他我延长了留日时间。我知道林先生身为历史所领导，事务工作和研究工作都很繁忙，本没有期待他回信，但没想到不久就收到了他的回信。信不长，嘱我好好利用这次机会，了解日本学界的研究状况，学习日语。这让身在异乡的我十分感动。

经过这些年的接触，林先生成了我最熟悉的老先生。林先生理论水平高，思维敏捷，思想深刻，常常能够透过现象看本质，一针见血。所以我非常喜欢和他聊天，聊自己在学问中的心得和想法，希望得到他的点拨、理解和支持。林先生虽是德高望重的大家，又是所领导，但为人平易，心胸开阔，完全没有架子。他也很喜欢与年轻人聊天，希望了解年轻人的想法。我性格比较急躁，有时为了阐明自己的观点，常常忘了礼节，不等他说完便抢过话头，噼里啪啦说一通。他从来不生气，若是不同意我的看法，等我说完，才阐明自己的态度。若是同意我的看法，他就不再说什么。向林先生请教学问，是我到历史所后最重要的精神寄托之一。

1998 年我有了读博的打算，读博的一个初衷就是能够跟随林先生系统学习。1999 年我通过了博士生入学考试。那一年考林先生的学生最多，有六七位。面试时，林先生问了一个很有意思的问题：你们认为汉代有没有社区？改革开放后，社会学重新兴起，"社区"概念和西方社区管理模式开始得到重视。1993 年北京始在西城区试点社区建设，对于当时的中国而言，"社区"仍是一个新鲜事物。"文革"时期历史学的八股化十分严重，我们阐释历史的理论、方法、视角甚至语言基本上是一个模式。改革开放后，虽然主张解放思想、开拓创新，但是真正做到这一点并不容易。不仅是当时，即使是现在也少有以"社区"为题研究中国历史的。林先生的问题一出，我们开始都有些发愣，回答五花八门，比较靠谱的是谈到汉代的"父老僤"和"社"。

后来我才知道，这正是当时林先生思考研究的课题。他为此撰写了《秦汉帝国的民间社区和民间组织》一文，发表于《燕京学报》新 8 期（2000 年 5 月）。林先生认为，秦汉时期的乡里是从此前的聚落共同体演变而来，具有基层行政组织和民间社区的双重属性，民间社区有一定自治功能。秦汉社会中，除了民间社区之外，还有"父老僤"、游侠、豪强等民间组织，它们分为制度内和制度外两种属性，并由此规定了它们与国家秩序的关系。

林先生这一研究可以很好地反映林先生治学的特点：第一，将历史研究与现实紧密结合。从现实出发寻找历史研究的新视角、新问题，通过历史研究探寻今日中国的历史渊源。第二，关注宏观、理论问题。秦始皇统一中国，建立专制主义中央集权国家后，除了皇权控制的乡里组织之外，是否还存在其他民间组织？乡里除了承担国家赋予的行政管理职能外，是否还负有自治、互助功能？秦汉时期，以血缘为中心的家族公社或农村公社虽然瓦解了，但是血缘关系并没有因此消失，那么，它在秦汉基层社会中到底占有怎样的地位？这一系列问题都是中国历史中的大问题，是探索中国历史发展道路和特色的关键。第三，视野开阔，兼容并蓄。林先生的这篇文章并不长，但却参阅了大量前沿研究成果，包括法国年鉴学派费尔南·布罗代尔、日本学者增渊龙夫、台湾学者杜正胜、大陆学者俞伟超、宁可等先生的论著，并经过长时间的深入思考撰写而成。

2000 年我正式进入博士课程，跟随林先生学习。和我同时入学的还有现在也在室里工作的赵凯。林先生是一位十分负责的老师，他当时已 69 岁，仍坚持给我们两人授课。彼时我们已从日坛路六号搬回到原来的小楼（后来李铁映当院长时，拆了建成现在的食堂）。因为办公室紧张，林先生也没有单独的办公室，就借了二楼礼堂讲台后面的小储藏室进行授课。房间里除了堆放的桌椅等杂物外，只能放一张桌子，几把椅子。林先生即使是给我们两人上课，也认真写教案，在四百字的稿纸上整齐地按格书写。授课的主题是"秦汉时期的国家秩序与民间秩序"，这是《秦汉帝国的民间社区和民间组织》研究的进一步拓展。这样的选题和视角带给我很大的冲击和新鲜感。在林先生影响下，我选定了博士论文题目：秦汉社会基层组织与秦汉社会结构研究。虽然后来因为其他原因，改了题目，但我一直认为这是一个非常有价值、有意义的课题，我希望今后能在林先生的基础上进一步展开这一研究。顺带提及，目前历史所正在开展的创新工程项目"中国古代的国家与社会"，实际上也是受了林先生的影响和启发。

2001 年底，学界期盼已久的张家山汉简释文公布，其中《二年律令·户律》关于田宅制度的律文引起我的极大兴趣，甚至可用震惊来形容。众所周知，战国秦汉时期土地制度的形态及其性质，自 20 世纪20 年代社会史论战以来一直是学界关注的焦点，长期争论不决。林先生是战国封建地主土地私有制说的主要代表人物之一，所著《中国封建土地制度史》（第一卷）是中国土地制度史研究的集大成之作，在学术史上占有重要地位。长期以来我的思想深受这一学说的影响。然而，读了《二年律令》后，我的看法有所改变，于是开始撰写《秦汉"名田宅制"说——从张家山汉简看战国秦汉的土地制度》一文。我认为，商鞅变法至汉文帝时期实行的是以爵位名田宅制，以二十等爵划分占有田宅的标准，以户为单位名有田宅，田宅主要通过国家授予、继承、买卖等手段获得。秦始皇三十一年"使黔首自实田"，只是以承认现有土地占有状况为前提，对全国土地占有状况进行的一次普查登记，而非在全国推行土地私有化的举措。土地的继承、转让和买卖都不能视为土地私有制的标志。西晋占田制和北魏至隋唐的均田制无论是从观念上还是制度设计上，都直接渊源于名田制。

在文章的撰写过程中，我曾和林先生谈到《二年律令》的内容，以及自己的初步感觉。林先生听了后，嘱我帮他买一本《张家山汉墓竹简〔二四七号墓〕》，他要看一看。我大约花了三个月的时间完成论文，然后投给《中国史研究》杂志。投稿之前并没有给林先生看，大概的心理还是有些顾虑自己的观点与老师相左。数月后，时任主编的辛德勇先生告知我，稿子已通过专家审稿。一次跟林先生聊天，林先生提到，《中国史研究》编辑部让他审一篇关于秦汉"名田宅制"说的文章，问是不是我的，我说是的。林先生对我说，希望我能够充分结合传世文献，做进一步的讨论。我十分感动，学者对自己的研究都十分珍视，很少有老师心胸能够如此宽阔，不仅对学生持异说不生气，反而给予最大的支持和肯定。林先生让我真正领略了虚怀若谷、兼容并包的大家风范。

进入 21 世纪后，林先生虽然已是古稀之年，但仍然精神矍铄，笔耕不辍。发表了一系列重磅文章：《世纪之交中国古代史研究的几个热点问题》（《云南大学学报》2002 年第 2 期）；《中国古代知识阶层的原型及其早期历史行程》（《中国史研究》2003 年第 3 期）；《从"欧洲中心论"到"中国中心论"——对西方学者中国经济史研究新趋向的思考》（《中国经济史研究》2006 年第 2 期）；《孔子与 20 世纪中国》（《哲学研究》2008 年第 7 期）；《"封建"与"封建社会"的历史考察——评冯天瑜的〈"封建"考论〉》(《中国史研究》2008 年第 3 期)，等等。这些文章均是针对目前学界热议的重大宏观、理论问题以及历史认识所写，与历史学的发展关系至大，在学界产生了广泛影响。

林先生在论文发表前，有时会把文章我们这些学生看，让我们提意见。这对我们来说，不仅是极好的学习机会，而且可以先睹为快。年轻时读林先生的文章，尚不能完全领会其奥妙精髓，近年来随着年龄增长，才逐渐体会到其思致之高远，以及强烈的人文、现实关怀。林先生的文章逻辑性极强，语言晓畅准确，一般很难提出意见。但师命难违，我们还会提出一些意见。例如《"封建"与"封建社会"的历史考察》一文，林先生第一段引用了冯天瑜《"封建"考论》"题记"所写旅行德国莱茵河中游时联想到"封建"概念之事作引子，我认为删去为宜，没想到林先生居然采纳了。后来听赵凯说，他也提了一点意见，认为文章的语气可以和缓些，也被林先生采纳了。

林先生和我们聊天时，最喜欢谈的是两件事，一是学生时期参加中共闽浙赣省委（区党委）城市工作部（简称"城工部"）地下党的经历，二是对于当今历史学发展趋向的看法。1947 年 9 月和 1948 年 4 月城工部曾两次遭受"左"的思潮的严重破坏，许多成员冤屈而死，林先生侥幸生存下来，并因此经香港北上，走上学术研究之路。林先生常常感慨，现在我们的生活的确是无数革命先烈用生命和鲜血换来的，我们应当珍惜。他也感慨命运的力量，如果不是因为这段经历，他这辈子很可能不会从事历史研究。林先生是如此热爱历史研究，他一生没有任何爱好，除了行政工作外，他把所有的时间都奉献给了历史研究，像一个清心寡欲的清教徒。林先生时刻关注着历史学的发展态势，近年来对于历史学的碎片化、去理论化现象尤其感到忧虑。他认为历史研究必须与现实结合，历史所这样的单位应该多组织一些与现实关系密切的集体课题，发挥历史所"国家队"的优势和作用。他还常常设计一些课题，建议我们去做，例如历史上的三农问题、城镇化问题、城乡关系问题等等。

时间飞逝，历史所马上就要迎来建所 60 周年庆典。林先生也已进入耄耋之年。近两年，他的脊椎病加重，对他的工作和生活造成一定影响。他开始时很着急，对我们说，若不能工作，活着也没有什么意思。

这让我想起，他曾经多次给我们讲到，贺昌群先生说："像我们这样的人，应该是伏案而死的！"林先生之所以一再提及贺先生这句话，一定是因为他怀有强烈的认同感。现在他仍然坚持每天伏案，哪怕是一刻钟、半个小时。每每想起此事，就不由得让我肃然起敬，心生怜惜。

衷心祝愿老师健康长寿，在学术事业上继续绽放光彩。

记业师陈高华先生

刘　晓

　　陈高华先生是我国当代著名史学家，治学领域广泛，尤擅长元史研究。这方面，我曾写过一些文章加以介绍，也为陈先生做过一次访谈录，涉及先生的治学历程、治学方法等内容。其实，我对陈先生的学术研究也是从无到有，一点一滴逐步了解的，至今也很难称得上全面深入。以下，仅就个人所见所闻，谈一下陈先生的治学之路及对我个人的影响。

　　陈先生是 20 世纪 60 年的北京大学毕业生，他与元史乃至民族史结缘，与北大的学习经历密不可分。北大读书期间，陈先生曾选修"原始社会史和民族志"一课，授课人林耀华、宋蜀华、陈永龄等都是当时民族学界的著名学者。通过学习，先生初步认识到民族问题在历史研究领域的重要意义。1958 年，国家民委主持的少数民族研究工作计划编写各少数民族的简史简志，在全国范围内开始展开民族社会历史调查，北京大学历史系和中央民族学院历史系的部分师生也被抽调参加，当时还是大学生的陈先生被分配到新疆调查组，主要任务是参加编写哈萨克民族志。从 1958 年 8 月到 1959 年 7 月，陈先生在新疆工作一年，跑过新疆北部许多地方。通过基层社会调查，先生逐渐对民族史开始产生浓厚兴趣。

　　1960 年毕业后，陈先生被分配到中国科学院哲学社会科学部历史研究所工作。此前，1955 年，中、苏、蒙三国曾协议共同编写《蒙古通史》，历史研究所专门设立了民族史组，由翁独健先生出面主持工作。以后虽因中苏关系恶化，编书计划搁浅，但民族史组却保留了下来，直到 1964 年研究室、组全面调整后才被撤销。陈先生到历史所报到后，出于对民族史的浓厚兴趣，主动申请进入民族史组工作，由此结识了翁独健先生。翁独健（1906—1986年），原名翁贤华，福建福清人，中国著名史学家、教育家。因自幼患小儿麻痹，落下残疾，在考取燕京大学历史系后，改名独健。从燕京大学毕业后，翁先生先是留学美国哈佛大学，获博士学位后，又到法国巴黎大学和东方语言学院进修深造，师从著名汉学家伯希和。翁先生与南京大学韩儒林先生、北京大学邵循正先生同为中国元史学科的奠基人，中国内地元史学者大多为三人弟子或再传弟子。陈先生曾有专文回忆翁先生对他的影响：

　　西方大学的历史系，无例外地都有"史学方法"课程，为学生介绍搜集资料、写作的一些基本规则。解放以前，不少大学历史系也开设这门课。解放以后，进行大学院系调整，历史系的课程安排完全学习苏联，"史学方法"课被取消了。翁先生则很重视史学方法，利用各种机会，给我们讲授搜集资料和写作论文的基本要求，他强调要尽可能穷尽与研究题目有关的一切资料，要像前辈学者所说那样："上穷碧落下黄泉。"同时必须区别原始资料和转手资料，尽可能使用原始资料。在论文写作方面，他强调要主题明确，结构谨严，对前人的成果必须有全面的了解并有明确的交代，引用资料的版本必须清楚，要我们以过去的《燕京学报》以及当时的《红旗》杂志为榜样。这些教导在今天来看也许显得平淡无奇，但当时对我们这些还在研究工作门槛外徘徊的年轻人来说，则有醍醐灌顶之感，得以少走许多弯路。

　　翁先生特别重视外语的训练，他认为蒙古史是一门国际性的学问，必须掌握外语，了解国外的研究动态，才能避免闭门造车，盲目自大。尽管当时国内外学术交流完全处于停滞状态，他仍尽可能地关注国外的研究动向，并给我们作介绍。这在现在来看是很普通的事情，但在当时是难能可贵的。翁先生还要求我们学习蒙语，元代文献中有许多蒙语词汇，有些文书是根据蒙语直译而成的，没有一定的蒙语知识就很难理解。为此他请了民族所的照那斯图先生为我们讲授蒙文。照那斯图先生每周上课一次，持续了一年左右，因为政治运动等原因就被迫停止了。时间一长，我学的蒙文知识大部分也淡忘了。但还记得蒙文字母、元音和谐律，还能查查词典，就是这点东西对研究工作也有很大的好处。现在我能和学生一起读《元典章》，有不少地方便得益于那时学的一点蒙语知识。

在翁先生的培养下，陈先生在短时间内掌握了史学研究的基本要领与方法，在到所两三年的时间内，比较系统地阅读了元代各类文献，并开始搜集元代农民战争与社会经济史等方面的资料，尝试撰写一些研究论文，发表了《元代盐政及其社会影响》等多篇有影响的作品。多年以后，陈先生对翁先生的栽培之恩仍念念不忘，多次撰文指出，正是翁先生的指导，"使我少走了许多弯路"，"在我的心中，一直把翁先生视为自己的老师，自己科研道路上的引路人"。"薪尽火传，翁先生的贡献是不会被人们忘记的。"

1966 年"文化大革命"爆发，国内大部分科研工作陷于瘫痪状态。陈先生因家庭出身等方面的原因，没有参加运动，成了靠边站的"闲人"。可也正是此环境下，他开始发愤读书，广泛阅读文献，摘抄各种资料，从而为以后的学术道路奠定了坚实的基础。考虑到当时恶劣的政治环境，他决定选择风险较少的美术史进行研究。"文革"结束后，陈先生把多年来摘抄积累的美术史资料汇集成书，陆续出版了《元代画家史料》（上海美术出版社 1980 年版）、《宋辽金画家史料》（文物出版社 1984 年版）、《隋唐画家史料》（文物出版社 1987 年版）等资料汇编。这几种资料汇编对中国美术史的研究贡献很大，国家文物鉴定委员会主任、工程院院士傅熹年先生曾给予过高度评价。其中《元代画家史料》经修改补充，更名为《元代画家史料汇编》，于 2004 年由杭州出版社再版。

随着"十年动乱"的结束，尤其是党的十一届三中全会的召开，全国哲学社会科学研究逐步走上了正轨。1977 年，中国社会科学院正式成立。陈先生因突出的工作业绩，于 1982 年出任中国社会科学院历史研究所副所长兼研究生院历史系主任，以后又担任所长，并连续四届当选全国政协委员与常务委员，目前还担任中央文史馆馆员。虽然行政事务繁重，社会活动频繁，可这都并没有影响他一生钟爱的学术研究。在当今中国元史学者中，陈高华先生不仅是著述最为宏富的高产作家，而且还被海内外公认为是资料熟稔、理论扎实、治学领域广泛的学者。

陈先生的元史研究，大体可分为前后两个阶段。从 60 年代到 80 年代中期，主要是元代农民战争史与元代社会经济史研究（主要包括赋役、海外交通、城市等），这方面的研究，起初主要是在翁先生的具体安排与指导下进行的。从 80 年代后期起，陈先生开始将研究重点拓展到元代文化、风俗、法制等其他领域。我曾经在一次访谈中向陈先生问起这方面的情况，他告诉我："我一直认为，研究的面应该广一些，不要过于狭窄。社会生活的各个部门是互相关联的，不同领域的研究，可以收到互相促进的效果。"陈先生的研究成果，专著、译著、资料汇编、古籍整理等不下数十种，发表的重要论文已结集为《元史研究论稿》（中华书局 1991 年版）、《元史研究新论》（上海社会科学院出版社 2005 年版）、《陈高华文集》（上海辞书出版社 2005 年版）、《元朝史事新证》（兰州大学出版社 2010 年版）四部著作出版。以下拟分几个方面作一简单介绍。

农民战争史是新中国史学研究的一个热点，也是陈先生较早涉足的领域之一。除与杨讷、白钢等先生共同编纂《元代农民战争资料汇编》（中华书局 1985 年版）外，他还发表过一些涉及元末地主阶级动向（像《元末农民起义中南方汉族地主的政治动向》、《元末浙东地主与朱元璋》）、农民起义口号（《元末起义农民的思想武器》）乃至奴隶暴动（《元末农民战争中奴隶暴动的珍贵史料》）的论文。与当时讨论农民战争过于偏重理论的风气有所不同，他的研究在资料占有方面往往处于领先地位，非常注重理论与文献研究的有机结合，由此得出的结论不失空泛，令人信服，在当时产生了较大影响。

社会经济史也是陈先生较早从事研究的课题，更是他多年来关注的重点。前面提到，进入历史所工作后不久，陈先生就发表过有关元代盐政的文章。从 70 年代中期起，在接受《中国史稿》第五册（后由人民出版社于 1983 年出版）元代部分的撰写任务后，在工作准备阶段，陈先生发现元代经济史的研究非常薄弱，遂决心下大力气扭转这一局面。从 80 年代起，他开始集中发表这方面的研究成果。针对《元史·食货志》缺乏记载的重大问题，相继发表《元代户等制略论》、《论元代的军户》、《论元代的站户》、《元代役法简论》等论文，以《元史·食货志》相关记载为基础，加以认真考证、充实而发表的论文则有《元代税粮制度初探》、《论元代的和雇和买》、《元代的海外贸易》等。90 年代以后，结合《中国经济通史·元代经济卷》的撰写，他又集中发表了一批元代经济史方面的研究论文，如《元代的流民问题》、《元代江南税粮制度新证》、《元朝的土地登记和土地籍册》、《元代的酒醋课》、《元代商税初探》、《黑城元代站赤登记簿初探》、《〈述善集〉碑传二篇所见元代探马赤军户》、《元朝的常平仓和义仓》、《元代佛教寺院赋役的演变》、《元朝赈恤制度研究》等等。这些论著，可以说已构成元代社会经济史研究的一个完整体系。我国著名学者、《中国通史》主编蔡美彪先生对他这方面的研究给予了很高评价，认为陈先生的这些成果，"为元代经济史的研究奠立了一块基石。"《中国经济通史·元代经济卷》（经济日报出版社 2000 年版；中国社会科学出版社 2006 年版）则是他与史卫民先生通力合作完成的，是目前元代经济史研究领域的最权威著作。

政治史方面，陈先生主要发表过蒙金宋关系史及汉人世侯等方面的成果。其中前者主要有《说蒙古灭金的三峰山战役》、《早期宋蒙关系和"端平入洛"之役》、《王檝使宋事实考略》三篇论文，前两篇论文主要讨论的是蒙金、蒙宋关系史上非常重要的两次战役的背景及其经过，后一篇文章则是"端平入洛"以后蒙宋关系史的续篇，对王檝在蒙宋交往中所扮演的角色，以及蒙宋双方关系的实质性问题，都做了非常精彩的讨论。蒙元初期，在华北地区活跃着大大小小的汉人军阀——世侯，东平严氏是其中力量最为强大的一支，中外学者对此研究者不乏其人。陈先生《大蒙古国时期的东平严氏》在研究的广度与深度方面均超过前人，被视为元代世侯个案研究的典范之作。他对红袄军领袖杨四娘子的研究（《杨四娘子的下落》、《〈湛然居士文集〉中"杨行省"考》），也是这方面的重要成果。

法制史研究，一向是元史研究领域的薄弱环节。陈先生在 1992 年于日本京都大学人文科学研究所担任外国人研究员期间，撰有长文《元代的审判机构和审判程序》。此前国内外已有一些元代司法审判机构及其程序的论著发表，要想超越这些研究成果，颇有难度，而陈先生的这篇论文，无论是整个框架体系，还是细节的微观考证，都比前人有重大突破。像从行省断事官到理问所的演变关系，"五府官"的发展源流等，都是经他最先提出并进行研究的。《元代的流刑和迁移法》也是这方面的重要文章，对元代流刑与迁移的特点做了很好的归纳与区分。21世纪初《至正条格》残本在韩国发现后，陈先生专门撰文进行过研究（《〈至正条格·条格〉初探》）。在主持《元典章》课题研究的基础上，陈先生也领衔发表过十余篇论文。此外，《中国政治制度通史·元代》（人民出版社1996年版）是他与史卫民先生通力合作完成的著作，除司法制度外，陈先生还撰写了投下分封、监察、人事管理等部分。这方面，他以前没有投入过多精力，但发表的成果却不轻易因袭前人成见，多所创新，有自己的特色。

城市史，尤其是元代都城史研究，陈先生除发表一些相关论文外，还出版有《元大都》（北京出版社1982年版）一书。此书篇幅不大，但因资料翔实，受到学界推崇。像书中有关大都哪吒太子传说的资料，即影响到香港学者陈学霖先生《刘伯温与哪吒城：北京建城的传说》（三民书局股份有限公司1996年版）对哪吒城故事缘起的推测。作者在此书《自序》中提到："在修订元人传记之时，意外发现足以破解一个多年令我困惑苦恼的问题的线索。这个线索来自刘秉忠的传记。事缘在增补这篇旧传时，检读刚出版的陈高华所著《元大都》，发现两则冷僻的史料，修订了我对刘伯温制造哪吒城故事的缘起的推断。……这两则史料提供我多年冀望不得的答案，正好填补了拼图缺失的片块，使我恍然大悟，原来刘伯温制造哪吒城的故事滥觞于元代营建大都城！"《元大都》后经日本学者佐竹靖彦翻译介绍到日本（《元の大都》，日本，中央公論社，1984年），国内还出版有蒙文译本。此外，陈先生还与史卫民先生合著有《元上都》（吉林教育出版社1988年版）。以上二书近年合为《元代大都上都研究》，作为"当代中国人文大系"的一种，由中国人民大学出版社于2010年出版。

文化史研究，除前面谈到的美术史资料汇编外，陈先生还发表过若干论文，对以往一些已近乎为定论的观点提出了不同见解。像蒙古君主是否不喜欢汉族文化，是否影响到画家的出路问题，元代画家以山水为题材的作品是否蕴藏着对元朝的不满倾向，等等。这方面的研究，引起了海内外美术史学者的高度关注。此外，陈先生还做过金元衍圣公以及元代文人如赵孟頫、夏文彦、盛熙明、廼贤等的个案研究，发表过一些元代对外文化交流乃至元代科举方面的文章。对元代各类文献典籍，诸如《老乞大》、《朴通事》、《三场文选》、《经世大典》、《卫生宝鉴》乃至钱大昕《元史艺文志》等，也都有专文发表。他的这些论文，内容较为庞杂，篇幅也有长有短，但其中大都蕴含着极其重要的发现，这也是他撰写每篇论文都力图求新的具体体现。像《卫生宝鉴》为元初医学家罗天益所著，书中保存了不少当时高官乃至名人的病例记载，长期为治元史者所忽视，陈先生充分认识到此书的文献价值，首次将其引入元史研究领域。近年，由陈先生主持，北京大学张帆教授与我参加的《元代文化史》出版（广东教育出版社2009年版），此书以陈先生撰写的篇幅最大，后获第四届郭沫若中国历史学奖等奖项。

陈先生对宗教史的研究主要集中在佛教方面。《元代佛教与元代社会》是这方面发表较早的一篇论文，既有对元代佛教的全面总结与评价，又涉及不少微观研究，如元初禅教之争问题等，此文因发表早且很重要，常为日本佛教史学者引用。《元代大都的皇家佛寺》介绍了元大都皇家佛寺的基本情况，讨论了寺院经济、寺院组织等问题。《元代南方佛教略论》主要涉及元朝管理南方佛教的机构（总摄所、总统所、行宣政院、广教总管府）、江南佛教的宗派、大藏经的出版、元代江南佛教与中外文化交流等四个问题。《杭州慧因寺的元代白话碑》则介绍了元代杭州慧因寺的一块白话碑文，涉及高丽王王璋同慧因寺的关系。《元代内迁畏兀儿人与佛教》考察了内迁畏兀儿人在元代佛教界的影响及所从事的翻译、校刊佛经与建造、修葺佛寺等宗教活动。元代佛教人物，陈先生也写过一些论文，其中有关杨琏真加，先后发表有《略论杨琏真加和杨暗普父子》、《再论元代河西僧人杨琏真加》等。《元代来华印度僧人指空事迹》与《十四世纪来中国的日本僧人》则涉及中外佛教交流的人物。近年，结合社会科学院创新工程，陈先生又开始关注这方面的研究，已撰写《再说元大都的皇家佛寺》、《元代大都的"旧刹"》等论文。

很长一段时间，元代社会生活史没有引起学界的足够重视。20世纪80年代，美籍华裔学者、普林斯顿大学著名宋史专家刘子健先生发表《南宋中叶马球衰落和文化的变迁》（《历史研究》1980年第2期），认为："据元代的记载，并没有看见蒙古人重新提倡马球"，"蒙古时代，马球反倒消失"。对此，陈先生于1984年在《历史研究》发表《宋元和明初的马球》，指出马球不仅在元代，而且在明代前期都依然存在。此后，他花了不少精力对元代饮食进行研究，发表《舍儿别与舍儿别赤的再探讨》、《元代大都的饮食生活》、《元代饮茶习俗》等论文，并在多卷本《中国饮食史》（华夏出版社1999年版）中承担元代饮食的撰写工作。近年来，陈先生还与其他学者共同主编了《中国风俗通史》（上海文艺出版社2001年版）与《中国妇女通史》（杭州出版社2011年版）两套丛书，并参与撰写其中的元代卷部分。

中外关系与民族边疆史地研究，是陈先生很早就感兴趣的领域。这方面他虽发表论文不多，但影响很大。如在《印度马八儿王子孛哈甲来华新考》一文中，他根据《中庵集》所收《不阿里神道碑》，认为这个不阿里即有名的马八儿王子孛哈里，从而使孛哈里其人其事在中国文献得到印证，也订正了日本著名学者桑原骘藏《蒲寿庚考》中的一些错误。《元代中泰两国的友好关系》主要根据《玩斋集》卷九《四明慈济寺碑》的记载，认为泰王敢木丁有可能来过中国。这篇短文在当时反响较大，不少学者发表论文对此进行讨论。元朝统治区域内民族众多，哈剌鲁即唐代葛逻禄，陈高华先生《元代的哈剌鲁人》介绍了蒙元时代哈剌鲁人的历史，着重讨论了哈剌鲁人内迁中原与江南后的分布、仕宦、婚姻等情况。此外，他还作过一些哈剌鲁人的个案研究，像《读〈伯颜宗道传〉》、《元代诗人廼贤生平事迹考》等。

20世纪80年代，陈先生参加了由联合国教科文组织主持的《中亚文明史》编委会，此后相继编纂了两部资料集：《明代哈密吐鲁番资料汇编》（新疆人民出版社1984年版）与《元代哈剌鲁畏兀儿资料辑录》（新疆人民出版社1991年版）。需要提到的是，前者所收资料的时间范围虽非陈先生所擅长的元代，却受到相关学者的极高评价，显示出他对文献掌握的独到之处。像魏良弢《叶尔羌汗国史纲》（黑龙江人民出版社1994年版）是这样评价《明代哈密吐鲁番资料汇编》的，"这部书有一些极重要的资料，如《写亦虎仙供词》，就是研究明代西域的第一手材料，而一般又很难见到。这部《资料汇编》虽题名只限于哈密、吐鲁番，其实许多资料涉及这两地外的更多西域地方，是一部对研究叶尔羌汗国很有用的史料汇编"。

从 20 世纪 70 年代后期起，随着福建泉州宋代沉船的发现，中国海外交通史的研究逐渐兴盛起来，陈先生除参与泉州沉船的讨论外，还作为中方代表参加了由联合国教科文组织发起的"海上丝绸之路考察"活动，他与吴泰先生合作撰写的《宋元时期的海外贸易》（天津人民出版社 1981 年版），是我国学术界问世较早的海外交通史专著，常常被人提及。此后，他又与人合作出版有《海上丝绸之路》（海洋出版社 1991年版）、《中国海外交通史》（台北文津出版社 1997 年版）等著作，发表《元代的航海世家澉浦杨氏——兼说元代其他航海家族》、《元朝与高丽的海上交通》等相关论文，并长期担任中国海外交通史研究会会长，主编《海交史研究》杂志，推动了我国海外交通史研究的发展。

以上简单介绍了陈先生的学术研究与贡献，接下来谈一下我个人师从陈先生的经历、感受及先生对我学术道路的影响。

我有幸忝列陈门弟子，是 1995 年的事。陈先生的名字，我是在大学时代知道的。大学时代，我在泉城济南读书，虽说学的是法律系经济法专业，但因兴趣使然，时常在课余时间翻阅一些史学读物。当时我还不懂得如何治学，翻阅的史学读物多偏重基础性与趣味性。记得那时《中国大百科全书》与《中国历史大辞典》还没有出版，不过，前者的元史分册与后者的辽夏金元史分册在书店均可见到单行本，这两本书是我经常翻阅的读物，两个单行本的编委会名单中均有先生的名字，印象中这应该是我首次知道先生。至于先生的研究论著，当时还谈不上有什么了解，记得仅看过《元史论丛》第三辑先生《论元代的和雇和买》那篇文章。大学毕业前，经再三考虑，我决定报考元史方面的研究生，并有幸考取北京大学历史系，师从已故著名蒙古史学者余大钧教授。北大学习期间，我开始系统接受元史方面的专业训练，记得新入学时，适逢陈先生的《元史研究论稿》出版不久，此书是我开始系统学习先生研究成果的第一本书。不过，三年研究生期间，我基本上呆在北京大学读书，与陈先生虽近在咫尺，但并没有当面求教的机会。

研究生临近毕业，我又一次面临选择，是找工作还是进一步深造。当时的博士生考试还没有现在有这么多选择机会，元史方向的博士生导师在北京很少，记得当时只有社科院近代史所的蔡美彪先生曾招过，但他那一年是否招生并无确切消息（事后才知道，蔡先生继1996年招生后，再没有带过博士生）。后来看到新的招生简章，才知道陈高华先生也开始招生，这对我来说真是一个莫大喜讯。通过我北大研究生的同学李维（他与陈先生的儿子是中学同学，母亲齐文心先生与陈先生为大学同学，且为历史所同事），我很快联系上了先生，并到当时还在日坛路6号的历史所与先生见了面。与陈先生首次见面的时间并不长，主要是我当时还是有些紧张，印象中先生从桌上拿出一本刚刚出版的《北大史学》，问我是否只发过这一篇文章，然后又询问了我的家庭情况，说这是决定我能否安心读书的一个重要因素。接下来的入学考试较为顺利，有可能是心里着急的缘故，印象中等待录取结果的时间较长，多次去电话询问，似乎直到八月份才得知自己被录取的准确消息。

进入社科院研究生院后，我终于有机会接触陈先生，对先生的了解也逐渐多起来。忝列陈门弟子后，在不少场合，有人向我谈起过陈先生的道德文章，当然感同身受的还是我自己。先生秉承了中国知识分子的优良传统，待人宽厚和蔼，虽为史学名家，但丝毫没有架子，也从未见过他随意臧否人物，这与某些名家自诩清高而却心胸偏狭、有失风范的作为形成了鲜明对比。从1995年迄今，我在先生身边学习工作已近二十年，先生一直待我亲如家人，对我的生活关怀无微不至。记得研究生时代，陈先生还专程去我的宿舍看过我，当时在我的同学中能享受导师如此待遇的，恐不多见。每逢星期二到历史所与先生见面，先生总是要留我吃一次饭，最有印象的是鱼，清蒸、干烧还是红烧，每次总要换个花样。当时历史所的研究人员已有科研经费，但并不像现在这么多，先生总是要预留一部分支付我参加会议与购买书籍的费用。当然，作为导师，陈先生对我影响最大的，还是我的学习与科研方向。

在研究生院读书期间，陈先生并未刻意为我进行填鸭式的授课，而是为我开列书目，让我以读书笔记的形式完成学分。实际上，我多年来从陈先生处获得的知识与信息，多是从两人间的闲谈开始的。这种不拘泥形式的方式，往往围绕某一具体问题展开，至少对我而言效果非常好，先生不经意的一句话，一个提示，往往会给我留下深刻印象，产生很大的吸引力。在一次访谈中，我曾向先生问过如何治学这一年轻学者常常碰到的问题，先生大致提到了三点：一是高度重视史料的搜集和整理。此前在北大读书期间，就常听人谈起过陈先生对这一问题的重视，不少人认为在元史学界就汉文史料的娴熟程度而言，没有哪一位学者能超过他。以后向我提及这一观点的人还有不少，其中不乏我所敬仰的先生同辈学者。对我而言，起初这还只是一种直观印象，在先生身边学习后才有了切身体会。记得1997年逢《钱大昕全集》出版，《全集》收录了钱大昕一部从未刊印的手稿——《元进士录》，我曾向陈先生提及此事，先生告诉我，其实他在年轻时代就曾在北京图书馆通读过这部手稿，并做有详细的阅读笔记。我在整理元代政书《经世大典》时，有关文廷式笔记《纯常子枝语》中的资料，也是经陈先生提示后才引起我注意的。他那篇《元代政书〈经世大典〉中的人物传记》，虽篇幅不大，却为我从《永乐大典》中搜寻《经世大典》轶文指明了重要方向。二是坚持以唯物史观为理论指导。陈先生的研究，从一开始有关农民战争与社会经济史的探讨，到后来其他领域的研究，都力求用唯物史观来客观分析各种历史现象，一切从实际出发，理论联系实际。记得他曾向我谈起美术史的研究有"以画取人"的现象，像某某画家擅长画竹，即被认为寄托了画家孤高清傲、消极避世的情怀。实际上元代不少官僚画家（像李衎）也好此道，画竹甚至成为他们博得声誉、获得利益的一种手段。产生这种错误认识的学者，归根结底是没有以唯物史观指导自己的研究。陈先生曾不止一次地建议我多读一些马克思主义经典著作，重点是学习研究问题的方法，而不是对理论的生搬硬套。三是学习其他相关学科的理论、方法。像研究政治、经济、法律、民俗史，都要或多或少地了解相关学科的一些理论与研究方法，只有这样才能将自己的研究推向深入。在如何撰写论文方面，陈先生向我强调了一个"新"字，即要有新题目、新资料、新观点，总之要有新意。先生的这些观点，将使我终身受益。

陈先生为包括我在内的青年学者系统授课，以讲读《元典章》历时最久，前后已逾15年。《元典章》全称《大元圣政国朝典章》，全书60卷，附新集《至治条例》不分卷，为元代前、中期的一部法令判例汇编。此书大都抄自当时的公文原件，史料价值颇高，不过因书中夹杂了不少当时流行的蒙古硬译文体、吏牍文体，增加了后人阅读理解的难度。清人修《四库全书》时，认为此书"所载皆案牍之文，并杂方言杂语，浮词妨要者十之七八"，仅将其列入"存目"。以后的学者虽已认识到此书的巨大价值，但因上述原因，能真正完全读懂此书的人并不多见。

1997 年下半年我临近毕业的时候，日本京都大学法学部与文学部的两名学生加藤雄三、樱井智美来中国社会科学院进修，一位师从陈先生，一位师从近代史研究所的蔡美彪先生。以此为契机，陈先生开始主办《元典章》读书班。此书虽有元刻本，且台湾故宫博物院早在 1972 年即已影印出版，但在大陆学界还很罕见（记得当时连北京大学图书馆教研阅览室也仅有据此装订成十几巨册的复印本）。大陆学界当时较为普遍使用的本子为 1908 年清末修订法律馆刻本，因由沈家本作跋，俗称"沈刻本"。同元刻本相比，沈刻本错漏之处极多，陈垣先生早年曾据元刻本编有《沈刻〈元典章〉校补》，但限于体例，《校补》对元刻本的大量俗字以及内容原有格式无法体现，沈刻本错漏也偶有失检之处，查阅起来并不方便。读书班刚开始的时候，除陈先生、加藤雄三、樱井智美各有一部元刻影印本外，我也承加藤君美意得到一部，由此读书班成员一开始几乎每人都有一部最好的本子，这在当时国内元史学界还是很奢侈的一件事。

陈先生主持读书班的初衷，本来是为培养下一代年轻学者阅读与查找文献的能力，所以没有刻意追求读书进度，仅"户部"部分就耗去了约两年多时间，后来因有不少新成员加入，又重新仔细读过一遍，以后才转入"兵部"部分。读书的方法，一般是由先生指定学员通读一条，加以标点，并提供与之有关的其他文献记载，然后再由陈先生进行点评。台湾影印元刻本虽胜过沈刻本许多，但因此书为民间坊刻，有待解决的问题依然很多，其中的特有词汇、蒙古硬译文体乃至层级复杂的公义承转格式，是大家阅读此书时普遍遇到的难点，这方面，学员们多得到陈先生的悉心指导，获益良多。

《元典章》读书班开始时，成员仅有加藤雄三、樱井智美、阿风、孟彦弘与我几个，后来又加入北京大学历史系的张帆、党宝海两位老师，以后队伍又不断扩大，最盛时规模达二十人多人，如前后累计的话，应该有四五十人之多，而且包括了日、美、韩等不少国外学者。当然，读书班的规模如此之大，与陈先生的学术地位、学界影响乃至人格魅力不无关系。读书班的举办，使来自不同单位乃至不同国家的学者齐聚一堂，不仅为青年学者提供了随时向陈先生求教的机会，同时也为他们自身提供了一个互相学习、交流的平台。2011 年，由陈先生主持的《元典章》校订本四册正式出版，立刻在学界产生重大影响，连获包括第三届出版政府奖、2011 年度优秀古籍图书奖等在内的诸项大奖，校订本出版后一年后即告售罄，2012 年再次印刷。读书班成员北京大学历史系张帆教授主持的《〈元典章〉校释与研究》，获国家社科基金重大项目资助，成为既《元典章》校订本后又一重大课题。来自国外的一些成员像加藤雄三、樱井智美、船田善之、饭山知保、井黑忍、向正树、崔允精等，也均成为相关研究领域的中坚力量。此外，在读书班一年的美国学者柏清韵（Bettine Birge）教授对《元典章》"户婚"部分的翻译与注释，也将在近年出版。总之，读书班对国内乃至国外学者的影响很大，推动了元史研究进一步走向深入。

除直接收益于读书班的训练外，陈先生对我个人的研究道路也影响很大。作为导师，先生虽不硬性规定我从事哪方面的具体研究，但总是会为我提出一些建议，一旦发现我流露出哪一方面的兴趣，又会适时地对我进行鼓励与指导。研究生期间，陈先生根据我大学专业的背景，建议我从事元代法律史的研究，我最后选择了与之有密切关系的元代家庭与家族史为博士论文题目，顺利完成了学业。毕业工作后，元代法律史一直是我的一个重要研究方向，在这方面，我陆续发表了一些论文，后来又申请了元代法律史为国家社科基金一般项目，并以专家鉴定为优的结果顺利结项。我对元代宗教史的研究，也是源自参加陈先生主持的课题《元代文化史》而激发起的兴趣。元朝统治者对各种宗教采取兼容并蓄的政策，佛教、道教、伊斯兰教、基督教等各种宗教在元代社会异彩缤纷，是元代文化的重要组成部分。为此，陈先生在课题设计时，特别为元代文化发展各阶段专辟宗教章节，并征求我的意见，问我是否有兴趣接手这方面的撰写任务。此前，我对元代宗教史基本谈不上有什么了解，正是在陈先生的鼓励下，我开始尝试这方面的研究，并顺利完成了课题任务。因对这方面的兴趣与日俱增，我开始陆续发表这方面的论文，并在学界产生了一定影响。上述成绩的取得，应该说都是与陈先生的鼓励与指导分不开的。

如今陈先生虽已近耄耋之岁，但依然坚持在科研第一线。在这里，衷心祝愿先生健康长寿，也祝愿先生有更多更好的论著发表。

孜孜笃实　精进不已

——陈祖武先生的治学进路与成就管窥

林存阳　杨艳秋

　　1978 年，对于新中国的发展来说，是一个意义重大的年份，也是一个具有社会转型意义的关键时刻。其中，恢复研究生招生政策的出台，为高层次人才的培养、学术的复兴提供了重要契机。正是得益于这一时代新转机，陈祖武先生幸运地考入了中国社会科学院研究生院，成为研究生恢复招生后的第一批硕士生。在导师著名史学家杨向奎先生的指导和引领下，开启了研治中国古代学术史尤其是清代学术史的学问之旅。而自 1981 年硕士毕业后供职于中国社会科学院历史研究所以来，30 余年间，陈先生不惟孜孜于学术的探究、深化和开拓，推出许多厚重而富有新意的科研成果，而且相继担任了历史研究所清史室副主任、副所长、所长等行政工作，以及院学部委员、中央文史研究馆馆员、中国史学会副会长、中央实施马克思主义建设工程史学课题组首席专家等职务，并参加了众多国内外重要学术会议，多次出国访问、演讲、讲学等，从而为历史所的发展、学科建设和历史学的繁荣、中外学术间的交流，作出了成效显著的贡献。

一

　　陈祖武先生与史学研究结下不解之缘，开始于 1961—1965 年在贵州大学历史系的学习，而自攻读硕士学位始，更致力于清代学术的探研。从此，陈先生便几十年如一日地研读文献、思索问题、笔耕不辍。

正是基于注重文献、实事求是的严谨治学态度和方法，陈先生从而结撰出丰硕的学术研究成果。自 20 世纪 80 年代起，不仅相继推出了《顾炎武》（"中国历史小丛书"，中华书局 1984 年版）、《清初学术思辨录》（中国社会科学出版社 1992 年版）、《中国学案史》（文津出版社 1994 年版；东方出版中心 2008 年版）、《清儒学术拾零》（湖南人民出版社 1999 年版；"明清史学术文库"，故宫出版社 2012 年版）、《衰世风雷——龚自珍与魏源》（万卷楼图书有限公司 2000 年版）、《清代学术源流》（北京师范大学出版社 2012 年版）等专著，以及《旷世大儒——顾炎武》、《乾嘉学术编年》等多部合著，参与《清代人物传稿》、《清代全史》的撰写，点校整理了《李塨年谱》、《杨园先生全集》、《清儒学案》、《榕村全书》等，还发表了《乾嘉学派吴皖分野说商榷》、《关于乾嘉学派研究的几个问题》、《学案再释》等百余篇论文。这些学术成果，既是陈先生治学勤奋的体现，更是其精益求精为学精神的体现。

自章太炎、梁启超诸先生开启清代学术研治门径以来，经过几代学人的不懈努力和追求，已然硕果累累、愈益深入，至今方兴未艾。其间，陈祖武先生在这一园地的辛勤耕耘和不断探索，可谓有力地促进了清代学术史研究的深化、细化和开拓，具有承上启下之功。而陈先生所揭示的"内在逻辑"、"以经学济理学之穷"、"从惠学到戴学是一个历史过程"、"会通汉宋学术以求新"等重要学术命题，无疑是在承继前贤基础上的新收获，从而为学界同仁提供了推进相关研究的新理论、新方法。

工时先生曾说："陈祖武先生治学严谨，一丝不苟，认为学术研究旨在解决前人未曾解决的问题，推动学科建设发展，为提高全民族科学义化素质做贡献，以之为职志。"① 此一评价，洵为平情之论。

---

① 工时：《中国社会科学院研究生院博士生导师谱·陈祖武教授》，《中国社会科学院研究生院学报》2007 年第 5 期。

二

有清一代学术，集中国传统学术之大成，其文献更是浩如烟海。学人欲从事此一时期的研究，切入点的选择，可谓至关重要。于此，陈祖武先生选取了清初大儒顾炎武作为研究对象，从此拉开了研治清代学术史的序幕。

陈先生关于顾炎武的研究，起步于其硕士论文——《顾炎武评传》。毕业后，陈先生连续发表了《顾炎武研究中的几个问题》、《〈日知录〉八卷本未佚》、《顾炎武哲学思想剖析》、《黄宗羲、顾炎武合论》等文章，对顾炎武的生平学行和历史地位，作了较为详细的梳理与评价。陈先生认为，"顾炎武是清代学术史上一位影响深远的大师，并对清初历史的发展作出过贡献。实事求是地评价这样一个历史人物，对于深入研究明清之际的历史以及有清一代的学术文化史，都是很有意义的"。通过研究，陈先生得出如下认识："顾炎武与王夫之、黄宗羲同为清初显学，三家之学全以博大为其特色，一归于经世致用……对三家之学任意轩轾，显然是不妥当的……顾炎武作为一代学术开山大师的地位是确然不拔的……顾炎武终究在历史为其提供的活动领域内，做了许多于国家、于民族、于社会有益的事情。这一点不惟是前人所不及，而且也是其同时代的一些有影响的人物所略逊一筹的。顾炎武对清初的历史和有清一代学术文化的发展作出了贡献，当我们今天实事求是地去回顾这一段历史时，理所当然地应给以肯定的评价。"① 此一评价，奠定了陈先生此后深化顾炎武研究的基调。

1984 年，陈先生出版了一部研究顾炎武的专书——《顾炎武》。是书由"从'天下兴亡，匹夫有责'谈起"、"抛弃科举、研讨实学"、"为抗清而奔走"、"弃家北游"、"莱州入狱"、"三藩之乱前后"、"以天下为己任，死而后已"、"开创一代学术的文化巨人"八部分组成，

---

① 陈祖武：《顾炎武研究中的几个问题》，《学习与思考（中国社会科学院研究生院学报）》1981 年第 6 期。

虽然篇幅不大，但对顾炎武的坎坷人生经历和学术贡献，做了整体性的勾勒与彰显。此后，在《清初学术思辨录》一书中，陈先生再辟"务实学风的倡导者顾炎武"专章，对顾炎武的生平学行、社会政治思想、经学思想、文学思想、务实学风等，进行了更为详细深入的探究。以此为基础，陈先生又与几位学生合作，推出了《旷世大儒——顾炎武》（河北人民出版社 2000 年版）一书。是书计分 14 章、25 万余字。在《前言》中，陈先生再度对顾炎武做了评价，认为："在中国学术史上，明末清初是一个风起云涌、才人辈出的时代。顾炎武就是生活在这一时代的卓然大儒。他一生读万卷书，行万里路，行奇学博，志在天下，以其继往开来的杰出业绩，被誉为一代学术的开派宗师……顾炎武崇实致用的治学精神，严谨绵密的考证方法，以及他对广阔学术门径的开拓，影响一时学风甚巨，对整个清代学术文化的发展，亦显示了深远的历史作用……中国封建社会晚期，在学术思潮从宋明理学向清代朴学的转化过程中，作为一个开风气者，顾炎武的历史地位是无可取代的。"陈先生还强调："我们今天缅怀这位三百年前的旷世大儒，就是为了从顾炎武的学行和思想中寻求可贵的历史借鉴，弘扬中华民族的优秀文化传统，批判地继承历史文化遗产，从而推动中华民族新文化的建设，以迎接中华民族的伟大复兴。"也就是说，研究顾炎武，不仅有学术价值，而且对现实具有重要的借鉴意义。时隔十年，是书被纳入"传世大儒系列"，改题《顾炎武评传》，由中国社会出版社于 2010 年隆重推出。

2013 年，适逢顾炎武先生诞辰 400 周年，陈先生不仅应邀参加了昆山市举办的纪念活动和学术研讨会，而且撰成《高尚之人格　不朽之学术》一文，以表达对顾炎武先生的敬仰之情。在文中，陈先生从三个方面对顾炎武的贡献进行了高度概括：一是"以'博学于文''行己有耻'为毕生追求"，陈先生指出："在中国学术史上，顾亭林先生之所以超迈前贤，伟然自立，不惟在于先生准确而深刻地阐释了孔子所言二语八字，而且还在于他前无古人地将二者合为一体，提升至'圣人之道'而大声疾呼……以言耻为先，将为人与为学合为一体，不惟成为顾亭林先生的毕生追求，而且也为当时及尔后的中国学人，树立了可以风范千秋的楷模。"二是"读《九经》自考文始，考文自知音始"，这主要体现在顾炎武先生提出的把理学纳入经学范围的"理学经学也"

主张、倡导开展经学史研究、示范了训诂治经的方法论等方面。此一努力，对后学产生了重要影响，"不惟使古音学研究由经学附庸而蔚为大观，而且还形成了主盟学坛的乾嘉学派，产生了全面总结、整理中国数千年学术的丰硕成果"。三是"保天下者，匹夫之贱与有责焉"，顾炎武先生这一始终如一的高度社会责任意识，是其留给后世最具永恒价值的精神财富，"经晚清学人归纳，就成了掷地有声的八个字：天下兴亡，匹夫有责"。基于此，陈先生进而总结道："顾亭林先生是明清更迭的社会大动荡造就的时代巨人，是中国学术史上承先启后、继往开来的伟大宗师。先生人格高尚，学术不朽，我们应当世世代代纪念他。"①

陈祖武先生 30 多年来对顾炎武为人、为学及其意义和影响的体悟与阐扬，可谓是一以贯之的，且愈益深刻。而顾炎武先生所倡导的"博学于文，行己有耻"八个字，陈先生不仅以之作为自励的座右铭，而且常常用来激励、引导后学。

三

陈祖武先生不惟孜孜于顾炎武研究，更不断扩大学术视野，进而对有清一代学术的演进历程、代表人物、主要成就和特征等，做了系统而深入的整体性建构。《清初学术思辨录》、《清儒学术拾零》、《清代学术源流》等论著，即此一努力的体现。

《清初学术思辨录》乃陈先生十年磨一剑的学术结晶。是书以顺治、康熙二朝学术史上的若干重要问题为研究对象，通过梳理分析清初国情、清廷文化政策，以及顾炎武、王夫之、黄宗羲、吕留良、李颙、孙奇逢、颜李学派、李光地、史学成就、文学艺术经世特征、经学与考据学风的酝酿等问题，从而对清初 80 年间的学术演进趋势、主要特征和历史地位等，做了宏观与微观、理论分析与史实考辨、学者与学术思潮和流派相结合的揭示和再认识。陈先生这部著作的问世，将清代学术

---

① 陈祖武：《高尚之人格　不朽之学术——纪念顾亭林先生诞辰四百周年》，《光明日报》2013 年 9 月 5 日第 11 版。

史的研究推向一个新的高度，故深受学界同仁好评。

而更可注意的是，《清初学术思辨录》有两大贡献值得指出：一是实践和发扬了自侯外庐、杨向奎二先生以来所倡导的社会史与学术思想史相结合的研究方法，诚如杨向奎先生为是书撰序所评价的："陈祖武同志能思善学，此《清初学术思辨录》大作，结合清初社会实际而谈学术思想，这是最正确的方法之一。我们不能脱离实际社会而谈社会思潮，'皮之不存，毛将焉附'！先秦诸子、两汉经学、魏晋玄学、宋明理学，都与当时之社会相关。继梁任公、钱宾四诸先生之后，祖武此书，将脱颖而出矣。"① 二是首次提出"以经学济理学之穷"命题。清代学术之兴起，原因固然是多方面的，但学术内部新动向的萌发，无疑更具主导性。自明朝嘉靖、隆庆间学者归有光以来对"通经学古"治学取径的倡导，即明清学术更新走势的体现。陈先生指出："从归有光到钱谦益，晚明学者的经学倡导，虽然未能使数百年来为理学所掩的经学重振，但是它却表明，以经学济理学之穷的学术潮流，已经在中国封建儒学的母体内孕育。"此一学术潮流，在清初更得到进一步推进，蔚然成风。陈先生就此揭示道："晚明'通经学古'的经学倡导，同清初知识界批判理学的思潮相融合，汇为以经学济理学之穷的宏大学术潮流。入清以后，以经学济理学之穷的努力由钱谦益肇其端，经顾炎武、李颙、费密张大其说，至毛奇龄、阎若璩、胡渭而蔚成风气。随着时间的推移，这一学术潮流不惟充溢南北学术界，而且借助儒臣而深入宫廷……凡此种种，无一不是对宋明学术的推陈出新……总而言之，客观历史条件的制约，学术演进内在逻辑的作用，两者相辅为用，从而规定了清初学术发展的基本趋势。这就是：以经世思潮为主干，从对明亡的

① 杨向奎：《清初学术思辨录·序言》，陈祖武：《清初学术思辨录》，中国社会科学出版社1992年版，第3页。陈先生在《〈中国传统学术与社会丛书〉书后》一文中说："先师杨向奎拱辰先生，早年问学于钱宾四先生，毕生致力于中国古代社会与古代思想研究……辞世前未久，拱辰师向学兄李尚英教授回顾数十年之为学追求，再度指出：'我自走上学术研究之路，就把重点放在了中国古代思想史和经学上。但我深知，要研究好古代思想史和经学，就必须重视中国古代社会历史的研究。因为有哪样的社会经济就会有哪样的思想意识，而古代思想和经学正是古代社会上层建筑的一个重要组成部分，与古代社会的经济基础相适应。所以，我的研究就是从中国古代社会历史开始的。''学术流变，与时消息'。治学术史而与社会历史的研究相结合，乃为一可以遵循之为学路径。"（《书品》2002年第4期）

沉痛反思入手，在广阔的学术领域去虚就实，尔后又逐渐向以经学济理学之穷的方向过渡，最终走向经学的复兴和对传统学术的全面总结和整理。"① 陈先生这一脚踏实地、务在求真的新探索，可谓运思独到，开辟了一个阐释清代学术演进的新范式。

继《清初学术思辨录》之后，陈先生又推出了另一部力作《清儒学术拾零》。在《后记》中，陈先生述撰作缘起曰："时间过得真快，祖武在清代学术史园圃中耕耘，不觉已是整整 20 个春秋。20 年来，以读清代学术文献为每日功课，朝夕以之，不间寒暑，甘苦皆在其中。此番奉献给诸位的《清儒学术拾零》，便是此 20 年间读书之一得。"大体而言，是书由三部分内容构成：一是对清初学术的进一步深化和开拓，如"蕺山南学与夏峰北学"、"从《日知录》到《日知录集释》"、"明清更迭与华南知识界"、"姚际恒与《仪礼通论》"、"清初江南三奇儒"、"《榕村语录》发微"等；二是对乾嘉学派与乾嘉学术展开详细研究；三是对梁启超、钱穆、徐世昌总结清代学术的贡献加以表彰。其中，第二部分内容乃本书的主体。

关于乾嘉学派与乾嘉学术，陈先生在结撰《清初学术思辨录》时，已开始了思索，对乾嘉学派的成因提出新的看法。陈先生指出："研究清代学术史，不可避免地会碰到这样一个问题，那就是为什么清朝初年，封建统治者一再崇奖宋明理学中的程朱之学，可是理学却始终发展不起来，倒是与义理之学迥异其趣的考据学不胫而走，以致在乾隆、嘉庆之世风靡朝野，而有乾嘉学派之谓。如何去解释这样的历史现象？这是一个很值得探讨的问题。"与学术界将乾嘉学派的成因归之于"清廷统治的趋于稳定"、"频繁兴起的文字狱"、"康乾盛世的产物"的主张不同，陈先生认为这些看法"还只是停留于形成乾嘉学派的外在原因的探讨，却忽略了中国古代社会理论思维本身发展内在逻辑的认识"，进而主张"与其局限于外在原因的探究而可否不一，倒不如从中国儒学自身发展的矛盾运动中去把握它的本质，或许更有助于问题的解决"。本此思路，先生从"理学在明清之际的瓦解"、"批判理学思潮的兴起及其历史特征"、"封建文化专制与批判理学思潮的蜕变"几个方

---

① 陈祖武：《清初学术思辨录》，第 22、295—296 页。

面，进行了新的解读。陈先生的结论是："明清之际，社会的急剧动荡，及其在理论思维领域所反映出的理学瓦解，形成了清初的批判理学思潮。这是一个具有两重性的思潮，一方面它以经世致用为宗旨……这是一个进步性的思潮。另一方面它又是一个具有复古倾向的思潮……这种复古倾向，导致清初知识界在方法论上逐渐撇弃宋明理学的哲学思辨，走向了朴实考经证史的途径，从而为尔后乾嘉学派的形成，在理论思维上提供了内在的逻辑依据。乾嘉学派的形成，是清初批判理学思潮蜕变的直接结果……经历康熙、雍正两朝，迄于乾隆初叶，清廷给封建知识界安排的，就只是朴实的经学考据这一条狭路。而封建国家经济状况的逐步好转，社会的相对安定，也为知识界的经籍整理提供了良好的物质环境。于是上述诸种历史因素交互作用的结果，到乾隆中叶，考据之学遂风靡朝野，最终形成了中国封建社会晚期继宋明理学之后的又一个主要学术流派——清代汉学，即乾嘉学派。"① 这一以学术内在逻辑为主兼顾政治、社会因素的阐释视角和方法，较之单纯归因某一外在因素的认识，无疑更具说服力、更符合历史实际，而这也彰显出将社会史与学术思想史有机结合起来的必要性。

在《清儒学术拾零》中，陈先生以更大的篇幅，对乾嘉学派与乾嘉学术的诸多面向做了细致剖析。如探讨了戴震等学人思想的意义、扬州诸儒的学术总结之功、今文经学的复兴与演进、汉宋学之争与乾嘉学派的衰微等等。基于这些扎实的研究，陈先生进而对乾嘉学派做了理论性的思考和总结。如关于乾嘉学派的分派问题，学术界一向尊奉章太炎、梁启超二先生之说，以惠栋、戴震两家作为乾嘉学派的标志，吴、皖分野说也就俨然成为一种思维定式。于此，钱穆先生提出不同意见，认为"惠、戴论学，求其归极，均之于《六经》，要非异趋"，而观之当时"不徒东原极推惠，而为惠学者亦尊戴"的情形，所以钱先生主张"吴、皖非分帜也"。② 其后，杨向奎先生再加反思，认为："历来谈

① 陈祖武：《清初学术思辨录》附录一《从清初的批判理学思潮看乾嘉学派的形成》，第303、319页。章、梁二先生之论乾嘉学派，详参《訄书·清儒》、《检论·清儒》和《中国近三百年学术史·清代学者整理旧学之总成绩》。

② 钱穆：《中国近三百年学术史》，商务印书馆1997年版，第357页。

乾嘉学派的,总是说这一个学派有所谓吴派、皖派之分。其实,与其这样按地域来划分,还不如从发展上来看它前后的不同,倒可以看出它的实质。"① 正是在钱穆、杨向奎诸先生的启发下,陈祖武先生经过多年的不断思索,从而得出这样一种认识:"在中国学术史上,乾嘉学派活跃于18、19两个世纪的学术舞台,其影响所及,迄于20世纪中而犹存。作为一个富有生命力,且影响久远的学术流派,它如同历史上的众多学派一样,也有其个性鲜明的形成、发展和衰微的历史过程。这个过程错综复杂,跌宕起伏,显然不是用吴皖分野的简单归类所能反映的。"既然吴皖分野不能体现乾嘉学派的发展实相,那么如何把握才更符合当时学术发展的轨迹呢?陈先生强调:"据为学而言,则惠、戴两家并非对立的学派,由惠学到戴学,实为乾嘉学派从形成到鼎盛的一个缩影。"也就是说,"从惠学到戴学是一个历史过程"。而除了需关注这一历史过程外,陈先生还指出,应"从历史实际出发,对各家学术进行实事求是的具体研究。个中既包括对众多学者深入的各别探讨,也包括对学术世家和地域学术的群体分析,从而把握近百年间学术演进的源流,抑或能够找到将乾嘉学派研究引向深入的途径"②。

陈先生不惟在《清儒学术拾零》中对乾嘉学派与乾嘉学术做了诸多个案研究和理论性思考,其自2001年主持立项的中国社会科学院重大课题"乾嘉学派研究",更将此一问题的研究推向新的高度。历时5年,在10余位课题组同仁的共同努力下,本课题不仅顺利结项,被院专家评审委员会评为"优秀",而且推出了《乾嘉学术编年》、《乾嘉学派研究》(河北人民出版社2005年版)两部共计130余万字的成果。这两部成果的总体思路是:将研究对象置于具体历史环境,以坚实的学术文献梳理为基础,通过较为系统的专题研究,进而对乾嘉学派与乾嘉学术加以实事求是的全局性把握,以探索此一学术现象的真实演进脉络。基于此,本成果主要在如下三个方面做了新尝试:一是论证了乾嘉学派与乾嘉学术是一个历史过程的认识,力求突破按地域来区分学派的局限;二是对乾嘉时期的地域学术与学术世家,予以充分关注,探讨了

---

① 杨向奎:《谈乾嘉学派》,《新建设》1964年7月号。

② 陈祖武:《清儒学术拾零》,湖南人民出版社1999年版,第163—164、169页。

乾嘉时期地域学术之间彼此渗透、相互影响，以及不同发展阶段的历史作用，更阐发了既融入当时学术大局又保有家学传统的学术世家的重要性，而地域学术和学术世家间的彼此渗透和交互影响，无疑有裨于从整体上深化对乾嘉学术演进大局的把握；三是较为系统地论证了乾嘉学派以朴实考经证史为基本特征的主流学术特色，并对其得以形成的社会和学术背景作了较深入地阐释。①　此后，陈先生又撰成《关于乾嘉学派研究的几个问题》一文②，对乾嘉学派主盟学坛的历史原因、把握乾嘉时期学术主流的方法论和 19 世纪初叶中国学术的困境等问题，做了更加深入地阐释。当然，由于乾嘉学派与乾嘉学术涉及面很广，且文献繁富，所以，欲将此一问题推向更为深入、系统化的境地，仍然需要更多学界同仁长期的、共同的努力，才会有跨越性的创获。

致力于清初学术和乾嘉学派与乾嘉学术研究的同时，陈先生也对晚清学术做了一定的研究。在所著《衰世风雷——龚自珍与魏源》一书中，陈先生以龚自珍、魏源为个案，探讨了清代学术之所以在晚清衰变的个中消息。陈先生指出："清代历史上，自乾隆末叶起，中经嘉庆、道光二朝，迄于咸丰当政，满洲贵族所建立的这个王朝，始而衰象毕露，继之动荡四起，终至趋于大乱，成为中国数千年历史中又一个急剧动荡的时代。外有西方殖民者的欺凌，内有诸多社会弊病的困扰，中国社会已经走到非变革不可的时候了。"而在此危机四伏的重要历史转折关头，龚自珍、魏源二人起而"抨击时弊，呼唤变革，给沉闷的中国知识界和社会带来了新鲜的生机。其影响所及，终清之世而不衰"，所以，"作为杰出的开风气者，龚自珍、魏源既是社会史上的伟人，同时也是学术史上的大师"。尽管限于时势，"他们空怀壮志，积郁难抒"，但"龚自珍的佯狂玩世、辞官还乡，魏源的绝意仕宦、遁迹空门"，其"历史悲剧的演成，个中缘由实是发人深省"。③　在《晚清学术三题》

①　关于这两部成果的评价，详参：邱实《用扎实之功　收丰硕之果——〈乾嘉学派研究〉评介》（《中国图书评论》2006 年第 5 期）、孙锡芳《乾嘉学术的恢弘长卷》（《中华读书报》2006 年 11 月 15 日第 19 版）等。

②　陈祖武：《关于乾嘉学派研究的几个问题》，《文史哲》2007 年第 2 期。

③　陈祖武：《衰世风雷——龚自珍与魏源·自序》，万卷楼图书有限公司 2000 年版，第 1—2 页。

一文中，陈先生更从"经世思潮的崛起"、"从'中体西用'到'三民主义'"、"会通汉宋学术以求新"三个方面，对晚清 70 年的学术演进作了详细考察。陈先生揭示道："七十年间，先是今文经学复兴同经世思潮崛起合流，从而揭开晚清学术史之序幕。继之洋务思潮起，新旧体用之争，一度呈席卷朝野之势。而与之同时，会通汉宋，假《公羊》以议政之风亦愈演愈烈，终成戊戌维新之思想狂飙。晚清的最后一二十年间，'以礼代理'之说蔚成风气，遂有黄以周《礼书通故》、孙诒让《周礼正义》出而集其大成。先秦诸子学之复兴，后海先河，穷原竟委，更成一时思想解放之关键。中山先生三民主义学说挺生其间，以之为旗帜，思想解放与武装抗争相辅相成，遂孕育武昌首义而埋葬清王朝。"不惟如此，陈先生还进而强调："有清一代学术，由清初顾炎武倡'经学即理学'开启先路，至晚清曾国藩、陈澧和黄式三、以周父子会通汉宋，兴复礼学，揭出'礼学即理学'而得一总结。以经学济理学之穷的学术潮流，历时三百年，亦随世运变迁而向会通汉宋以求新的方向演进。腐朽的清王朝虽然无可挽回地覆亡了，然而立足当世，总结既往，会通汉宋以求新的学术潮流，与融域外先进学术为我所有的民族气魄相汇合，中国学术依然在沿着自己独特的发展道路而曲折地前进。跟在别人的后面跑，是永远不会有出路的，这不就是晚清七十年的学术给我们所昭示的真理吗！"①

正是基于以上对有清一代学术的不断探索和积累，陈祖武先生遂应北京师范大学出版社之邀，将已有成果和新见加以整合，于 2012 年推出了《清代学术源流》一书（2011 年入选"国家哲学社会科学成果文库"）。是著凡分三编、22 章，计 52.8 万字。论其特色，大要有三：一是将有清一代学术之演进，分为"明清更迭与清初学术"、"乾嘉学派与乾嘉学术"、"晚清学术及一代学术之总结"三个阶段，对其做了系统性的宏观把握和整体研究，这是迄今为止国内外研究清代学术史最为系统、全面的一部著作；二是对清代学术诸多层面的研究，既有高屋建瓴的识断，也有细致入微的辨析，从而彰显出清代学术的动态、立体发

---

① 陈祖武：《晚清学术三题》，《中国社会科学院历史研究所学刊》第一集，社会科学文献出版社 2001 年版，第 431 页。

展风貌；三是运用学术史与社会史相结合的研究方法，既揭示了清代学术发展的嬗变轨迹和内在逻辑，亦对学术演进与世运变迁、政治文化导向等之间的密切关系，给予了充分关注，并做了深刻阐释。总之，这部旨在揭示有清一代学术演进历程、内在逻辑、特色和意义等的论著，不仅功底深厚、视野开阔、内容翔实，而且注重史论结合、富于创新精神，其嘉惠学林、启益后学之功，值得表彰。

四

研治清代学术史固然是陈祖武先生治学的主要用力所在，但先生并未止步于此，还对其载体——学案，做了详细梳理和溯源。《中国学案史》的问世，即先生致思的结晶。

20 世纪 90 年代初，陈先生受陈金生先生对"学案"所下定义的启发①，以及基于参与杨向奎先生主持的《清儒学案新编》的学术实践和积累，撰为《"学案"试释》一文，重新对"学案"做了考察和界定。陈先生指出："在中国史学史上，学案体史籍的萌芽，虽渊源甚远，但其雏形的问世，则是南宋初理学勃兴以后的事情，这便是朱熹的《伊洛渊源录》。而正式以'学案'题名，就更在其后。据现存典籍而论，以'学案'为书名，当不早于明代中叶。一部是万历初刘元卿的《诸儒学案》，另一部是万历末刘宗周的《论语学案》……然而严格地说来，无论是《诸儒学案》也好，还是《论语学案》也好，都还不具备学术史的意义，无非学术资料汇编而已。事实上，继上述两部学案之后，黄宗羲于清康熙十五年以后所辑《蕺山学案》，依然也不是完整意义上的学术史……直到稍后，他将《蕺山学案》与其师《皇明道统录》合而为一，大加充实，完成《明儒学案》的结撰，以记有明一代学术盛衰，从而在中国传统历史编纂学中别张一军，方才赋予'学案'以

----

① 陈金生在《宋元学案编纂的原则与体例》一文中认为："什么叫'学案'，未见有人论定。我想大概是介绍各家学术而分别为之立案，且加以按断之意（案、按字通）。按断就是考查论定。因此，学案含有现在所谓学术史的意思。"（《书品》1987 年第 3 期）

类似晚近学术史的意义。"基于此一考察，陈先生对何谓"学案"做了如下解释："所谓学案，其初始意义为学术公案，以辑录学者论学语录为特征。而作为记载古代学术发展历史的一种特定体裁，其雏形肇始于南宋初叶，正式题名则在明朝末年，而完善定型已入清代。它渊源于传统的纪传体史籍，系变通《儒林传》（《儒学传》）、《艺文志》（《经籍志》），兼取佛家《灯录》体史籍之所长，经过长期酝酿演化而成。至黄宗羲《明儒学案》出，以学者论学资料的辑录为主题，合其生平传略及学术总论为一堂，据以反映一个学者、一个学派乃至一个时代的学术风貌，从而具备了类似晚近学术史的意义。"①

不久，陈先生应友人之邀，撰成《中国学案史》一书，由台北文津出版社于 1994 年出版。该书分为 8 章，对自先秦诸子论学术史至梁启超先生撰《中国近三百年学术史》间的演进过程，做了贯通性的研究。陈先生揭示此一演进过程说："在中国史学史上，学案体史籍的兴起是宋、元以后的事情。南宋朱子著《伊洛渊源录》开其端，明、清间周汝登、孙奇逢后先而起，分别以《圣学宗传》、《理学宗传》畅其流，至黄宗羲《明儒学案》出而徽帜高悬。乾隆初，全祖望承宗羲父子未竟之志成《宋元学案》一百卷，学案体史籍臻于大备。清亡，徐世昌网罗旧日词臣，辑为《清儒学案》二百零八卷。至此，学案体史籍盛极而衰。梁启超并时而起，融会中西史学，以《中国近三百年学术史》而别开新境，学术史编纂最终翻过学案体之一页，迈入现代史学的门槛。"② 是书问世后，受到学界同仁的好评。如北京师范大学的吴怀祺先生撰文评价道："这是近年史林中又一部有开拓意义的学术著作。"并强调："《中国学案史》的一个鲜明特点，是作者的研究视角独到，富有联系的思想。他从两个方面思考学案体变化，一是从学术史的大背景下，看学案体的发生、发展诸问题；一是从中国历史编纂学的继承发展中探讨中国学案体史书的衍变。由前者而言，是学案体史书发展的内在原因，就后者而言，是编纂形式的继承与发展条件……《中国学案史》一书不仅在讨论中国学术史问题上，有自己的整体的思考，

---

① 陈祖武：《'学案'试释》，《书品》1992 年第 2 期。

② 陈祖武：《中国学案史·前言》，文津出版社 1994 年版，第 2 页。

而且在一些相关的学术史问题上，详细占有材料，阐发了自己的独到看法……这本著作反映了陈祖武同志的求实学风。"①

是书面世后，一则由于印数有限，内地学者觅览不易，一则陈先生续有新得，故时隔 14 年后，上海东方出版中心为满足学界需求，于2008 年 12 月推出了经陈先生修订后的同名作《中国学案史》，而著名哲学史家任继愈先生欣然为是书亲笔题签。本书甫一面世，即时引起学界同仁的广泛关注和热议。如乔治忠先生论是书"优胜之处"曰："1.梳理出中国传统学术史的主脉……2. 择重析疑、考论结合……3. 注重学术背景的意义，增强研讨的系统性。"并指出："广义而言，《中国学案史》是一部学术史著述，而细致分析，则实为'学术史之史'，乃考察前人学术史著述的著述。进行这样的研讨，需要具备深厚的学术史造诣，而对以往学术史著述的总结、评析，也会进一步推动中国学术史的研究。笔者认为，研读《中国学案史》一书，可对学术史研究提供不少启迪。"② 朱端强、吴航二先生认为："首先，就全书来看，今本与台北本相比，体例更严整，内容更充实……其二，重点突出，见解精辟……其三，阐幽发微，考证精当……我们认为，循作者之路，继续将'学案史'作为一种专门史加以研究，是独立可行的，未必非要将其掩之于大而化之的'学术史'之下；而且，通过'学案史'的深入研究，推陈出新，使'学案'这一史体进一步发挥其应有的史学功能，或许更加兼具学术价值和现实意义。"③ 周少川、吴漫二先生亦从"独辟蹊径的学案史研究"、"多维研究视角的有机结合"、"批判创新的问题意识"三个方面，对本书之价值作了肯定，并由此引发感想，认为"晚近一些学术史专著常常重于学术思想的剖析，而疏于文献考辨和学派史的研究。其实，充分利用古代学案史所提供的史料和线索，还可以把学

---

① 吴怀祺：《一部有开拓意义的史学著作——评〈中国学案史〉》，《中国史研究动态》1996 年第 8 期。

② 乔治忠：《读陈祖武著〈中国学案史〉》，《中国史研究动态》2009 年第 9 期。

③ 朱端强、吴航：《十年求缜密，后益更转精——读〈中国学案史〉》，《书品》2009 年第 4 辑。

术史写得更为丰满和精彩"。① 又王瑞、钱茂伟二先生强调，"全书融贯了一种会通的精神……是一项填补学案史研究空白的开拓性著作，之前的研究平台是相当有限的……而该书在学案史研究中的前瞻性，又决定了其论述上端庄大气的风格"②。徐道彬先生亦强调，"此书的出版，无论是对传统思想的继承与发展，还是对学术研究的开拓与创新，无疑都具有重要的价值和意义"，并从"历史眼光，高屋建瓴"、"实事求是，公正平实"、"言而有征，考证翔实"三个方面谈了读后感。③ 诸先生所论，彰显了陈祖武先生是著的重要性；而他们由此引发的思考，对于学案史研究来说，无疑具有启示意义。④

　　尽管陈先生在中国学案史研究方面取得了重要成就，但对"学案"一词究竟如何理解才更为到位，则一直萦绕于怀，探求不已。《"学案"再释》一文，即体现了陈先生的新思考。在文中，先生从"先从《明儒学案》谈起"、"追溯文献渊源的启示"、"关于学案释名的困惑"三个方面，再度对"学案"名义做了辨析。陈先生认为："无论是'学术公案'也好，还是'学术定论'也好，凭以解释'学案'一语，依然都是一种揣测，并没有语源学上的文献佐证……'案'字似不当释为'按断'、'论定'。如此一来，思路再行调整，可否迳释为'学术考查'，或引伸为'学术资料选编'呢？"虽然陈先生自谦地称对此认识没有把握，但不难看出其解读是更进了一步的。基于此，陈先生对学案体史籍做了界说："学案体史籍，是我国古代史家记述学术发展历史的一种独特编纂形式。其雏形肇始于南宋初叶朱熹著《伊洛渊源录》，而完善和定型则是数百年后，清朝康熙初叶黄宗羲著《明儒学案》。它源于传统的纪传体史籍，系变通《儒林传》（《儒学传》）、《艺文志》（《经籍志》），兼取佛家灯录体史籍之所长，经过长期酝酿演化而成。

　　① 周少川、吴漫：《陈祖武〈中国学案史〉（修订本）读后》，《史学史研究》2009年第3期。

　　② 王瑞、钱茂伟：《一部无法绕过的学术精品》，《中国图书评论》2009年第8期。

　　③ 徐道彬：《历史大背景下的学案史研究——读陈祖武〈中国学案史〉》，《安徽史学》2009年第5期。

　　④ 关于"学案体"研究的现状，刘兴淑先生曾撰文加以述评，详参：《"学案体"研究现状述评》，《中国史研究动态》2008年第5期。

这一特殊体裁的史书，以学者论学资料的辑录为主体，合案主生平传略及学术总论为一堂，据以反映一个学者、一个学派，乃至一个时代的学术风貌，从而具备了晚近所谓学术史的意义。"① 陈先生治学之精进不已，由此可窥一斑。

五

在陈祖武先生的治学历程中，始终对文献的重要性给予高度重视，并用了很大精力从事文献典籍的整理。可以说，重视文献为陈先生治学奠定了厚实的基础，而整理文献的学术实践又进一步深化了相关问题的研究。

关于文献之于学术研究的重要性，陈先生曾多次撰文予以强调。如在《谈乾嘉学术文献整理》一文中，指出："古往今来，学术前辈们的实践一再告诉我们，学术文献乃治学术史之依据，惟有把学术文献的整理和研究工作做好，学术史研究才能建立在可靠的基础之上。"在充分肯定学界同仁整理乾嘉学术文献（如著作、诗文集、年谱、书目等）成绩的同时，陈先生亦呼吁："整理和研究乾嘉学术文献，在推进乾嘉学派和乾嘉学术的研究中，其重要意义略可窥见。鉴于一二十年来乾嘉学派研究起步甚速，文献准备似嫌不够充分，因此未来一段时间，在这方面切实下一番功夫，或许是有必要的。"② 又在《董理乾嘉名儒年谱的意义》中，对年谱之于乾嘉学派与乾嘉学术研究的意义做了强调："年谱为编年体史籍之别支，乃知人论世的重要文献……董理乾嘉时期学者的年谱，于研究乾嘉学派与乾嘉学术，具有不可忽视的意义……此次所选之九十种年谱，涉及八十二家名儒，或出一时学者自订，或系谱主门生后学追辑，或代经董理，而由晚近贤哲总其成。分而细究，可见一人一家之学，合而并观，则可据以窥见百余年间学术演进之历程，知人论世，弥足珍贵。"尽管乾嘉学派主盟学坛的一页已成过往，"但是

①　陈祖武：《学案再释》，《北京师范大学学报（社会科学版）》2009年第2期。

②　陈祖武：《谈乾嘉学术文献整理》，《中国社会科学院院报》2003年1月23日第3版。

此一学派中人整理、总结中国数千年学术的卓著业绩和实事求是的为学风尚，则是中华民族一份极可宝贵的历史文化遗产。认真整理和总结这一份历史文化遗产，对于提高今日及尔后的学术研究水准，促进中华民族新文化的建设，无疑有其重要的借鉴意义"。①

　　陈先生之所以对学术文献如此重视，乃得益于业师杨向奎先生和郑天挺先生的教诲。当年向老开始结撰《清儒学案新编》时，即采取了清代学术思想史和思想史料选辑兼重的方法，而陈先生参与了学术资料选辑和文字抄写工作。这一学术实践，开启了陈先生日后治学重视文献的基础。在与郑天挺先生的交往请益中，陈先生更对文献的重要性有了深入的认识。据陈先生回忆："20余年来，秉向奎先师勤于读书之教，不间寒暑，朝夕伏案，皆在清儒学术文献之中，以勤补拙，遂成终身恪守之信念。更有幸亲聆一代史学大师郑天挺先生之教诲，对历史学的基本学术特征和为学方法论，有了更深入的认识。郑先生曾告诫说：治史必须依靠积累，讲究字字有根据，句句有来历；要充分占有资料，入乎其里，出乎其外，学会广泛联系，在纷繁复杂的历史资料中，努力寻求其间的联系，把握本质，揭示规律。郑先生此一教言，遂成为我此后日夕实践的目标，使我终身受益……我还在做学生的时候，南开大学的郑天挺先生曾经跟我说，要牢记历史学的特点，做到字字有根据，句句有来历。郑老还说，历史发展错综复杂，不能简单化，要广泛联系前后左右、上下四方。这些话使我终身受益。"②

　　正是秉承杨向奎、郑天挺二先生之治学方法，所以陈先生自20世纪80年代起，在清代学术文献整理方面取得了诸多成就。如《李塨年谱》（中华书局1988年版）、《颜元年谱》（中华书局1992年版）、《榕村语录　榕村续语录》（上下册，中华书局1995年版）、《杨园先生全集》（上中下三册，中华书局2002年版）、《清儒学案》（全四册，河北人民出版社2008年版）、《榕村全书》（全十册，福建人民出版社2013年版）等，皆凝聚了先生无数的心血。目前，先生正在从事的《清代

---

①　陈祖武：《董理乾嘉名儒年谱的意义》，《光明日报》2007年2月16日第9版。

②　林存阳、杨艳秋：《陈祖武　为人为学　浑然一体》，中国社会科学院青年人文社会科学研究中心编：《学问有道——学部委员访谈录》，方志出版社2007年版，第338、346页。

学者象传校补》工作，既是以上取向的延伸，又是其拓展晚清学术史研究的一种新尝试。陈寅恪先生曾强调："一时代之学术，必有其新材料与新问题。取用此材料，以研求问题，则为此时代学术之新潮流……此古今学术史之通义，非彼闭门造车之徒，所能同喻者也。"① 我们对于清代学术史的研究，亦应做如是观。

六

　　陈祖武先生不惟将清代学术史研究作为其毕生致力的事业，作为新中国成长起来的知识分子，他对中国文化的发展、中国文明的演进也倾注了无限的热情，在中国儒学精神、儒学特质、儒学与当代文明的关系等问题上，进行了深入的思考。

　　作为中国传统文化中坚的儒学，源远流长，博大精深，是中华民族极为宝贵的历史文化遗产。陈先生指出："中国数千年儒学的基本精神，后先一脉，愈阐愈深，宛若有一无形红线通贯其间。这种精神一言以蔽之，就叫作立足现实，经世致用。"② 他论述说，中国儒学之所以数千年连绵不绝，就是因为有一种基本精神贯穿其间，这一基本精神表现在《礼记·大学》篇中有关"诚意，正心，修身，齐家，治国，平天下"的经典表述中，强调从个人修持入手，直到经邦济世，概括了中国儒学自其形成时期所固有的基本精神。这种精神发展到北宋，由著名思想家张载再度归纳成"为天地立心，为生民立命，为往圣继绝学，为万世开太平"的四句名言，与张载同时的范仲淹则把这种精神表述为"先天下之忧而忧，后天下之乐而乐"，洋溢于其间的，依然是传统儒学人我一体、经世致用的精神。到了明清之际的大动荡时代，终于迸发出"天下兴亡，匹夫有责"的历史强音。儒学的这种经世精神伴随

---

① 陈寅恪：《金明馆丛稿二编·陈垣敦煌劫余录序》，生活·读书·新知三联书店 2001年版，第 266 页。

② 陈祖武：《儒学的经世精神与世纪之交的中国文明》，《中华文化论坛》1998 年第 3期。

中国近现代历史的演进而升华，成为中华民族精神的象征。在中国学术史上，各种学术形态的盛衰和更迭，环境不同，原因各异，未可一概而论。然而归根结底，无不以儒学经世精神的显晦升沉为转移。

传统儒学具有强大的生命力，它与中国数千年的历史并进，同中华民族的文明共存，确立了我们的国家作为文明古国、礼义之邦的基本历史形象，赋予我们的民族以自强不息、"贫贱不能移，富贵不能淫，威武不能屈"的坚韧不拔的民族性格。古往今来，伴随中华民族先民的迁徙以及同世界各国的交往，儒学早已逾出国界，超越民族，成为人类文明的一个重要组成部分。陈先生认为，中国儒学之所以能够赢得这样一个特殊的历史地位，除了蕴含其间的经世精神之外，也同它自身所具有的历史特质分不开。

那么，什么是中国儒学的历史特质呢？陈先生做了如下阐释：首先，儒学讲"修己治人"，是以谋求人类社会的和谐发展为论究对象的学问。这种学问追求的境界是孔子所讲的"仁"，把一己同他人合为一体，谋求人类社会的和谐发展，这就是孔子为儒学确立的根本目标。无论是孔子说的"仁"，还是后世儒学大师加以发挥而提出的"修己治人"，都是一个不可分割的整体。只要有人生存，只要人类社会存在，那么儒学就有其存在的历史价值。因此，"实现和平和发展，不仅是当代世界的事情，而且也是人类社会永恒的主题。惟其如此，谋求人类社会和谐发展的中国儒学，也就有了它存在的历史依据"①。其次，儒学是一个历史范畴，伴随着中国历史的演进，也在不断地丰富、充实和发展自己。我们今天所讨论的儒学不仅指先秦的儒家及其学说，而且更包括在其后两千多年的历史上，接受儒家学说影响而争奇斗妍的众多学说和学术流派。这些学说和学术流派皆与儒学相互渗透，相互补充，从而共同推进了儒学的发展。再次，儒学自成体系，悠久而深厚的历史积累，使之始终如一地保持着鲜明的民族个性。所以，中国儒学是一个完整的体系，它既讲个人修持，又讲社会和谐，还讲治国平天下的道理，乃至天文历法、方舆地志、医药博物、文学艺术，通天人之际，究古今

---

①　陈祖武：《儒学的经世精神与世纪之交的中国文明》，《中华文化论坛》1998 年第 3 期。

之变，可谓博大精深，无所不包。儒学同国家、社会、民众生活的紧密结合，既使它获得了历久不衰的生命力，同时又使它的民族个性磨砺日新。因此，古往今来，当外来文明传入中国，儒学不惟没有失去其鲜明的民族性格，相反，兼容并蓄，融为我有，从而丰富了自己的民族个性。

　　基于以上认识，陈先生从学以经世的角度，对促进中国文明的发展进行了理性的思考，明确指出：经济建设与精神文明建设不可偏废。在坚持以经济建设为中心的同时，还应当尊重精神文明建设的客观规律，要用精神文明建设的特殊手段去处理其间的问题。何况发展经济并非只是一个单纯的经济问题，从长远来看，脱离精神文明，甚至以牺牲精神文明为代价而取得的经济发展，也是不可能持久的。他认为，弘扬中华民族的优秀文化传统不是一句空话，贬抑儒学是不妥当的，更不赞成否定儒学。他力主弘扬儒学的经世精神，进而从中国的历史和现实的实际出发，对儒学进行创造性的改造，以使其在促进中国文明发展中发挥积极作用。陈先生强调："发展中国文明要坚持走自己的路。以儒学为中坚的中国文明，是一个具有鲜明民族个性的文明体系。数千年的中国文明之所以历久不衰，至今依然屹立于世界文明之林，就在于中华民族世世代代的创造性劳动，赋予中国儒学以久而弥新的民族个性……惟有弘扬中国儒学的经世精神，推陈出新，精进不已，进而融域外文明之优秀成果为我所有，才是谋求中国文明发展的正确途径。"[①]

　　当前，在构建社会主义和谐社会的伟大实践中，陈祖武先生对中华文化的和谐精神进行了梳理和归纳，将中华文化的和谐精神的表现归纳为五个方面：

　　第一，民惟邦本，本固邦宁。《尚书》的《五子之歌》中的"民惟邦本，本固邦宁"，《泰誓》中的"民之所欲，天必从之"，这些以人民为国家的根本，视民心向背为国家兴衰的决定性力量的主张，是在中国上古时期就已经形成的可贵思想。此后，这样的思想为历代政治家、思想家所认同，不断得到充实和发展，"民本"思想成为我国古代政治思

---

　　① 陈祖武：《儒学的经世精神与世纪之交的中国文明》，《中华文化论坛》1998 年第 3 期。

想中的宝贵财富。第二，仓廪实则知礼节，衣食足则知荣辱。《管子》一书开宗明义倡言："仓廪实则知礼节，衣食足则知荣辱。"司马迁以管仲在齐国助桓公富国强兵的历史为依据，把《管子》一书的重要经济思想化为自己的主张，那就是："仓廪实而知礼节，衣食足而知荣辱。"第三，礼禁未然之前，法施已然之后。中国素称礼义之邦，礼乐文明，世代绵延。在国家形成早期的夏、商、周三代，为了稳定社会秩序，即"缘人情而制礼，依人性而作仪"，逐渐形成以礼为本，礼、乐、政、刑互补的独特治理格局。此后两千年间，以礼为本，礼法并用，德刑相辅，遂若车之两轮、鸟之双翼，承载着中国古代社会，迭经盛衰，曲折向前。第四，博学于文，行己有耻。中国古代学人有一个好传统，那就是慎终如始地重视个人的道德修持，并将一己操守的提高同读书求学的实践相结合，在不断增长学问的同时，不断完善自己的人格。第五，天下兴亡，匹夫有责。这一可贵思想发轫于孔子的仁学，孔子以实现仁为毕生的社会责任。孟子光大孔子学说，主张"老吾老，以及人之老；幼吾幼，以及人之幼"，而且呼吁学人"穷则独善其身，达则兼善天下"。北宋著名思想家张载主张"为天地立心，为生民立命，为往圣继绝学，为万世开太平"；范仲淹"先天下之忧而忧，后天下之乐而乐"则使之推向一个新的理论层次。明末清初，由顾炎武倡导，关心国家、民族前途命运的强烈社会责任意识，最终汇为"天下兴亡，匹夫有责"，主张确立社会责任，关注民生疾苦，同民众忧乐与共。这是中国古代社会建设中极其宝贵的精神财富。

七

多年学史、治史、用史的实践中，陈祖武先生对中国史学的健康发展十分关注。

他强调，必须坚持以马克思主义唯物史观为指导，确保我国史学工作发展的正确方向，中国历史学才能历久弥新地生机勃勃，永葆青春。对于马克思主义唯物史观与历史学的联系，他揭示说："马克思主义唯物史观讲社会存在决定社会意识，讲生产力与生产关系、经济基础与上层建筑的矛盾运动，讲人类的社会形态如何从低级向高级发展，讲阶级社会中的阶级矛盾和阶级斗争，讲人民群众是历史的创造者，如此等等，准确地揭示了人类社会发展的历史本质和规律，是科学的历史观和方法论。20 世纪 20 年代以来，在中国革命和建设的实践中，中国共产党把马克思主义的基本原理同中国历史和现实的实际相结合，不断推进马克思主义中国化的伟大历史进程，形成了毛泽东思想和中国特色社会主义理论体系。所有这些宝贵的理论财富，确保了新中国建国 60 年来历史学发展的正确方向，是新时期中国历史学发展的指导思想。"①

陈先生认为，理论联系实际、实事求是优良学风的继承和发扬，是中国历史学健康发展的生命力。只有坚持这一原则，从本质上所复原的历史真相才是可信的、揭示的历史规律才是科学的。他指出："历史学是一门讲究积累的学问，认识对象的纷繁复杂，揭示规律的学科属性，规定了史学工作者的治史实践是一个艰苦繁难的创造性劳动过程。其间，无论是个人认识历史问题、解决历史问题能力的培养，还是一个群体、一个时代学术研究水准的提高，都需要史学工作者为之付出长期的乃至几代人的艰苦努力。因此，研究历史问题，撰写历史论著，从事历史教学，必须脚踏实地，理论联系实际，实事求是，一丝不苟，不能急功近利，人云亦云，来不得半点的虚假和浮夸。"② 他认为，理论来源于实践又服务于实践，因而主张史学工作者走出书斋，深入生活，深入实际，深入到广大人民群众中去，选取关乎社会发展的重大课题。"在实践中，了解国情、研究国情，总结人民群众的实践经验，使之升华为理性认识，从理论与实践的结合上回答广大人民群众提出的重大现实问题，是理论研究包括史学研究取得重要成果的有效途径。"③

他主张从大处着眼，用全局的、发展的、历史的观点来看问题。在评价历史人物时，必须实事求是。比如，对于郑成功、施琅等牵涉国家、民族根本利益的历史人物，我们尤其需要牢牢地握住国家、民族的大义。是否承认台湾是中国的领土，是否维护台湾与祖国的统一，这是

① 陈祖武：《弘扬中国文化与当代历史学的责任》，《中国社会科学》2009 年第 2 期。
② 陈祖武：《历史学研究的理论财富》，《中国社会科学报》2009 年 1 月 6 日第 6 版。
③ 陈祖武：《史家的修养与责任》，《人民日报》2010 年 5 月 14 日第 7 版。

一条大原则，是国家、民族的大义所在。在这个重大的原则问题上，施琅与郑成功作出了同样重大的历史贡献，具有同等重要的历史地位，他们都是中华民族的英雄！

八

史家修养，是中国传统史学上的一个重要论题。唐代的史学大师刘知幾进行理论总结，在史家修养问题上，提出了"才、学、识"三个字。到了清代乾嘉时期，史学大师章学诚《文史通义·史德》篇发展了刘知幾的主张，在"才、学、识"三个字之后，加入"德"字，将"才、学、识"和"德"合并而称。陈祖武先生认为，这四个字是我们史学工作者要尽职尽责做到的。如果把这四个字与我们新的时代任务结合起来解释，就是说作为一个史学工作者，应当有正确的立场、观点和良好的学术素养。基于这样的认识，在史学工作者的素养方面，陈先生强调了如下三个方面的内容：

第一，史学工作者应当有自己的时代责任。他指出，任何一个时代的历史学家都有一个时代责任的问题，任何时代的历史学家都要践行那个时代的社会责任。中国史学自先秦时代发轫，古老的《周易》即主张"君子多识前言往行以蓄其德"，孔子修《春秋》，旨在通过记录信史以寄寓其政治理想。之后，中国历史学伴随中国社会的演进而不断丰富发展。从司马迁著《史记》，提出"究天人之际，通古今之变"的史学思想，中经刘知幾撰《史通》而加以阐发，至章学诚倡导"六经皆史"、"史学所以经世"，治史经世、资政育人成为贯穿数千年中国历史学的一根主线。立足于社会实践、立足于时代需要，是史学的生命之源、发展之路。能否把握时代脉搏，研究重大问题，是史学研究能否创新的重要条件。

他认为史学工作者一定要为国家的长治久安去进行研究，这是史学工作者的时代责任，也是我们应有的立场。他指出，中华民族有五千年的文明史，把优良传统继承发扬下去，是史学工作者义不容辞的责任。他说："世界上几个古代文明为什么只有中华文明能不间断地传下来？

一个很重要的原因就是因为中华文明具有自成体系的史书，有五千年一以贯之的史学传统。史书就是中华文明得以传承的一个重要载体，因此，史学工作者可以说是中华文明的重要传承者。我们应当把工作做好，用我们编纂的史书把中华文明的优秀传统传承下去。"①

　　第二，史学工作者应当确立服务于社会的意识。他认为，除了治史经世、求真务实两大传统，对国家前途、民族命运的强烈关注无疑也是史学的一个具有永恒价值的可贵精神。以天下为己任，"国可灭，史不可灭"，是中国古代史家追求的人生境界。为此，佚名史官秉笔直书而献出生命，司马迁身遭摧残而不顾个人屈辱，万斯同则以布衣而隐忍史局，顾炎武更喊出"天下兴亡，匹夫有责"的时代强音。当中国社会迈入近代门槛后，面对反帝反封建的艰巨历史任务，史家的人生追求又融入爱国主义的时代洪流，从而形成历久弥坚的社会责任意识。时代在前进，社会在发展，今天我国已进入了全面建设小康社会的新时期，面对新的历史任务，史学工作者的社会责任不仅没有丝毫削弱，反而愈加沉重。历史学是建设中国特色社会主义伟大事业的一个有机部分，学术的使命，社会的责任，要求我们必须立足现实，服务社会，坚持马克思主义的立场、观点和方法，用马克思主义唯物史观去指导我们的学术实践，创造出无愧于时代的精神产品。② 2006 年在当代史所的讲座中，陈先生指出："我们国家改革开放已经 20 多年了，取得了大踏步的前进，这在中国历史上是空前的。但是各位如果冷静地看一看，就会发现现在的问题也不少。为什么邓小平同志说要韬光养晦？为什么江泽民、胡锦涛同志说要居安思危，要有忧患意识？道理就在这里。我们要正视存在的问题。我们虽然建国已经 56 年，取得了很大的成绩，但是有很多目标还没有达到。苏联建国 70 多年，国家照样变色，这对于我们来说就是一个教训。因此，我们面临着一个如何保证社会主义制度不变、人民民主专政的体制不变、如何保持国家的长治久安的问题。这是最近若干年来党中央关注的一个大问题，也是党中央给我们哲学社会科学工作者提出的一个大课题。今天我们无论研究任何课题，脑子里绝不要忘记这

①　陈祖武：《谈谈史学工作者的责任和素养》，《当代中国史研究》2006 年第 3 期。

②　陈祖武：《为人为学　浑然若一》，《中国社会科学院院报》2005 年 4 月 28 日第 2 版。

个根本的题目。"① 他还对青年学子说："事实上，许多具体研究看起来与今天的政治经济文化建设并没有多大关系，但是把这些问题搞清楚了，就能够直接或间接地为其他更有关联的问题的解决提供帮助和线索，最终能够有助于完成我们史学研究的时代任务。因此，只要我们心中有时代观、大局观，有责任感和服务意识，就一定能够做好具体的研究，并且在此基础上把自己的研究与时代发展的主题紧密结合到一起，写出大手笔的好文章，为社会贡献富于时代价值的研究成果。"② "先天下之忧而忧，后天下之乐而乐"，这是中国传统知识分子所追求的修身境界。新中国成立60多年来，为了中国历史学的发展，我国一代又一代的史学工作者刻苦治学、不断进取，作出了突出贡献。陈祖武先生强调，在新的历史时期，史学工作者只有秉持强烈的社会责任意识，坚持严谨笃实、一丝不苟、开拓创新的精神，才能承担起自己的时代责任，为国家和人民作出更多更大的贡献。

第三，提倡求真务实的学风。近年来，学风建设一直是我国学术界关注的重要问题。广大史学工作者不断呼吁，要加强学风建设，杜绝急功近利，坚持实事求是、一丝不苟的严谨学风。陈祖武先生认为，历史学是一门求真务实的学问，讲究字字有根据，句句有来历，言必有本，无征不信。学科的自身特点，规定了历史研究必须从史料出发，依靠坚实的学术积累，脚踏实地，锐意求新，来不得半点的虚假和浮夸。这里所说的积累，不仅是指史学工作者个人几年、几十年乃至毕生的积累，还包括史学界一代接一代的群体劳作。因此，在学术实践中，我们应当提倡进行艰苦的创造性劳动，不赞成人云亦云的低水平重复；必须尊重他人的劳动成果，尊重他人的首创精神。这种成果和精神，既包括前辈大师的业绩，也包括同时代众多史学工作者一点一滴的劳动。这就是今天学术界大声疾呼的学术规范。良好学风的建设要靠严密的学术规范来保证，但在建立严密、科学的学术规范的同时，史学工作者最要讲素养，因为历史学科是讲求积累的学问，如果积累不到一定的程度，是不

---

① 陈祖武：《谈谈史学工作者的责任和素养》，《当代中国史研究》2006年第3期。

② 林存阳、杨艳秋：《陈祖武　为人为学　浑然一体》，中国社会科学院青年人文社会科学研究中心编：《学问有道——学部委员访谈录》，第346页。

能取得发言权的。因此，提高史学工作者自身的素养，尤其是道德素养，是一个值得高度重视的问题。

　　陈先生强调加强学习、加强实践、拓宽眼界、开阔胸襟、提升境界的重要性，主张应在史学工作者队伍中大兴学习之风，倡导认真读书、刻苦钻研的精神，坚持学习马克思主义基本原理和中国特色社会主义理论体系，从而焕发出理论创新的强大动力。希望史学工作者既要立足国情现实，又要具有世界眼光，善于在更广阔的时空中认识和解决史学发展中的问题，勇于在国际学术舞台上展示聪明才智，掌握学科前沿问题的发言权和主导权。同时，也要尊重不同意见，听取不同声音，摆事实、讲道理，多协商、多沟通。对于一些一时难以达成共识的学术分歧，可以搁置争议、求同存异。史学工作者应当脚踏实地，认真做好自己的事情，无论办什么事情、讲什么道理，都必须从实际出发，从国家的大局出发，以期有所作为。

九

　　"博学于文，行己有耻"是陈祖武先生屡次讲到的一个话题，无论是讲座、会议，还是谈学风、谈素养、谈做人时，他都会提到，这也是陈先生的一生追求。2006年，在当代史所演讲时，他说："这十多年来，有感于学术界和社会的风气，我把这种追求公开讲出来。"①

　　"博学于文，行己有耻"最早出自《论语》。关于为学，孔子主张："君子博学于文，约之以礼。"② 其弟子子贡问应当怎么行事才能称之为士，孔子回答道："行己有耻，使于四方，不辱君命，可谓士矣。"③ 至明清之际，大儒顾炎武更将之提升到"圣人之道"的高度。他说："愚所谓圣人之道者如之何？曰'博学于文'，曰'行己有耻'。自一身以至于天下国家，皆学之事也；自子臣弟友以至出入、往来、辞受、取与

　　① 陈祖武：《谈谈史学工作者的责任和素养》，《当代中国史研究》2006年第3期。

　　② 《论语·雍也》。

　　③ 《论语·子路》。

之间，皆有耻之事也。"并强调："士而不先言耻，则为无本之人；非好古而多闻，则为空虚之学。以无本之人，而讲空虚之学，吾见其日从事于圣人而去之弥远也。"①

陈先生指出，在孔子的仁学体系中，"博学于文"、"行己有耻"这八个字十分重要。"博学于文"讲的是为学，"行己有耻"讲的是为人。孔子在这里所说的文，不是文章、文字之文，而是文献，是人文，博学于文是与用礼来约束自己、行事不忘廉耻紧紧联系在一起的。也就是说，为人为学，浑然若一，不可分割。对学人而言，"文"是学术素养。在整个中国古代社会，将为人为学合为一体，是学林中人立身治学所追求的一个理想境界。

陈先生多次强调，事实上，做人与做学问，本来就是紧密地联系在一起的。他说："除了要贯彻孔子'博学于文'的教诲，还要做到'行己有耻'，就是说要知道什么是耻辱。什么事情该做，什么事情不该做，自己脑子里要十分清楚才行。现在有些人拿了洋人的钱，就公然地在国外讲坛上骂自己的老祖宗，诋毁中华民族的优良传统……这里面原因很多，但和一些学人不注意自身素养、忘记'行己有耻'的古训不无关系。在一些人眼里，似乎没有钱就不成其为人了，就办不成事了。我们过去没有课题费，不是照样可以做出学问来吗？现在有的课题费，钱越多越靠不住。因此，我们不仅要'博学于文'，而且要'行己有耻'。学人要律己，应当树立一个做人的原则，就是什么事情对国家民族有利就要做，对国家民族不利就不要做。"②"博学于文，行己有耻"是中国有益的古训，古往今来，这一思想早已成为历代杰出学人的共同追求，这要求我们应当树立一个做人做学问的起码原则：在求学上要勤奋刻苦、博赡通贯，在为人上要严于律己、有所为有所不为。

陈祖武先生虽已年逾七秩，但依然在学术研究的道路上孜孜以求，精进不已，践行着"博学于文，行己有耻"的追求，合为人为学于一

---

① 顾炎武：《亭林文集》卷三，《与友人论学书》，顾炎武撰、华忱之点校：《顾亭林诗文集》，中华书局1983年版，第41页。

② 陈祖武：《谈谈史学工作者的责任和素养》，《当代中国史研究》2006年第3期。

体。而尤其值得向大家介绍的是，前些年在接受我们的访谈中，陈先生曾用三句话概括了他对如何做学问的体悟。先生说："治学术史，须从熟读文献入手，在这个问题上，一点儿不能含糊。在迈入学术史门槛的时候，先选一位大师的代表作，通读、熟读、精读，积以时日，往往可以由此及彼，举一反三，触类而旁通。这是第一句。遇到问题，要一个个地去解决它，没有什么捷径，唯有刻苦读书，不可畏难不前，浅尝辄止，而当知难而进，矢志以往，纵然难免会碰到这样那样的困惑，但终究是会成功的。这是第二句话。我要说的第三句话，就是学术研究之能继往开来，就在于不断地解决前人留下的问题。否则，人云亦云，陈陈相因，学术事业也就失去了存在的价值了。希望以此三句话与大家共勉。"① 甘苦之谈，很值得后学体味。

① 林存阳、杨艳秋：《陈祖武 为人为学 浑然一体》，中国社会科学院青年人文社会科学研究中心编：《学问有道——学部委员访谈录》，第344—345页。

巨匠规矩 金针度人

——回忆李学勤先生指导我作硕士论文的点滴

苏 辉

1999 年我考进中国社会科学院研究生院历史系，师从李学勤先生学习，专业是历史文献学。2002 年，完成硕士学位论文《秦、三晋纪年兵器研究》，毕业后即进入历史所工作至今。在十多年后提笔回忆当年论文写作的过程，尤其是先生当年教导我怎么读书以及进行研究，不免会有许多的遗漏，越是这样，才显出沉淀下来的片段是多么宝贵。当时普通得不能再普通的小事情，只要留在脑海里，在静静的思绪中蓦然涌现，如同翻到珍藏的旧书合页夹着的那张泛黄书签，让人感慨不已，带着如今的我又回到了报考硕士以及在望京研究生院读书的日子。

第一次见到先生，是在历史所原先的小楼，如今成为社科院的花园所在。早先我已经完成了研究生考试的报名，由于心里没底，想请先生指点一下应该有什么样的准备。先生那半年一直在海外讲学，11 月底才回国。心急的我已经多次打电话给夏商周断代工程专家组秘书长周年昌先生询问，终于通过周先生和历史所科研处郑剑英老师的联系，获得了先生的首肯，时间定在一个周五下午 3 点。那天我提早半个小时来到历史所，郑老师陪我在吸烟室等候，其实就是在二层楼梯口边上的小隔间。正坐着，郑老师突然起身迎出去，向刚到二楼的先生打招呼，我也赶紧上前。先生态度和蔼可亲，和我握了握手，带我到最东头的所长办公室，外间就是夏商周断代工程办公室。先生说话很干脆，直入主题，谈起了我所报考的历史文献学专业，大意是：专业下属虽有古文字学和敦煌学两个支系，后者可以不用准备，重点是在前者；要读裘锡圭先生的《文字学概要》，他的《古文字学初阶》也可以参考；通史主要还是翦老的《中国史纲要》，此书简明扼要，便于抓住主题；先秦史方面关注一下学界的最新动态。整个会见时间没有超过 15 分钟。

随后我就在北师大紧张备考，直到考试和面试都结束，又开始走毕业流程，一切都忙完，已到了 7 月初，宿舍也退了，暑假我还是回福建老家待着。走之前我给先生打了电话，请先生开列近期的读书目录，于是先生第二天在昌运宫家里接见我。说到书目，先生建议要精读常见书，考虑到我原先是地理学专业，可以在古代的天论方面多下功夫。

9 月入学，相继见到了陶磊、王泽文两位师兄，他们和我同一年考上，是李先生的博士生，凑巧三人都是北师大毕业，关系又近了一层。此外，还有一位师姐田旭东，她已经是西北大学的老师，硕士就是跟着先生读，当时在职攻读博士，比我们早一届，不常在学校。

社科院的学者不需要每天坐班，历史所科研人员只有周二才来院部，所以我们仨也在周二上午到建国门见先生，下午还得回到研究生院上“史学前沿”课。先生虽然特别忙，但一定会抽出时间来和我们当面交流，主要是询问我们读书的近况，以便有针对性地提出指导意见。如果稍有空闲，他还会将近期撰写或发表的新作向我们讲解，并作一些讨论，先生的文章多有引用最新的材料和前沿的成果，这使我们能够尽快了解学界研究的热点问题。有次我向先生表示兴趣在金文方面，他立即指出，学习金文，要同时对照阅读有关的传世文献，研习西周金文，需熟悉《诗》、《书》，陈奂的《诗毛氏传疏》和杨筠如的《尚书覈诂》都是很好的注本。《说文》方面，一定要精读段注，如果时间紧，可以先看王筠的《句读》，但《说文解字注》仍要仔细读完，还可参考徐灏的《说文解字注笺》。至于音韵方面，基础知识其实王力先生的《汉语音韵》已经讲得很明白，进一步的研究则用何九盈、陈复华的《古韵通晓》，只是可惜后书的字表检索不太便于使用；对先秦的复辅音问题，就不要去讨论了。

按照先生的培养计划，第一年主要是研究生院历史系的基础课和公共课，平常则每周二在所里作指导。1999 年正值《郭店楚简》出版不久，学界讨论的热度持续上升，先生撰写了多篇相关论文，每周六上午还在清华大学文北楼的思想文化研究所主持简帛读书班，集合历史所、清华以及其他高校学者就郭店简的释读展开讨论，我们仨得到消息，也跑去参加。虽然我原先没有接触过简，属于门都没入的那种，不懂的地方太多，只有等回到宿舍再查相关的文献，总算勉强能跟进。聊以自慰的是，通过每周在清华大学文北楼的旁听，还是囫囵吞枣的学到了不少内容，我对于战国简的认识，也是从那时开始的。一次和先生闲聊，我提到郭店简的"绝"字和《说文》古文类似，不过方向相反。先生微笑道，嗯，你也注意到这个问题了。随后推荐我看胡光炜先生的《说文古文考》，以及孙海波先生的《魏三体石经集录》，指示我可以对照郭店简写点札记。不久我从图书馆借来两本书读过，胡氏的书还是历史所的油印本，孙氏的书则为线装，可惜到如今也没有写出文章，很是惭愧。

到了第二学年，先生在家里给我们上课，时间固定在每周五下午，由于时间充裕，先生就一些专题结合最新的材料进行讲解，其中包括《春秋》的历日纪时等问题，很遗憾当时没有录音笔，无法将内容保留下来，而我基础较薄弱，所能领悟的就更少了。因为我们仨都是夏商周断代工程招的学生，论文的选题都要和年代学有关联，王泽文对于春秋时期的金文和历法感兴趣，先生建议他把《左传》和同时的历日金文进行比较研究；陶磊的文献底子不错，先生指出，因为《淮南子》的注释虽多，质量好的有几本，但所有的注家关于《天文》这篇的成果都不能让人满意，希望他对《淮南子·天文》作一番文献学梳理。两位师兄都接受了先生的提议。我记得先生曾在《谈自学古文字学》的文中建议，学习古文字最好从秦汉往上溯，则事半功倍。于是我向先生表示，还是考虑研究后面一段的古文字。先生沉吟了一下，提议说，有一个合适的题目，三晋的纪年兵器到目前为止数量较多，而且没有发表的也不在少数，原先各家有过一定的整理，现在可以根据新出的材料，将所有兵器收集齐全，结合史实、王世、铭文的研究，重新从考古类型学的角度进行排队，这是前人甚少着力的方面，然后做编年的工作，最后成果列一个总表，方便学者查询利用。著录以《殷周金文集成》为主，但不要忽视《金文总集》的作用，两书的拓片选取还是有差别，对照号可查季旭升先生的《〈殷周金文集成〉和〈金文总集〉编号对照表》；查找新出的器物有一个简单的办法，就是每年的《考古学年鉴》后面都附有新出金文，可以按图索骥；文献方面，要精读《战国策》，其中缪文远先生的研究较为显著，清代、民国的一些专题著作仍有重要的参考作用。注意《史记》战国部分史料的价值，其中有些是《战国策》所没有的，可以互补。研究论文以黄盛璋先生的《试论三晋兵器的国别和年代及其相关问题》等为基础，但要用他收进文集的版本，相对于早期发表在《考古学报》时已经有不少订补。我觉得先生的选题非常适合我，便定了下来。李先生笑道，这样挺好，泽文做春秋，你做战国，陶磊做汉代，正好按时代先后顺序。

此后每周五去先生家，我们仨都依次汇报研究的进度，陶磊笔头快，基本每个月可以交给先生一篇习作，先生照例在下次课上反馈意见；王泽文做事细致，追求完美，开题后又重新精读《左传》，同时学习先秦历法知识和青铜器。上他们的宿舍聊天，总能看到王师兄书桌上摊着几本书，分门别类，杨伯峻先生的《春秋左传注》在一边，朱凤瀚先生的《古代中国青铜器》在另一边，其上有稿纸，都是他描摹的金文和器形、纹饰。再瞅陶磊的书桌，相对显得空阔，一般只放一本书，如《诸子集成》之类。

我也在描摹兵器铭文，感觉比西周和春秋的金文难度大，因为笔画尖细，且三晋文字字形常有省变，加上刻工有时较为随意，有的字简直无法辨识。不过等到《集成》的三晋铭文都摹过一遍，也就熟悉了，这时再对照各家的释读意见，发现原先有的释文也未必可靠，便以札记形式记录下来，准备写进稿子里去。考古方面的论著较多，幸好位于太阳宫的考古所图书馆离研究生院不远，每周二、四对外单位人员开放，周二我要去历史所，周四便可以去太阳宫阅览，这样在资料方面没有太多问题。先生也在留意新发表的兵器铭文，我们去上课时，如有新材料，先生就先听他们俩的汇报，我便在一旁抄录临摹，如《保利藏金》等都是这样得以看到。到2001年春季学期，我也交了几篇札记请先生指正，主要内容是兵器铭文、器形方面联系的例子，先生看过之后肯定了文中的思路。

第二学年快结束时，先生在课上对我说，其实秦的纪年兵器和三晋的形式差不多，不如增补进来，一起研究，主要参考陈平先生的论文和王辉先生的几本著作，如《秦铜器编年集释》、《秦文字集证》和《秦出土文献编年》。三本书都不好找，尤其是《编年》，当时刚在台湾出版，大陆还见不到。先生利用去台湾讲学的机会看到了此书，并作了笔记，回来后让我参考。通过加入秦纪年兵器的内容，我的硕士论文就变成了如今的题目。

先生的指导风格，并非单单告诉一个正确答案，也不只看结论如何，而是要我们明白做学问的基本规律，学会寻找问题，再运用正确的方法去解决。一次课程快结束时，先生不经意地对我说，那件廿四年郫阴戈的"申"旁和甲骨文的字形非常一致，时代上隔得太远。我当时没多想，就顺口应道，先生，我回去查一下。通过核对单字以及作为文字部首的"申"，我制作了"申"的字形演变图，但在战国时代没有找到同例，不过也不是全无发现，至少春秋战国之交的侯马盟书中还是有写法一致的"申"，如此在演变序列上就可以成立了。我将写成的札记呈给先生，作为古文字课程的期末作业。先生看后提示我，在郭店楚简里有类似写法的申旁，论证可以更加直接。我由此领悟到，先生其实是希望我能够通过研究独立发现，而不是将答案告诉我，在资料的比对方面还需要更全面广泛的视野。此后，对于同时代其他类别的文字，如货币、玺印、封泥、陶文、石刻、简帛，我都有所了解，以免遗漏可能的例证。

2000 年在《文物研究》上公布了一件廿四年上郡守戈，原文将郡守名释作"臧"，内的反面还刻有置用地点"上，徒□"，我将此文复印给先生看，先生提示我，"臧"的释文恐不可靠，《汉书·地理志》下有徒经，但从字形上无法和铭文"徒□"联系，还需要再考虑。所以在讨论秦兵器时，我没有采用"臧"的释文，根据字形将"徒"后之字隶定作"淫"，暂时阙疑。毕业后不久，读张家山汉简《二年律令》，发现其中有地名"徒涅"，与兵器铭文的"徒□"实际相同，简文的地理位置必定是在徒经，但涅与经音韵不通，这里面肯定有问题。于是我写了一篇札记，发表在《中国史研究》上，认为字应释为"涅"，可通假作"经"，也算有了一个交代。

先生对于他自己所撰论文的价值有非常清晰的认识，同样也尊重他人的研究成果，以示不掠美。在讨论战国文字分系时，他就说这是他做的工作，现在看也没有问题。原先在初稿中我讨论"冶"字时参考《金文诂林》，指出战国文字的"冶"是先生首先释出。先生看后特别提示我，他印象中已经有前辈学者考释出来，但一时不记得具体的出处，应该找出来加以标示。论文付印后不久，我从《古籀余论》卷二"右军戈"条下看到孙诒让先生已经解读出冶字，于是在论文答辩会上对此做了说明。这件事对我而言也是一个警醒，应该对学术史上的源流有较为深入的把握，清人的图录、序跋和札记仍然有重要的参考作用，不能有丝毫的忽视。

先生对我论文的结构也提了框架意见，如"纪年兵器研究的年代学意义"和"纪年兵器铸地分布图"都是源于先生的建议。2002年元旦后我和陶磊将各自的初稿交给先生审阅，开春先生将意见示下：有几处表述有待斟酌，有几处的错字需要改正，文字还要锤炼。根据先生的批示，我下大力气对全文作了修改。写文章的时候不觉得，放了一段时间之后再读，语句不通、重复啰嗦等语病居然触目皆是，自觉汗颜不已。所以我在"后记"中提到，这篇硕士论文若还有一些可取之处，那都是与先生的悉心指导分不开的。

在追昔忆往中记下这点点滴滴，作为对自己的一种鞭策，其实先生对我的指导，远远不止这些。好在现在仍能够经常读到先生的新作，偶尔还当面向先生请教问题，也是我们做学生的一种幸福。今年（2013年）适逢先生八十华诞，谨以此小文，为先生、师母寿！

（本文原刊于《中国社会科学报》2013年12月16日"学林"版。编辑作了不少改动与删节，且没有经我过目，使文中表述出现了一些误差。时值历史研究所建所六十周年之际，谨将原稿收入纪念文集，以正视听。——2014年1月10日附记）

历史研究所甲骨学六十年

宋镇豪　刘　源

　　自 1899 年殷墟甲骨文被学界认识以来，甲骨学研究经过 110 多年的发展，成为一门国际性显学，极大地推动了古文字、商周史及三代考古等学科的发展和繁荣。在这 110 余年辉煌的学术史中，历史研究所 60 年的甲骨学研究占有显著和突出的地位。可以说，1949 年以后的甲骨学研究，历史研究所在材料的搜集整理、理论体系的建构、殷商史研究等方面发挥了很大的引领作用。值此历史研究所成立 60 年之际，回顾本所甲骨学研究由筚路蓝缕到蔚为大观的历程，回味其中的艰辛和荣耀，瞻望学科今后的发展方向，是件颇有意义的事。

一　前辈大师引领的学术历程

　　1954 年中国科学院历史研究所成立之初，郭沫若先生任科学院院长并兼任第一所所长。第一所内筹建第一研究组（即先秦史组），拟开展古文字与商周史研究工作。随着胡厚宣、张政烺、李学勤等先生前后来所，甲骨学殷商史领域的长期基础整理项目及各项专题研究得以稳步进行，这其中最重要的是《甲骨文合集》（学界简称为《合集》）的编纂工作，这项大型集体项目的成功完成，使历史研究所成长为国际甲骨学重镇，在海内外享有很高的学术声誉。自 1954 年来，郭沫若、胡厚宣、张政烺、李学勤等先生撰述发表了许多甲骨学重要论著，也推动了该学科的发展，激励和引领着历史所数代年轻科研人员的学术研究。

（一）

郭沫若先生早在 1930 年代即在金文学、甲骨学研究领域取得令学界叹服的丰硕成果，赢得了董作宾、容庚等同时代学术大家的认可和尊敬，被学界推崇为"甲骨四堂"之一。他在甲骨搜集、著录、缀合、断代，文字考释，商王世系和商史研究等方面均有重大建树，推进了甲骨学科体系的建立，所著的《卜辞通纂》、《殷契粹编》等书成为甲骨学经典著作，迄今仍是初学甲骨文的最好书籍之一。历史所成立后，郭沫若先生花费很多精力指导《甲骨文合集》的编纂工作，他亲自建议改定了书名，并担任编辑工作委员会主任。郭老的热心支持，使《合集》编辑组得到了全国各收藏单位和众多学者的大力配合，顺利完成甲骨材料的搜集工作；呈交给他的编辑计划草案，郭老也总是详加批示，很快返回，保证工作迅速进行。"文化大革命"爆发后，《合集》编辑工作被迫停顿，1973 年经郭老给国务院原教科组写信建议，才得以公开恢复，并列为重点任务，落实了出版问题。可以说，《合集》是在郭老直接领导和关心下才得以最终完成的。

郭沫若先生兼任科学院院长与历史所所长，庶务繁忙，仍笔耕不辍，其中甲骨学文章虽然写得不多，但均很重要，在新材料和理论研究方面引领了学术的发展。1972 年，他在《考古》第 2 期上发表《安阳新出土的牛胛骨及其刻辞》一文，考察小屯西地新发现的刻辞卜骨，根据卜骨出土时成组摆放形态进一步论证"卜用三骨"和"习卜"的卜法，对甲骨文例的研究有很大的推动。小屯西地这批甲骨，即学界所称属于非王卜辞的"午组"，郭老推定其时代为武丁之世，也是正确的。1972 年，他还在《考古学报》上发表《古代文字之辩证的发展》这篇重要文字学理论文章，高屋建瓴地总结了甲骨文在汉字发展史上的地位及其特点，论述了甲骨文的字数、商代文字的书写及契刻特点、卜辞的形式与内容等重要问题，指出商代文字不仅限于甲骨文，甲骨文是具有严密规律的文字体系，已可找到"六书"的例证，这些论述对此后甲骨学和古文字学理论的发展很有指导意义。郭沫若先生主张商代为奴隶社会，其证据之一即是：甲骨卜辞中从事农业生产的"众"或"众人"是奴隶，这一观点在学界影响颇大，也得到很多学者的认可和支持。郭沫若先生在甲骨学领域的不懈探索，及由博返约的宏观思考，鼓舞和带动了当时历史所青年学者积极利用甲骨材料研究殷商史，形成以马克思主义唯物史观为理论指导的实证学风。

（二）

胡厚宣先生于 1956 年下半年携夫人桂琼英先生调入历史所，担任第一组组长（即先秦史组，后改为先秦史研究室，胡先生仍做主任），他在历史所期间的主要工作是担任《甲骨文合集》编辑工作的直接主持人，为这套大书的编辑出版倾注了大量心血。胡先生成名较早，新中国成立前已是享誉学界的甲骨学专家，他于 20 世纪 40 年代出版的《甲骨学商史论丛》开创以全面搜集甲骨文材料进行商史专题研究的风气，至今仍被甲骨学殷商史学者奉为圭臬，其中多篇文章成为学术典范，如以二重证据法研究"四方风"的文章即是至今享誉学林的不朽之作；抗战胜利后，胡先生奔走大江南北、往返京、津、宁、沪等地，以个人之力搜集、著录甲骨文材料，也成为学术史上富有传奇色彩的美谈。胡先生在甲骨学殷商史领域的创获主要来源于对新材料的详尽搜集和细致梳理，又有战后著录甲骨材料、编辑出版《平津》、《南北》、《宁沪》、《京津》、《续存》等书的经历，他深知要促进甲骨学科实现飞跃性发展，亟需对公私收藏的材料做一全面搜罗、汇集、分期、分类的整理工作，其意义十分重大。故他从上海复旦大学调入历史研究所，就承担了《甲骨文合集》总编辑的职责，将绝大多数时间和精力投入到甲骨材料的搜集和整理工作中去，他不辞辛苦四处奔走，向公私收藏单位和个人访求甲骨实物和拓本 20 余万片，并将自己多年费力搜集到的人头骨刻辞及大中小片甲骨共 192 片，及甲骨拓本十二册 8910 片，一并捐赠给编辑组。他及夫人放弃原先拟定的《甲骨续存补编》、《甲骨文缀合汇编》等个人研究计划，带领先秦史室的青年学者用 20 余年时间，克服政治运动的种种干扰，矢志不移地完成甲骨材料搜集、校重、缀合、择优、分类、分期、贴图、编号、释文等琐碎、繁重的学术工作，终于印制 13 巨册《甲骨文合集》图版及 4 大册《甲骨文合集释文》，铸就甲骨学史上划时代的里程碑。

胡先生来历史所后，把绝大多数时间倾注在《甲骨文合集》的编辑工作上，但仍抽出时间撰写了很多文章，讨论重大疑难问题，历数甲骨材料收藏现状及总的数目，回顾学术史，展望未来研究方向，奖掖后进，培养晚学，极大地推动了甲骨学、殷商史的研究。这些文章可分为三个方面：

一是甲骨材料的搜集和辨伪。其中有应《合集》编辑工作需要而写的，如论临淄孙文澜氏所藏甲骨为真；也有在《合集》出版后依据考察和目验而作的，如多次去天津历史博物馆观察王懿荣所藏半龟实物做出完整清晰的摹本并进行考释，记香港大会堂美术博物馆所藏一片"王勿立中"卜骨，等等；胡先生经过多年不懈的调查，一笔笔梳理清楚国内外公私收藏甲骨的数目，于1984年发表《八十五年来甲骨文材料之再统计》一文，得出全世界范围内甲骨材料有154604片的精确数字，是他对甲骨学的一个巨大贡献。

二是殷商史研究。胡先生早年在殷商史专题研究方面已有卓越的成就，进入历史所后，他更重视以唯物史观为指导，为撰述《殷代史》作准备，全面搜集卜辞材料，作细致入微的考释和分析，进一步研讨重大课题，写出一系列影响深远的论文。在国家与社会形态领域，他据"余一人"谈暴君专制，提出"史"主要是担任国家边防的武官，并据 （ ）字谈奴隶的逃亡，从追羌、取仆等材料谈奴隶主对奴隶的残酷统治。在经济史领域，他重视农业生产的研究，通过释焚（ 、 ）、屎（ ）、圂（ ）讨论施肥问题，释 田、 田为贵田训为耢田，还据甲骨材料考证殷代的蚕桑与丝织。在思想文化宗教领域，他用 （高祖王亥之亥）等字形探讨殷代的鸟图腾，并系统研究殷代上帝崇拜，认为上帝是殷人的全能至上神，但殷人有所祈求则要祷告于先祖向帝转告。此外，他训"宅丘"为居于高丘，训"来见"为来见于王，也颇有助于殷代社会之研究。上述专题研究的成果，经胡先生公子振宇的整理，已编著为《殷代史》一书。

《甲骨文合集》图版出版后，胡先生保持发表甲骨新材料的热忱，继续整理历年在海内外调查甲骨所获材料，1988年出版《苏德美日所见甲骨集》一书，收录俄国爱米塔什博物馆、德国柏林民俗博物馆、日本天理大学天理参考馆及美国所藏甲骨的摹本。胡先生去世后，王宏与胡振宇先生将他34册甲骨拓本集，共4500片拓本，编为《甲骨续存补编》一书，重分为七卷，基本保留集子的原貌。这是胡先生奉献给学界的最后两部甲骨著录书，学者至今仍经常翻阅使用。

胡先生在繁忙的研究工作之余，仍很关心甲骨学的发展，他不辞辛苦数次参加国际性甲骨学及殷商史学术研讨会等重要学术活动，促进海内外专家交流，并大力提倡开展殷商史专题研究。他积极提携青年学者，培养后备人才，为多部甲骨学专著作序，通过回顾自己的治学历程，为学术发展提出了期望。胡先生终身致力于甲骨材料的搜集、整理与研究，做出了突出的贡献，20 世纪 50 年代被日本学者誉为中国大陆研究甲骨的第一人。他的学术旨趣、方法，如细致调查甲骨的收藏状况与数目，重视学术史、论著目录，强调殷商史撰述等等，亦对后辈学者影响至深，奠定了历史所甲骨学研究的风格，从这个角度来看，胡先生也堪称历史所甲骨学的第一人。

（三）

张政烺先生 1954 参加历史研究所筹建工作，兼任研究员。调离北京大学历史系后，张先生于 1966 年专任历史所研究员，曾先后物质文化研究室、古文字古文献研究室主任。张先生自幼临摹石鼓文，有扎实深厚的学术根底，他在北大读书时即已发表《猎碣考释初稿》等古文字研究领域的名篇。他在历史语言研究所工作期间，与丁声树先生被称为"二杰"，发表的甲骨文章虽不多，但其结论让学者信服，其中《㪷字说》一文读㪷为仇（意为匹、配）就是代表作。张先生甲骨学殷商史方面的文章，大部分是任历史所研究员后撰写发表的。张先生的古文字研究，并不局限于甲骨文字的零星考释训读；他的历史研究，也不专作殷商史方面的论文。他常说自己不是甲骨文专家，实际上治学博洽通贯，左右逢源。张先生的甲骨学研究的特点是着眼于历史研究和重大问题，将殷商史放在中国上古史的大框架、大背景中进行考察探索；他的文章以微见著，在甲骨文字考释方面极为精审，能参照金文、陶文、简帛、玺印、碑刻等各类文字材料，互相印证，讲清楚文字的形义音及其变化情况。张先生甲骨学方面的成就主要可概括如下：

一是认为商代还保存着十进制氏族组织，殷墟卜辞中的"众"或"众人"就是氏族成员，是农业生产承担者和主要的兵源。张先生对众身份的这个说法是从第一手材料中得出，为探讨殷商社会形态提供了宝贵思路，得到越来越多学者的认可和支持。

二是对殷代农业的研究。张先生研究当时的社会形态与生产模式，自然涉及殷墟卜辞中众人从事农业生产的材料，考释了其中几个有关土田耕作的重要文字。他释读 ♦ 为衰，训为刨土，参照古书记载说 ♦ 田即开荒，造新田；释 ♦ 为肖，读为趙，义为除草，肖田即耕休田；释 ♦ 为尊，尊田即起田垄；读 ♦ 田为土田，指以土圭度田。张先生认为衰田与度田有关，尊田在几年后进行，讲清楚了殷代农业从开荒到治理耕田的过程。这一系列将甲骨文字考释与经济史研究完美结合的文章，进一步阐述了张先生对商周社会形态的见解，也成为甲骨学殷商史领域的经典之作。

三是主张甲骨文人名"异代同名"。张先生对古史的一个基本看法是族名、地名和人名相同，并由此产生异代同名现象。基于这个意见，他主张异代卜辞中均有妇好，妇是世妇。

四是考释甲骨文难字。张先生释字，欲有助于重大历史问题的研究，如释 ♦ （衰）、♦ （尊）等有关农业生产的字；或有助于一系列卜辞的通读，故所释的都是常见的关键字。其中最有名的是释 ♦ 、♦ 为因、蕰，认为二字是联绵字，有埋葬、死亡之义。联系金文将 ♦ 读为搏，也是一个重要意见。此外，指出 ♦ 不是蚕字，当释为它，卜辞中的它示不是蚕神，目前也成为定论。

五是认出甲骨文中的易卦符号。殷墟甲骨、商周青铜器等有一种由三、四、六个数字组成的符号，张先生首次指出其性质是筮卦，并解释四个数字组成的是互体卦，破解了学术上的一个难题。

张政烺先生知识渊博，对各类古文字材料和古书都很熟，又有深厚的音韵和训诂功底，故考释甲骨文字、探究商史并不局限于殷墟卜辞，能够广征博引，撷取金文、陶文、简帛、玺印等地下材料及历代典籍中的相关材料来说明问题，又能前后贯通，以宏大的历史眼光做精审的考据，所以他的甲骨学文章质量很高，至今仍得到古文字、先秦史学界的赞誉，成为历史所甲骨学史上的一座丰碑。

（四）

在历史所甲骨学 60 年历程中，李学勤先生是另一位重要学者。李先生自中学时，即对甲骨文发生深厚的兴趣，与曾毅公先生相识后，从甲骨缀合工作入手进入古文字与古史研究殿堂。从 1954 年来历史所工作，至 2004 年回母校清华大学任教，50 年间，李先生一直从事古文字与先秦史研究，在甲骨学、青铜器学、简帛学等多个领域取得丰硕成果，蜚声国际汉学界，他在甲骨学方面的主要创见可归纳为如下几点：

一是首次提出非王卜辞的概念。日本学者贝塚茂树教授、伊藤道治教授认为殷王室存在着王族卜辞与多子族卜辞，是很大的发明。李先生受此观点启发，首次明确提出殷墟甲骨文中有非王卜辞的意见，推动了甲骨分类分期研究，并促进了利用卜辞考察殷代家族和社会结构的工作。目前，非王卜辞已成为甲骨学的核心概念之一。花园庄东地 H3 卜辞是继 YH127 坑、小屯南地甲骨之后，殷墟卜辞的第三次大发现，这批重要材料的整理与研究主要就是在非王卜辞的框架内进行的。

二是命名历组卜辞并认为其时代应提前。李先生根据字体，将董作宾先生五期说体系中属于四期卜辞的一部分区分出来，命名为历组。历组卜辞数量较多，内容重要，其时代问题备受学界关注。1976 年殷墟五号墓发掘，出土殷墟二期铜器上有妇好、子渔的铭文，李先生受到启发，认为历组、宾组卜辞中的妇好、子渔是相同的人物，历组卜辞的时代应当从四期提前到一期，即武丁时期。这个观点提出后，对经典五期说震动很大，成为甲骨学界热烈讨论的话题。经过 30 年的争论，历组卜辞的时代仍未有定论，但甲骨分类、断代研究因此得以深入开展，甲骨学理论体系也进一步完善。

三是建立甲骨两系说。基于对甲骨形态和卜辞字体的重视，李先生提出殷墟卜辞有小屯村北、村中南两个发展系统，其背后有两套王室占卜机构。村北多用龟，村中南多用骨。自组卜辞是两系的共同源头，村北一系发展脉络是宾组、出组、何组、黄组，村中南一系是历组、无名组。两系说吸收了陈梦家先生甲骨断代研究的精华，又得林沄先生的补充，成为董先生五期说之后最有影响的甲骨学理论体系。李先生离开历史所后，仍在继续完善两系说体系，他在征人方卜辞的材料中，发现无名组晚期卜辞的时代晚至帝辛时期，排除了村中南一系最后归入黄组的说法，证明自组之后，两系共存，各自发展。两系说在缀合、甲骨文例、文字考释、商史研究等方面积极推动了甲骨学的发展，近年不少博、硕士论文选题、研究即在此框架下进行。

四是提倡西周甲骨的研究。李先生的甲骨学研究一直重视殷墟以外的甲骨卜辞材料，特别是周原等地出土的西周甲骨。无论是 20 世纪 70 年代出土的凤雏村甲骨，还是最近周公庙遗址出土的西周甲骨，他均撰文讨论其形制、时代、卜辞内容，并提倡相关研究。目前，西周甲骨已成为甲骨学的一个重要分支，对商周关系、先周和周初历史的研究有着不可或缺的学术价值。

五是重视甲骨形态。李先生认为研究甲骨光看拓片、摹本是不够的，要尽可能观摩实物。与前人相比，他更重视卜用甲骨的攻治及钻凿形态，注意殷人、周人所用甲骨在这些方面的区别。如甲骨形态和攻治，与甲骨文例关系密切，李先生指出卜骨上的卜辞有"边面对应"的现象，即骨条上卜兆周围空间较小，只能契刻简短的卜辞，同时将完整的卜辞置于空间较大的骨面上。这一发现促进了甲骨缀合和甲骨文例的研究。

李先生在殷代地理研究方面也颇有建树，1959 年出版《殷代地理简论》，着重考证沁阳田猎区和帝辛征人方路线，虽然他近年修改了对人方地望的看法，但学界仍重视此书的开拓之功，目前仍被研究殷代地理的学者参考使用。

以上略对本所几位甲骨学大家和前辈的成就陈述一二，挂一漏万，还请读者予以补充。这几位先生是历史所甲骨学的开拓者、奠基人，其研究方向、治学方法和学风，为历史所后来的两代学者树立了榜样与鹄的。不少晚辈学者得到这几位先生的亲炙，确立了自己的研究课题，也取得了令人瞩目的成果。虽然郭老、胡先生、张先生已先后辞世，李先生也离开历史所去母校清华大学任教，但他们对历史所甲骨学发展做出的贡献，是我们不能忘记的。

二　里程碑式的学术成果

（一）集大成的著录巨著《甲骨文合集》的编辑出版及《补编》、《三编》工作的开展

1. 甲骨学史无以比拟的里程碑《甲骨文合集》。

《甲骨文合集》基本将十五万片殷墟甲骨中片大字多的重要材料全部收录，极大地推动甲骨学中文字考释、商史研究等各个领域的发展，堪称划时代的巨著。

历史研究所编辑《甲骨文合集》的计划源于 1956 年。新中国建立后，学者盼望能将甲骨文、金文等出土古文字材料汇总整理出版，便于研究利用，如 1954 年，陈梦家先生就在《文物参考资料》第 4 期"甲骨专号"上发表《解放后甲骨的新材料和整理研究》一文，公开呼吁把甲骨材料集中起来。1956 年，国务院编制"国家十二年科学发展远景规划"（1956—1967），向各学科专家征求意见。胡厚宣先生参加了上海的专家座谈会，曾提出搜集、整理甲骨文材料的建议。最终，历史研究所制定了整理出版历史学科资料的长期计划，准备同时开展甲骨文和铜器铭文"全集"的编纂工作，预计于 1961 年分别出版"全集"，1967 年付印。1956 年下半年，胡厚宣先生和夫人桂琼英女士也一同来所，指导"甲骨文全集"工作（时称"甲骨文资料汇编"），收集相关书籍。

1959 年，"甲骨文全集"按照郭沫若先生的建议改名为《甲骨文合集》。历史研究所邀请全国专家，组成以郭沫若先生为主任的编辑工作委员会，于省吾、尹达、王襄、王献唐、李亚农、胡厚宣、容庚、唐兰、夏鼐、徐中舒、商承祚、张政烺、曾昭燏、曾毅公任编辑委员。郭沫若先生提出"一定要集思广义，取得全国古文字学家及有关单位的支持"的重要意见，对促进《合集》的顺利编纂有很大的帮助。《合集》工作后来得到全国很多公私机构、收藏家的协助，与当时全国一盘棋的形势是分不开的。《合集》编辑工作委员会起到听取各方专家意见的作用，具体工作仍由历史研究所承担：郭沫若先生任主编，在所内成立编辑工作组，由胡厚宣先生任组长，筹备并制定编辑计划，组织先秦史组的科研人员参加。筹备阶段，工作组成员发生过一些变化，如裘锡圭、罗世烈等先生因毕业分配、外调等原因离所去了北京大学、四川大学等单位。至1961年3月，重新组建的《合集》编辑组成员是：胡厚宣、桂琼英、肖良琼、孟世凯、齐文心、谢济、应永深和林乃燊等先生。同年秋、冬，王贵民、王占山先生也加入进来。到1965年，林乃燊、王占山先生先后调走，编辑组仍为8名成员。《合集》编辑工作在1961年4月正式开始。

编辑组的工作主要分为三个方面，一项是调查、探访、搜集公私收藏的甲骨实物和拓片材料；一项是校对重片、清理拓本、选定图版；一项是甲骨缀合。到1966年，这三方面的工作都基本完成，积累了大量拓片和工作表格。"文革"爆发导致编辑工作停顿。1969年，《合集》全部材料封存战备箱，运至河南鸡公山隐藏，只有校重、选片表以"郭老的资料"名义，得以保留在所内。1970年，除胡厚宣先生外，编辑组成员均下放至河南信阳明港镇五七干校，劳动改造至1972年7月返回北京，《合集》资料也运回所内，编辑工作逐步恢复。1973年5月，胡厚宣先生给郭沫若先生写信，希望再次启动《合集》编辑工作，郭老阅信后非常重视，转给国务院科教组，自己也附信建议继续《合集》工作并落实出版单位，6月经政治局传阅批准，定由中华书局出版，《合集》遂列为"国家重点科研项目"，正式公开工作。编辑组又吸收先秦史研究室的年轻学者加入，扩充队伍，1974年4月至1975年初，王宇信、牛继斌、杨升南及张永山、罗琨、彭邦炯、常玉芝等先生相继加入，《合集》编辑组成员扩大到15人。工作重点仍为《合集》图版的编辑、出版，分为三个方面：一项是甲骨资料的再搜集，重拓及补选部分照片；一项是甲骨材料的分期分类；一项是甲骨缀合的复核。到1978年，这些工作都已完成，《合集》在上海采用珂罗版分批印刷出版，到1982年底，13册全部出齐。

《合集》编辑组在文革前后两阶段工作的一个重点就是对国内外甲骨材料的调查和搜集，除汇总旧著录书外，主要精力用于探访和墨拓大陆公私机构及个人收藏的甲骨。甲骨墨拓工作，最开始由编辑组聘请的老技工商复九先生、承担，后来由于工作量大、时间紧，除胡、桂两位先生外，编辑组其他成员都从商复九先生那里学会了墨拓技术。1961至1963年、1965年，编辑组在胡先生的带领下，克服了住宿、交通方面的种种不便和困难，分批次前往大江南北许多城市调查甲骨收藏状况，拜访相关单位和个人，即使得到一两片甲骨的消息，也不辞辛苦前往查看，足迹遍布北京、东北三省、山东、山西、河北、河南、湖北、湖南、上海、江苏、浙江、江西、广东、广西、福建等省市，获得大量拓片，编成两册《南北两路拓本》。1974年，编辑组又分南北两路前往东北三省，及江南南京、上海等地重拓、补拓甲骨。"文革"前后这两阶段的甲骨墨拓工作得到各收藏单位的热情支持，使《合集》搜集材料的任务顺利完成：如清华大学、北师大允许甲骨借出，吉林省博物馆、吉林大学将甲骨送至宾馆，天津、青岛甲骨送到北京，北京故宫破例允许挑选明义士旧藏的十箱甲骨以供拓印。边远地区的甲骨，编辑组也托人代理或借用，如昆明托李家瑞先生、兰州托裘锡圭先生等。先秦史研究室收藏的甲骨，也由商复九先生墨拓，其中有不少新材料，如徐宗元先生旧藏的300多片。

甲骨材料的搜集，除墨拓实物外，还有很大一部分是取自于旧著录书和旧拓本。编辑组汇集海内外出版的百余部甲骨著录书，从刘鹗1903年石印的首部《铁云藏龟》到1972许进雄编著的《明义士收藏甲骨文字》，以及发表在各种刊物上的散篇文章，皆囊括在内。海外书刊不易寻觅的，就利用外访机会、或请海内外同行帮忙找到。公私两方面收藏的未曾发表过的拓本，也向各单位、学者、收藏家借用。在收集拓本过程中，担任《合集》编辑工作委员会的各位先生，均积极给予帮助，如王襄先生提供《簠室殷契征文》原始完整拓本，弥补了《簠》一书裁剪拓片的缺憾。

在《合集》甲骨材料的搜集过程中，全国95个机关单位，44个私人收藏家，慨许选拓其部分或全部甲骨，或提供拓本，甚至捐献实物。胡厚宣先生也捐献出自己多年搜集得的甲骨实物、照片、拓本、摹本，共约9000余片，包括一批十分难得的甲骨著录珍本。在举国合力的局面下，《合集》编辑工作促成了甲骨整理的一个高潮。

甲骨材料的搜集，伴随着大量繁重的撷选、编排工作。首当其冲的是校重。《合集》编辑组共得23万余张拓片，除利用甲骨实物重新墨拓的以外，还有大量是从甲骨著录书刊上剪下来的，此外包括一些摹本和国外甲骨的照片。校重的目标是搞清楚同一片甲骨在各种著录书刊、拓本集中的重复出现的情况，但要处理的问题的十分复杂，工作的艰辛非常人所能想像。比如同一片甲骨的拓片，有的完整，有的只有局部，甚至在断裂为数片后又分别墨拓；有的清晰，有的模糊；甲骨的正、反、臼的拓片也往往不在一起；有的甲骨从摹本看似是伪片，据实物和拓本为真。所以校重并非简单的比对，而是根据甲骨流传的脉络，从大量拓片、摹本和照片里剔除重复，选出清晰完整的最佳材料，将其正、反、臼等部位一一对应并找齐。《合集》编辑组在校重工作上花费了五年多时间，利用60余种旧著录书，并结合新获拓片，相互校对，为每种书编制"校重大表"，详细记录其中每片材料的真伪、重出、精粗、完整与否等信息，并装订成册，积累了宝贵的甲骨学资料。据统计，《合集》编辑组共校出甲骨重片六千余版，拓片、摹本重复者达一万四千多张，可谓对旧著录书刊作了一次彻底的清算。

甲骨材料去重取精之后，还需要做长期精心、细致的缀合工作。《合集》编辑组中承担缀合工作的是胡先生的夫人桂琼英先生；"文革"末期《合集》编辑恢复工作，彭邦炯先生也协助桂琼英先生进行缀合号码核对、缀合号码统计及部分甲骨缀合片的粘贴工作。桂先生来到历史所后，就把《甲骨缀合汇编》列为自己的研究目标，故参加《合集》编辑组后，即负责这方面的任务，并取消了个人项目和出版计划。桂先生的工作方法是，利用旧著录书刊上剪下来的拓片、及少量摹本和照片，将能缀合者集中起来进一步剪贴，拓片只留下边缘部分细如发丝的白边，粘在毛边纸上，每片标明①②③……这样的序号，每个序号后注明来自某书某页。大概用了40多种著录书刊和拓本集，剪贴了上万片材料，每组缀合少则两片，多则十几片，如《合集》6530片用了《乙编》的14个小片缀成（与《丙编》319同）。囿于当时的学术条件，桂先生看不到台湾学者的甲骨缀合成果，特别是不知道张秉权先生缀合《殷虚文字乙编》而成的《丙编》。即使在这种闭塞的环境中，桂先生仍多有创获，她据《殷虚文字甲编》《乙编》材料就缀合1000多组，比张秉权先生《丙编》还多出300多版。桂先生之所以有如此多的创获，除了业精于勤之外，也和她的科学方法有关：她对同文例采取较谨慎的态度，很重视甲骨的出土、收藏、流传，以之作为缀合的线索。桂先生的2000多组缀合成果全部融入《合集》选片之中，没有将任何一片以个人名义发表，这种孜孜以求的学术钻研和探索精神，无怨无悔、不计名利的学术奉献精神在甲骨学史上可谓前无古人，后来楷模。彭邦炯先生协助桂先生工作时记录下来的2000多组甲骨缀合号码，反映出她大量艰辛劳动和精彩发现。桂先生在甲骨缀合方面的突出成就，也得到了海内外学者的公认和敬佩，以甲骨缀合闻名于学林的蔡哲茂先生即在其所著《甲骨缀合集·自序》称赞道："晚近集大成者当以《甲骨文合集》的印行，桂琼英先生拼缀了二千版的甲骨最为惊人。"

经过校重、择优、缀合，《合集》编辑组选取了41956片甲骨材料，绝大多数是拓片，另有少数摹本（主要是方法敛所作美英所藏甲骨摹本）和照片（主要德国西柏林民俗博物馆藏甲骨照片）。这些选定的片，都要一一配上卡片，详细记录其来源、重片、缀合、现藏、分期、分类、选定号、《合集》编号等信息。"文革"后期《合集》编辑组恢复工作以后，花费很大的精力进行分期、分类工作。分期的难点是如何处置董作宾先生提出的文武丁卜辞（即自组、子组、午组）的时代，经大家讨论定为零期，附在一期之后。内容分类则充分吸收当时甲骨学研究成果，并在唯物史观的指导下，共分为阶级和国家、社会生产、科学文化和其他四大类，下设22小类：1. 奴隶和平民、2. 奴隶主贵族、3、官吏、4. 军队、刑罚、监狱、5. 战争、6. 方域、7. 贡纳、8. 农业、6. 渔猎、畜牧、10. 手工业、11. 商业、交通、12. 天文、历法、13. 气象、14. 建筑、15. 疾病、16. 生育、17. 鬼神崇拜、18. 祭祀、19. 吉凶梦幻、20. 卜法、21. 文字、22. 其他。在分类时，还注意将内容相同的"同文卜辞"或"成套卜辞"集中起来，有利于残辞互补和缀合工作。分期、分类做好后，还有排版、贴版、编号、贴号等细致、繁琐的工作，完成这些工作后，历时10年（不计文革耽误工作的时间）的《合集》图版编辑工作终告完成，有了定稿。1978年，编辑组委派杨升南先生等与中华书局的工作人员一起前往上海，恢复了市印刷七厂的珂罗版车间，开始精印《合集》图版第一册，至1984年十三巨秩全部印刷完成，这时距《合集》编辑正式开展工作已有二十多个春秋了。

《甲骨文合集》图版部分出版后，编辑组又按计划撰写和编纂《甲骨文合集释文》与《甲骨文合集材料来源表》。释文组于1983年成立，由罗琨、孟世凯、杨升南、王贵民、谢济、牛继斌、肖良琼、齐文心、张永山、王宇信、彭邦炯、常玉芝等先生分别负责撰写《合集》第一至十二册的释文，第十三册释文由罗琨、孟世凯先生承担。全部释文完成后，由王宇信、杨升南先生审校。1988年5月《释文》定稿，1999年8月由中国社会科学出版社出版。《释文》对于阅读《合集》材料有很大的帮助作用，有的拓片（主要是卜甲背面）字不清晰或字小，不容易辨认，在研读时就得参考《释文》。目前，《合集释文》和于省吾先生主编《殷墟甲骨刻辞摹释总集》一样，仍是甲骨学者时常翻阅的重要参考书。

《甲骨文合集材料来源表》由肖良琼、谢济、牛继斌、顾潮等先生完成，是配合《合集》图版而编纂的，于1999年8月出版。当时利用了电脑数据库，由顾潮先生将所有对照号码输入电脑编排，这在国内是很领先的。《来源表》是高效使用《合集》材料时必备的工具书：《合集》出版之前的甲骨学论著引用的是旧著录号，利用《来源表》即可查到对应的《合集》号，可以核实相关材料。另一方面，想知道《合集》材料在旧著录书里的收录情况，也得依靠《来源表》。甲骨缀合工作更是要时时查对《来源表》。

2.《甲骨文合集补编》的编辑出版与《甲骨文合集三编》项目启动。

《合集》从20余万甲骨材料中精心审慎地选取4万多片，基本将重要材料一网打尽。但也有个别有名的片子未予收录。如本着严谨的态度，未收真伪争议较多的《库》1506；过于谨慎而没有采用《库》985加1106（即《美》B10、B11，是卜选日名或葬日的难得材料）。著名的"宰丰骨刻辞"（即《佚》518），及《佚》426、427等材料未入《合集》，大概由于客观因素干扰所致。此外，海内外学者也指出了《合集》收录若干重片、伪片，偶有选片不佳、误缀等问题。为弥补这一缺憾，并把《合集》未收的新旧材料集中起来，并给"甲骨学一百年"献礼，先秦室彭邦炯、谢济、马季凡又编纂了《甲骨文合集补编》，共收 13450 片，1999 年 8 月由语文出版社出版。

《合集补编》沿用《合集》体例，收录了《屯南》、《英藏》、《甲骨续存补编》等新见材料，以及《合集》编余、收集而未整理的材料；并着眼于《合集》的补遗与订正，重点收录《合集》漏收的重要甲骨、未完全著录者（无反或无臼）、拓本或照片不理想者。《补编》附录《殷墟以外遗址出土甲骨》316 片，并将《释文》、《材料来源表》、《缀合表》一同出版，也给学界提供了方便。《补编》出版后，受到海内外学者的关注，同行们积极讨论了书中的一些校重、缀合、辨伪、释文、分期问题。

2008 年，宋镇豪先生组织先秦室全部科研人员开始进行《甲骨文合集三编》的整理工作，该课题列为中国社会科学院重大 A 类科研课题及国家社科基金"十一五"规划重点项目（09AZS003）。编纂《三编》的目的，是想将《合集》、《补编》以外的传世殷墟甲骨材料尽可能收齐，全部著录，但不收科学发掘并公布的《小屯南地》、《花东》、《村中南》等几批重要的殷墟甲骨材料。《三编》的材料主要来源于三方面：一是旧著录书中未经《合集》、《补编》著录的材料，以及《合集》编辑组搜集的 20 余万片甲骨拓本、摹本等材料的编余部分。这一部分材料的整理，要把《合集》、《补编》未收录的，通过细致的校对重片、对比优劣工作，一一查找出来，工作量巨大。二是近年甲骨缀合成果大量涌现，并出版了蔡哲茂编《甲骨缀合汇编》、黄天树编《甲骨拼合集》（一、二、三）、林宏明著《醉古集》《契合集》等优秀甲骨缀合著作，这些成果经作者许可后，也要编入《三编》。三是海内外尚有不少甲骨材料未曾著录发表，或有摹本而无拓本，也需要分批整理，再经过校重择优收入《三编》。目前，《三编》校重、选片工作已基本完成。

（二）继续整理公布海内外现藏殷墟甲骨材料

历史所甲骨学发展过程中，整理公布海内外所藏殷墟甲骨一直是项重点工作。《甲骨文合集》出版后，这项工作也持续进行，至今为止已做完了英国、瑞典、俄罗斯、本所、旅博、重庆博物馆等大小七个项目，把公私收藏单位和个人的殷墟甲骨材料奉献给学界。以下对这七项整理甲骨工作略作介绍。

1. 海外甲骨著录有三批。

《英国所藏甲骨集》（中华书局 1992 年版）是本所李学勤先生、齐文心先生和伦敦大学亚非学院的艾兰博士共同整理的，是中外合作出版海外所藏甲骨的一次成功尝试。《英藏》上编著录甲骨拓本 2674 片，下编《图版补正》又收 61 片（有 4 片为照片，其余为拓本），合计 2735 片，与英藏甲骨数目相当，基本没有遗漏。英国所藏甲骨材料，过去只有方法敛博士发表的摹本约 1662 片，饶宗颐先生发表的照片 8 片。《英藏》首次发表全部拓片，其中约 1065 片卜辞材料从前未公布过。《英藏》所有拓片由齐文心先生一人花费两个月时间墨拓完成。限于当时人力和条件，《英藏》没有收录甲骨照片，但附有释文和相关研究论文。《英藏》收录了很多重要材料，其中家谱刻辞的拓本、彩色照片、局部放大照片首次公布，对讨论该版甲骨的真伪问题有很大帮助。

《瑞典斯德哥尔摩远东古物博物馆藏甲骨文字》（中华书局 1999 年版）是李学勤先生、齐文心先生、艾兰博士继《英藏》之后第二次合作出版的海外甲骨材料，以照片加摹本的形式发表 108 片，另附拓片 14 版。《瑞典》一书打破此前先分期后分类的著录方式，按组编排，是其特色。

俄罗斯只有圣彼得堡爱米塔什博物馆收藏有殷墟甲骨，胡厚宣先生 1958 年曾赴苏联考察过这批甲骨材料，将 79 片摹本编入《苏德美日》一书，他一直希望爱博甲骨能完整著录发表，这个愿望在 50 余年后得以实现。2013 年，《俄罗斯国立爱米塔什博物馆藏殷墟甲骨》（上海古籍出版社）由本所宋镇豪先生与爱米塔什博物馆东方部主任玛丽娅女士主编出版。该项目得到国家文物局"海外殷墟甲骨文收藏调查"项目的资助。墨拓与拍照工作于 2012 年 9 月 9 日至 21 日由宋镇豪先生率徐义华博士、孙亚冰博士、刘源博士及上海古籍出版社摄影师方伟先生在爱博库房完成，摹本制作在国内完成。最终以拓、照、摹三位一体及先分期后分类方式着录俄藏甲骨 200 片，完成了学界欲了解、利用这批宝贵材料的夙愿。

2. 国内甲骨材料著录有如下几批。

《中国社会科学院历史研究所藏甲骨集》（上海古籍出版社 2011 年

版）由宋镇豪、赵鹏、马季凡三位先生编辑，著录殷墟甲骨 2023 片。这个整理项目由宋先生主持，以照片、拓本兼备的方式发表材料，特别邀请上海古籍出版社摄影师方伟先生拍摄甲骨照片。方伟与赵鹏配合，注重对甲骨钻凿和背、侧面的拍摄，提高与完善了甲骨拍摄技术。此次本所甲骨的整理，尽可能利用原骨做了缀合工作，如该书著录的第 157 版是由 6 片残骨拼缀而成。此外，对全部材料进行细致的分组分类工作，再按分期分类的传统方式编排。书后所附详尽的缀合表、来源表，由马季凡整理。

旅顺博物馆藏甲骨的整理与研究，2012 年 7 月由宋镇豪先生主持进行的，得到国家文物局和馆方的大力支持，并被批准为国家社科基金项目。旅博甲骨约 2200 片，主要是罗振玉旧藏，及日本人岩间德也的少数藏品，如郭老《卜辞通纂》曾著录的一版黄组大龟腹甲，即岩间氏所藏，学界不知其下落，没想到就在旅博。旅博甲骨，《合集》编辑组曾择其片大内容重要的著录 300 多片，余下小片字少者尚未发表，有必要做一彻底清理。参与甲骨墨拓工作的人员，历史所先秦室人员 10 人、考古所 1 人、旅博 12 人，20 余人在十日时间内，从上午 8 点拓到晚上 12 点，加班加点完成任务。拍照工作由方伟先生承担，赵鹏配合，共拍摄甲骨正、背、侧照片 4867 张。制作摹本的工作，由孙亚冰承担。预计今年《旅顺博物馆所藏甲骨》能够公布问世。

重庆三峡博物馆藏甲骨的整理，亦由宋镇豪先生组织，得到国家文物局和馆方的支持。于 2012 年 10 月进行。该馆现藏甲骨 5 盒 232 片，加上陈列的 2 片，共 234 片。墨拓工作由徐义华、刘义峰、宫长为承担，拍照工作由方伟、赵鹏合作。这一批甲骨的整理，缀合方面做得较为彻底，有很多发现。预计不久《重庆三峡博物馆所藏甲骨》能够公布出版。

山东博物馆藏甲骨的整理，于 2014 年 2 月正式启动，目前正进行墨拓和拍照工作。该项目受国家文物局宋新潮先生的约请，并得到山博馆方的全力支持，是宋镇豪先生近年组织的最大规模殷墟甲骨墨拓整理工作。山博所藏甲骨约有一万多片，为明义士、方法敛、柏根氏、罗振玉等的旧藏品，其中许多片大字多的精品，山博刘敬亭先生曾对部分甲骨做过精拓，《合集》选录了 1026 片；明义士旧藏约 8000 多片，自建馆以来一直尘封于库房，虽多小片，但仍不少镌刻精美的殷人刀笔文字。山博甲骨整理项目，宋先生率历史所先秦室 10 余人、考古所 1 人开展墨拓、拍照工作，拍摄由山博馆方摄影师周坤先生承担。

3. 私人所藏甲骨及拓本的整理工作有如下两批。

安阳张世放先生所藏甲骨的整理。该项工作由宋镇豪先生 2008 年 4 月组织先秦室 8 人进行，墨拓、拍照甲骨 385 片，是先秦室人员首次学习墨拓技术并施用于甲骨实物。这批材料多小片，但也有若干内容重要者，经分期分类释文，以照片、拓本兼备的方式发表，出版了宋镇豪先生主编的《张世放所藏殷墟甲骨集》（线装书局 2009 年版）一书。

上海朱孔阳先生所藏戢寿堂甲骨拓本的整理。朱孔阳先生是上海已故收藏家，其子朱德天先生有意向学界公布其父收藏甲骨拓本集，遂与宋镇豪先生合作整理出书。朱孔阳藏《戢寿堂殷虚文字旧拓》两册 639 片，拓本精良，且较完整，超过以前发表的材料。朱孔阳辑甲骨文拓片、摹本集也有 65 版从前未见，有一些重要材料，已编成《甲骨文集锦》二卷：上卷《殷虚文字拾补》，收 135 片；下卷《殷虚文字之余》，收 158 片，合计 293 片。经整理，出版了宋镇豪、朱德天编著《云间朱孔阳藏戢寿堂殷虚文字旧拓》（线装书局 2009 年版）一书，校勘记由宋镇豪、孙亚冰承担，说明拓本优劣、重见及缀合情况。

以上海内外甲骨整理与著录工作，一方面搞清楚了几批重要甲骨材料的现藏数目和状况，同时以彩照、拓本、摹本形式向学界提供了大量宝贵材料，受到了甲骨学同行的好评。

（三）一批高质量甲骨学殷商史研究专著、《甲骨学一百年》和十一卷本《商代史》先后出版

在胡厚宣先生的带领下，《合集》编辑组成员孜孜以求，用了 20 年光阴完成了这项甲骨学史上标志性的伟大工程。工作之初，除胡先生、桂先生是甲骨学专家外，其他成员均是刚离开校园的大学生，尚未接触过甲骨材料；经过多年的甲骨搜集、校重、分期分类、释文等工作的锻炼，编辑组成员都熟悉并掌握了大量第一手甲骨材料，为进行专题研究打下扎实基础。《合集》出版后，编辑组成员也着手做各自的专题

研究，出版了一批高质量的甲骨学殷商史研究专著，在甲骨学普及、甲骨学史、殷商史专题研究方面取得丰硕成果。以下择要做简单介绍。

孟世凯先生的《殷墟甲骨文简述》（文物出版社 1980 年版）是文革结束后较早介绍殷墟甲骨文的书籍，以不大的篇幅容纳了全面的内容，即使放在今天，仍是普及甲骨知识的好书。他编写的《甲骨学小词典》（上海辞书出版社 1987 年版），逐一阐释甲骨学术语与卜辞中常见字词，是很有用的工具书。此书经过扩充、增订，编著成《甲骨学辞典》一书，2009 年由上海人民出版社出版。他还写了《夏商史话》（中国青年出版社 1986 年版），其中商史部分也主要据殷墟卜辞材料撰述。

王贵民先生的《商周制度考信》（台湾明文书局 1989 年版）综合利用甲骨、金文、文献材料，从官制、礼制、田制、军制等多个角度慎密论述商周制度沿革，对王国维商周制度巨变说提出质疑。是研究殷周制度的力作。此后，他与齐文心先生合著《商西周文化志》（上海人民出版社 1998 年版），独著《先秦文化史》（上海书店 2013 年版）也都利用商周甲骨文材料探讨殷商文化制度，建树良多。

王宇信先生继承胡厚宣先生重视总结甲骨学史的做法，写了《建国以来甲骨文研究》（中国社会科学出版社 1981 年版），对海外学者了解国内甲骨学动态很有帮助。他应社会需求，将讲稿修订撰成《甲骨学通论》（中国社会科学出版社 1989 年版）一书，成为最受欢迎的甲骨学入门书籍之一。近年他又扩充此书，增订为《中国甲骨学》（上海人民出版社 2009 年版）。王先生受李学勤先生的影响，研究西周甲骨，出版第一本关于西周甲骨的专著《西周甲骨探论》（中国社会科学出版社 1984 年版），至今对西周甲骨研读仍具参考价值。

杨升南先生的《商代经济史》（贵州人民出版社 1992 年版）利用甲骨文材料系统探讨商代的自然及人口环境、土地和财政制度、农牧渔猎和手工业，是填补空白的著作，至今尚无类似专书可以取代，仍是了解商代民生状况、生产力水平的重要参考书。

彭邦炯先生的《商史探微》1988 年以唯物史观为指导，利用甲骨文材料，对商代社会形态、政治、经济、文化、科技等问题作了全面论述，是新中国较早的一本商代专断史力作。该书从卜辞等史料出发，实事求是，如并不将众人视作奴隶，值得称道。彭先生还从农业、医学等专题入手深入研究甲骨文，一篇篇文章地积累，著成《甲骨文农业资料考辨与研究》（吉林文史出版社 1997 年版）、《甲骨学医学资料释文考辨与研究》（人民卫生出版社 2008 年版）。

常玉芝先生在编辑《甲骨文合集》时负责第五期材料，故李学勤先生建议她做周祭的研究。常先生不畏董作宾、陈梦家、许进雄等大学者已作这个专题，细心收集研读第二、五期周祭卜辞材料，寻找规律，提出对祀首、周期问题的新看法，复原周祭祀谱，撰成《商代周祭制度》（中国社会科学出版社 1987 年版）一书，受到海内外学界的广泛赞誉，不少外国学者，如美国的吉德炜、倪德卫，都向常先生表示敬意。常先生以新材料充实此书，复原全部祀谱，又出版增订本（线装书局 2009 年版）。夏商周断代工程启动后，常先生参与其中，又撰成《殷商历法研究》（吉林文史出版社 1998 年版），该书是系统研究商代历法的首部专著，也成为甲骨学者的常备书。

罗琨、张永山先生研究重点在军制、军礼方面，撰成《中国军事通史·夏商西周卷》（军事科学出版社 1998 年版）一书，亦是新中国成立后系统考察夏商西周军事制度的首部专著。

以上诸位先生均参加过《甲骨文合集》的编辑工作，凭借多年积累的丰富材料分头解决甲骨学殷商史领域的重大问题，均取得令学界瞩目的成绩，形成国际上人数最多、论著最丰、研究实力最强的一个甲骨学团队。

宋镇豪先生师从胡厚宣先生攻读研究生，毕业后留先秦史室工作。他虽未参加《合集》编辑工作，但与上述诸位先生一样，也投身甲骨学殷商史研究，成果卓著。宋先生接受历史所"社会生活史"的课题项目，负责夏商部分的撰写工作，他广泛搜集考古及古文字材料，对夏商时期的环境、居邑、人口、交通、饮食、服饰、医疗保健、宗教信仰进行深入研究，出版《夏商社会生活史》（中国社会科学出版社 1994 年版）一书。这部著作以收集材料完备见长，得到先秦史、考古和古文字学界学者的普遍重视。此书不断补充新材料，于 2004 年又出版增订本，扩大为两册。凭借《夏商社会生活史》的资料积累，宋先生又撰成《中国风俗通史·夏商卷》（上海文艺出版社

2001 年版）。

　　1999 年是殷墟甲骨发现的一百年，王宇信、杨升南先生组织先秦室同仁申请了"甲骨学一百年"课题，列入院重大项目。利用这一契机，王宇信、杨升南先生主编出版《甲骨学一百年》（社会科学文献出版社 1999 年版）一书，该书是继陈梦家先生《殷虚卜辞综述》后又一部总结甲骨学研究成果的大部头著作，该书虽然不像《综述》那样侧重于研究，但概述海内外百年来的研究得失，条理诸说，结合第一手材料进行裁断，既有助于初学，又有利于学者参考。上面提到的《甲骨文合集补编》、《甲骨文合集释文》、《甲骨文合集来源表》，以及《百年甲骨学论著目》等著作，也均是"甲骨学一百年"课题的优秀成果，此不赘述。

　　胡厚宣先生一直提倡整合全部甲骨卜辞材料，通过细致入微的专题研究，最终撰写出一部反映商代国家与社会各方面状况的《商代史》，这个愿望在他生前尚未实现。经过原《合集》编辑组的各位先生多年分工探索，写成论述商代制度、经济（包括农业）、军事、宗教祭祀、社会生活（包括医疗）等各个方面的专著，撰述整体《商代史》的条件基本具备。1999 年，宋镇豪先生主持的《商代史》被批准列为中国社会科学院历史所重点研究课题，2000 年批准列为社科院重大 A 类课题，2001 年又纳为国家社科基金项目（01BZS004）。课题旨在综合甲骨金文、考古和文献材料多层次地展现商代历史的面貌。该课题分为十一个子课题，分别请原《合集》编辑组的老先生、先秦史研究室在职研究员和在读的博、硕士承担分卷的写作工作，具体分工是：宋镇豪研究员负责总论与社会生活部分，王震中研究员负责商人起源、先商及都邑部分，博士后江林昌和硕士研究生韩江苏负责《殷本纪》订补与人物部分，王宇信研究员和硕士毕业生徐义华负责政治制度和社会结构部分，杨升南研究员负责经济科技部分（马季凡助理研究员担任助手）、常玉芝研究员负责宗教祭祀部分、罗琨研究员负责军事部分，在读博士生林欢和在读硕士生孙亚冰负责方国地理部分、宫长为副研究员负责殷遗民部分。2010 至 2011 年，《商代史》十一卷陆续出版，分别为《商代史论纲》（卷一，宋镇豪著）、《〈殷本纪〉订补与商史人物徵》（卷二，韩江苏、江林昌著）、《商族起源与先商社会变迁》（卷三，王震中著)、《商代国家与社会》(卷四,王宇信、徐义华著)、《商代都邑》(卷五,王震中著)、《商代经济与科技》(卷六,杨升南、马季凡著)、《商代社会生活与礼俗》(卷七,宋镇豪著)、《商代宗教祭祀》(卷八,常玉芝著)、《商代战争与军制》(卷九,罗琨著)、《商代地理与方国》(卷十,孙亚冰、林欢著)、《殷遗与殷鉴》(卷十一,宫长为、徐义华著)。十一卷本《商代史》是由历史所甲骨学者团队完成的海内外第一部大型商史著述,也是代表历史所甲骨学近十年来研究水平的主要成果。在课题完成过程中,老中青三代学者合作:老一辈学者精益求精,在原来著作的基础上,以新思路、新材料加以完善和提高,更上层楼,如杨升南先生讨论商代雨量,常玉芝先生讨论商人的六示、四方神、鸟崇拜,均促进了相关问题的解决;中年学者勇于开拓,提出新说,如干震中先生发表商亳地望内黄说;青年学者的博、硕士学位论文与课题相结合,在写作中得到成长、完成培养,如林欢博士论文选题商代地理、徐义华博士论文选题商代政治制度、孙亚冰硕士论文选题商代方国、韩江苏硕士论文选题卜辞中的人物沚戛,均与《商代史》相关分卷的著述有关,达到出成果,出人才的目的。十一卷本《商代史》在 2013 年荣获第三届中国出版政府奖图书奖。

1999 年后至今,先秦史研究室引进了 11 名博硕士研究生,充实了甲骨学研究队伍。他们也出版了与甲骨学相关的专著,除上述《商代史》成果提到的以外,还有刘源《商周祭祖礼研究》(商务印书馆,2004 年)、赵鹏《殷墟甲骨文中的人名及其对于断代的意义》(线装书局 2007 年版)、孙亚冰《殷墟花园庄东地甲骨文例研究》(上海古籍出版社 2014 年版)、刘义峰《无名组卜辞的整理与研究》(金盾出版社 2014 年版)、郅晓娜译汪涛著《颜色与祭祀》(上海古籍出版社 2013 年版)等。此外,刘源与宋镇豪先生合写《甲骨学殷商史研究》(福建人民出版社 2006 年版)、徐义华与王宇信先生合写《商周甲骨文》(文物出版社 2006 年版),都是甲骨学史方面的书。

(四)甲骨文研究资料与工具书的编纂,及电脑数据库的建设
胡厚宣先生一直重视甲骨文研究资料的搜集,与甲骨学论著目等工具书的编纂，曾著《五十年甲骨学论著目》一书。历史所甲骨学近十多年来的发展，也将这一方向作为工作重点之一。1999 年，宋镇豪先生在硕士研究生常耀华的协助下，编辑出版《百年甲骨学论著目》一书（语文出版社），收录 1899 年以来海内外甲骨著录书及研究论著一万余种，是一部了解、查找相关甲骨学成果的大全。以《百年甲骨学论著目》所收文献为线索，宋镇豪先生又率宫长为、马季凡、徐义华三位先生，结集从前难以看到的中国大陆、港台以及日、美、加拿大、英、法、德、瑞典、瑞士、俄、澳、韩等国家或地区数千位学者的各种语种的有关甲骨论著计 2700 余种，纂选年代范围自 1899 年殷墟甲骨文发现迄至 1999 年以前一百年间公布发表的甲骨文殷商史研究之成果，存真原来版式，编纂为 40 大册《甲骨文献集成》（巴蜀书社 2001 年版），其具体篇目为：甲骨文考释部分，第 1—6 册是著录片考释，第 7—14 册是文字考释；甲骨研究部分，第 15—16 册是分期断代，第 16—17 册是卜法，第 17—18 册是文例文法，第 19 册是校订缀合；专题分论部分，第 20—21 册是世系礼制，第 21—25 册是国家与社会，第 25—26 册是经济与科技，第 27 册是军事征伐，第 27—28 册是方国地理，第 28—29 册是文化生活，第 29—30 册是宗教风俗，第 31—32 册是天文历法；西周甲骨与其他部分是第 33 册；综合部分，第 34 册是甲骨文发现与流传，第 35—38 册是甲骨学通论，第 38—39 册是古文字研究，第 39—40 册是序跋与述评。《甲骨文献集成》第一次将海内外百年甲骨主要论著汇于一处，极大的节省了学者查找文献的时间和精力，堪称是对甲骨学研究的一大贡献。

随着电脑和网络数据库的普及，甲骨学资料及检索手段数字化是大势所趋。在宋　镇豪先生的主持下，先秦室将《甲骨文合集》、《补编》等著录书所收甲骨材料扫描编排，制作为数字资料；将《甲骨文合集来源表》、《百年甲骨学论著目》等工具书的数据输入电脑，制作为便于检索的数据库。2005 年，研究室开始建设甲骨学殷商史研究中心网站 www.xianqin.org，由刘源博士负责制作及维护，经过多年的发展、更新，该网站已成为海内外学者交流甲骨学研究成果的一个重要平台，是同行发表甲骨缀合成果的首选途径。

（五）《甲骨文与殷商史》专刊和《夏商周文明研究》系列学术论文集的编辑

中国社会科学院"甲骨学殷商史研究中心"和"中国先秦史学会"、"中国殷商文化学会"挂靠在历史研究所先秦史研究室。这三个学术组织在推动甲骨学与中国上古史研究、促进海内外学者交流方面做了很大的贡献，并分别编辑出版《甲骨文与殷商史》和《夏商周文明研究》、《先秦史研究动态》等多种连续出版的刊物。

《甲骨文与殷商史》是甲骨学殷商史研究中心中心面向海内外甲骨文与殷商史领域组稿、编辑的高水平专业性学术刊物。1983 年，胡厚宣先生主编了《甲骨文与殷商史》第一辑，1986 年、1991 年又先后编辑了第二、三辑。此后中断 17 年。2008 年，《甲骨文与殷商史》复刊，至今已由宋镇豪先生主编出版新一、二、三辑。新四辑即将出版。

中国殷商文化学会一直致力于搭建海内外甲骨学者的交流平台，组织过多次有影响力的国际学术研讨会。会议论文即编辑为"夏商周文明研究"系列论文集，目前已出版八辑，如近年出版的第三辑为《97 山东桓台中国殷商文明国际学术讨论会论文集》、第四辑为《纪念殷墟甲骨文发现一百周年国际学术研讨会论文集》、第五辑为《殷商文明暨纪念三星堆遗址发现七十周年国际学术研究讨会论文集》、第六辑为《2004 年安阳殷商文明国际学术研讨会论文集》、第七辑为《北京平谷与华夏文明：国际学术研讨会论文集》、第八辑为《纪念王懿荣发现甲骨文 110 周年国际学术研讨会论文集》等。其中收录的甲骨学论文也反映了海内外学者的最新成果。

三　海内外最大甲骨研究团队

历史所甲骨学发展六十年来，不断吸收青年学者，充实研究队伍，拥有海内外最大的甲骨研究团队。

20 世纪 60 至 80 年代，《甲骨文合集》的编辑工作将一批先秦史研究室的年轻人培养为成果卓著的甲骨学专家。上面提到孟世凯、萧良琼、齐文心、王贵民、王宇信、杨升南、罗琨、张永山、谢济、彭邦炯、常玉芝等先生就是这样成长起来的。他们分别来自于北京大学、四川大学、中山大学等一流学府，在文革开始前已经毕业，有良好的天赋与学术素养，受过当时国内最好历史学、考古学专业教育，堪称"天之骄子"的一代。他们在大学读书时虽未专门研读过甲骨文材料，但在《合集》校重、分期分类、释文等工作中系统学习甲骨学知识、十分熟悉卜辞并积累了大量重要材料，他们撰写出版上述高水平的甲骨学殷商史著作，是厚积薄发的必然结果。

胡厚宣、王宇信、杨升南、宋镇豪等先生培养的硕士、博士研究生，使历史所甲骨学师承有序、薪火相传。胡厚宣先生早在新中国建立伊始即开始培养研究生，如裘锡圭先生就是1956考上胡先生研究生。胡先生到历史所后，先后培养了齐文心、王宇信、宋镇豪等硕士研究生和宋新潮、刘学顺等博士研究生。齐文心、王宇信和宋镇豪先生均留所工作，并成为学术骨干或甲骨学科带头人。王宇信先生培养了徐义华、林欢两位研究生（林欢博士留所后英年早逝）。杨升南先生培养了孙亚冰硕士。徐义华、孙亚冰硕士毕业留所后，又先后师从宋镇豪先生继续攻读在职研究生，获得博士学位。宋镇豪先生培养的刘义峰、郄晓娜博士及张兴兆博士后，也均学成留所工作。胡先生的弟子与再传弟子成为历史所甲骨学成长壮大的中坚力量，使这一国际性的显学、绝学得以延续不断，发扬光大。

张政烺先生先后培养了林小安、刘桓等研究生，他们在甲骨学上均有不小的成就。林小安先生在武丁时代战争卜辞、历组卜辞时代问题上有深入研究，刘桓先生则致力于甲骨文字考释，著有《殷契存稿》、《甲骨集史》、《殷契新释》等书，颇多创见。

李学勤先生在中国社会科学院研究生院历史系培养的宫长为博士后和王泽文博士和王震中先生培养的郜丽梅博士也留所工作，虽然专业分别为《周礼》、春秋金文和夏代史，但近年亦加入宋镇豪先生主持的《三编》课题，从事甲骨文墨拓、校重等整理工作。

自2000年来，宋镇豪先生亦积极从高校引进相关专业的博硕士研究生，作为历史所甲骨学的新鲜血液。先后从南开大学、首都师范大学、清华大学招收刘源、赵鹏、任会斌等从事甲骨学专业研究的博士毕业生，及西北大学毕业的张翀硕士。

目前，先秦史研究室在宋镇豪先生带领下，在职人员有宫长为、马季凡、刘源、徐义华、王泽文、赵鹏、孙亚冰、任会斌、刘义峰、郃丽梅、张翀、邳晓娜等人，基本拥有博士学位，是目前海内外最大的一个甲骨学研究团队。

为了更好地进行殷墟甲骨整理工作，宋镇豪先生聘请名师，对这支甲骨团队进行培训。如请本所齐文心先生、考古所技工何海惠女士、国图善本部贾双喜先生教授大家学习甲骨墨拓技术。经过整理张世放藏品、旅博、三峡博物馆、爱博、山博甲骨实物的多个项目，大家均熟练掌握了墨拓技术，其中徐义华已成长为高手。孙亚冰制作甲骨摹本、赵鹏辅助甲骨拍照的技术也业已熟练，爱博、旅博甲骨摹本即为孙亚冰一人制作（重庆三峡博甲骨摹本由邳晓娜制作），历史所、旅博、三峡博物馆、山博甲骨拍照辅助工作均由赵鹏一人承担。

今天，海内外甲骨学研究蓬勃发展，形成了多个中心，但历史所的甲骨学研究仍保持着旺盛的生命力。目前，中国社会科学院考古研究所以发掘、整理殷墟甲骨为工作重心；清华大学李学勤先生近年在甲骨分组分期、商代研究方面仍不断有重要论文发表；复旦大学古文字与出土文献中心裘锡圭、刘钊、陈剑等教授致力于文字考释和甲骨分组分期；吉林大学古籍所林沄教授、吴振武教授及其学生周忠兵博士、蒋玉斌博士（现在南开大学任教）、崎川隆博士、何景成博士、单育辰博士致力于文字考释、甲骨缀合、分组分类研究；台湾史语所蔡哲茂研究员及其学生政治大学林宏明教授、东华大学魏慈德教授以《殷虚文字甲编》《乙编》及史语所十五次发掘甲骨实物为主要研究对象，重视甲骨缀合、文字考释、卜辞排谱；首师大黄天树教授师生团队侧重于甲骨缀合、分组分类和文字考释。以上历数海内外学术重镇，仅列举主要者，难免挂一漏万，然亦可看出目前甲骨学日益昌盛的形势。历史所以宋镇豪先生为带头人的甲骨学团队遵循传统扎实厚重的学风，以甲骨材料整理著录、甲骨文研究资料编纂、商史著述为研究重心，取得了一个个令学界瞩目的优秀成果，继续保持着国际领先的优势地位，并与同行学者保持密切友好的联系，互通有无，共同推动甲骨学不断向前发展。

综上所述，历史研究所甲骨学六十年，是引领海内外甲骨学前进的六十年。在搜集、整理公布海内外收藏传世殷墟甲骨材料方面，可以说居功至首；在利用甲骨卜辞，结合考古材料，从事专题研究，系统全面著述商代史方面，取得了巨大成绩；在电脑数据库应用和网站建设方面，也走到世界前列。今天，历史所仍拥有国际范围内人数最多的一个甲骨学团队，这在海内外是独一无二的。我们祝愿，历史所甲骨学研究在前辈大师成绩的基础上继续发展，在未来取得新的成就。

秦汉魏晋南北朝研究室与简帛研究中心六十年回眸

杨振红

　　秦汉魏晋南北朝史研究室的前身是中国科学院历史第一所的秦汉魏晋南北朝史研究组。1954 年，中国科学院正式成立历史第一所、第二所、第三所。第一所下设先秦史、秦汉魏晋南北朝史两个研究组。秦汉魏晋南北朝史研究组组长贺昌群，学术秘书林甘泉。贺昌群同时兼任中国科学院图书馆副馆长。1956 年 6 月，中国科学院建立四个学部，历史第一、二、三所均隶属哲学社会科学部。1958 年历史一所、二所合并为历史研究所，原先设立的研究组分别改为研究室，并有所调整。秦汉魏晋南北朝史研究组改为同名研究室，由贺昌群任主任，林甘泉、黄烈先后任副主任。

　　1977 年 5 月 7 日，中国科学院哲学社会科学部改名为中国社会科学院。1978 年，历史所进行学科调整，战国秦汉史学科单独成立研究室，先后由林甘泉、吴树平、谢桂华任主任，朱大昀、吕宗力等先后任副主任；魏晋南北朝史和隋唐史合并为魏晋南北朝隋唐史研究室，先后由黄烈、朱大渭任主任，宋家钰、李斌城任副主任。1991 年历史所再次进行学科调整，秦汉史和魏晋南北朝史又合并为秦汉魏晋南北朝史研究室，谢桂华、李凭、卜宪群先后任主任，梁满仓、陈勇、卜宪群、杨振红先后任副主任。2009 年至今，杨振红任研究室主任，邬文玲任副主任。

　　1995 年中国社会科学院简帛研究中心成立，挂靠我室，开展学术研究和活动。谢桂华、卜宪群先后任中心主任，杨振红任副主任。中心主办有《简帛研究》杂志和"简帛研究文库"丛书。中国秦汉史研究会和中国魏晋南北朝史学会秘书处也设在我室。

我室现有研究人员10人，其中研究员3人（林甘泉、杨振红、杨英）、副研究员4人（赵凯、宋艳萍、邬文玲、戴卫红）、助理研究员3人（庄小霞、凌文超、曾磊）；学部委员1人（林甘泉），博士生导师2人（林甘泉、杨振红）。

秦汉魏晋南北朝是统一多民族的专制主义中央集权君主制国家的奠基时期，确立了此后两千年中国国体和政体的基本模式，历来受到中国史研究者的重视。中国社会科学院的"国家队"地位也吸引了众多精英。因此，自我室成立以来，便汇集了一批又一批蜚声海内外的著名学者。如张政烺、贺昌群、杨希枚、林甘泉、黄烈、朱大渭等先生。

长期以来，我室重视学科基础建设，关注重大学术问题和理论问题，关注学术热点、焦点，注重新领域的开拓和新方法的运用，立足于学术前沿，出版了大量高水平、高质量的研究成果。在引导学科发展方向、推进秦汉魏晋南北朝史和简帛学研究向纵深发展方面，发挥了重要作用。

本学科的学术优势和特色主要表现在以下四个方面：

一，关注重大学术问题和理论问题，重视史论结合，论从史出，注重把握和引导学科发展方向。新中国成立后相当长时期内，史学界主要围绕古代史分期、汉民族形成、土地制度、农民战争等"五朵金花"展开，秦汉魏晋南北朝时期则处在这些问题讨论的中心。本学科成员积极参与讨论，组织课题，出版了大量有重大影响的成果。如贺昌群《论两汉土地占有形态的发展》（1956）、《汉唐间的国有土地所有制与均田制》（1958）、《汉唐间封建土地所有制形式研究》（1964）、林甘泉主编（童超参与撰写）《中国封建土地制度史》（第一卷，1990），均是中国土地制度史研究的代表性著作。林甘泉、田人隆、李祖德《中国古代史分期讨论五十年（1929—1979）》（1982），系统梳理了社会史论战至改革开放前中国古代史分期讨论50年的学术史。农民战争史方面，有朱大昀主编（谢桂华参与撰写）《中国农民战争史·秦汉卷》（1990）、朱大渭主编（童超参与撰写）《中国农民战争史·魏晋南北朝卷》（1985）。林甘泉论文《中国古代土地私有化的具体途径》（1986），论证了中国古代家族公社或农村公社的共同体土地所有制是土地公有制向私有制过渡的"中间阶段",获我院第一届(1993)优秀科研成果奖。林甘泉论文《20世纪的中国历史学》(1997),系统总结了近代中国从传统史学向马克思主义史学演变的历史过程,获我院第三届(2000)优秀科研成果奖。

进入21世纪,我室在宏观、理论问题探讨方面又取得许多重要成果。林甘泉论文《中国古代知识阶层的原型及其早期历史行程》(2003),批评余英时所谓士"道尊于势"是儒家精英的自恋情结,认为春秋战国时代士的知识结构和价值取向自始就呈现多元化的趋势,中国古代知识阶层就其整体社会地位来说,不能不依附于统治阶级。该文荣获我院第六届(2007)优秀科研成果奖。杨振红《出土简牍与秦汉社会》(2005、2009),利用新出张家山汉简等简牍材料,论证提出战国秦汉时期的土地制度为名田制、秦汉律篇存在二级分类等新说,获全国优秀博士论文提名(2007)、中国社会科学院研究生院优秀博士论文奖(2007)、第四届(2012)郭沫若中国历史学奖、第一届(2013)李学勤中国古史研究奖。历史上对于孔子和儒家思想的评价,随着时代潮流几经变化,林甘泉主编《孔子与20世纪的中国》(2008),力求客观、准确地认识和把握孔子、儒学以及与中国现代化的关系。该书获第六届(2012)吴玉章人文社会科学奖。

二,注重学科平衡发展,既重视传统优势领域的延续和加强,更重视新领域的开拓和跨学科研究的展开。社会经济史是我室的传统优势领域,出版了大量论著。林甘泉主编《中国经济通史·秦汉经济卷》(1999),参加撰写的多是我室研究人员(陈绍棣、马怡、孙晓、杨振红)。该书是第一部对秦汉各产业部门和经济生活各环节做全面、系统论述的著作,并对中国封建社会经济结构特点提出了诸多新认识,获我院第四届(2002)优秀科研成果奖一等奖、第二届(2002)郭沫若中国历史学奖二等奖。政治制度史的成果有卜宪群《秦汉官僚制度》(2002),戴卫红《北魏考课制度研究》(2009)。军事史方面的著作有朱大渭等著《中国军事通史·两晋南北朝军事史》(1998)。张政烺是易学研究大家,其数字卦的研究在中外史学界产生了巨大影响,出版有《马王堆帛书周易经传校读》(2008)、《张政烺论易丛稿》(2010)等,其中论文《试释周初青铜器铭文中的易卦》(1980)获我院第一届

（1993）优秀科研成果奖。文化史方面，有梁满仓《汉唐间政治与文化探索》（2000）。马怡论文《皂囊与汉简所见皂纬书》（2004），获我所第六届（2006）优秀科研成果奖。赵凯论文《汉魏之际"大冀州"考》（2004），获得我所第一届（2006）中青年优秀学术论文奖。民族史研究也曾是我室的强项。黄烈《中国古代民族史研究》（1987）是民族史研究的重要成果。易谋远《彝族史要》（上、下）（2000），荣获我院第四届（2002）优秀科研成果奖。1981、1983年魏晋南北朝隋唐史研究室组织出版了《魏晋隋唐史论集》第1、2辑，刊载该研究室成员全方位的研究成果。史学史方面，有林甘泉、黄烈主编《郭沫若与中国史学》（1992）。

改革开放后，我室积极调整方向，展开了社会史、风俗史、礼制史等学科的研究。社会史方面有，朱大渭、刘驰、梁满仓、陈勇著《魏晋南北朝社会生活史》（1998），刘驰《六朝士族探析》（2000），侯旭东《北朝村民的生活世界——朝廷、州县与村里》（2005）。彭卫、杨振红《中国妇女通史·秦汉卷》（2010），为填补空白之作，获第四届（2013）中华优秀出版物图书类一等奖。赵凯论文《西汉"受鬻法"探论》（2007），获我所第二届（2009）中青年优秀学术论文奖。庄小霞论文《汉代授鸠杖制度探究——兼论授鸠杖制度从先秦到汉代的变迁》，获首届（2012）中国历史学博士后论坛优秀论文奖。风俗、礼制研究的成果有梁满仓《中国魏晋南北朝习俗史》（1994），陈绍棣《中国风俗通史·两周卷》（2002）、彭卫、杨振红《中国风俗通史·秦汉卷》（2002），杨英《祈望和谐——周秦两汉王朝祭礼的演进及其规律》（2009）。梁满仓《魏晋南北朝五礼制度考论》（2009），对魏晋南北朝时期的礼制特点及发展规律进行深入探索，获我院第八届（2013）优秀科研成果奖。本学科成员还开展了将经学、礼学等传统课题与社会史相结合的研究，出版孙晓《两汉经学与社会》（2002），宋艳萍《公羊学与汉代社会》（2010）。

近年来，本学科新开展了法制史、文书学、道教数术等学科的研究，并取得了很大进展，在海内外产生了一定影响。杨振红《秦汉律篇二级分类说——论〈二年律令〉二十七种律均属九章》（2005），获我所第七届（2009）优秀科研成果奖。邬文玲《汉代赦免制度施行程序初探》（2005），获我所第一届（2006）中青年优秀学术论文奖。

我室许多研究人员的著述得以结集出版，具有代表性的有：吴树平《秦汉文献研究》（1988）、杨希枚《先秦文化史论集》（1995）、朱大渭《六朝史论》（1998）、《贺昌群文集》（2003）、林甘泉《中国古代政治文化论稿》（2004）、《林甘泉文集》（2005）、《杨希枚集》（2006）、朱大渭《六朝史论续编》（2008）、《张政烺批注〈两周金文辞大系考释〉》（2011）、《张政烺文集》（2012）、《朱大渭学术经典文集》（2013）等。

三，重视学科基础建设。在传世文献和出土文献的整理研究方面，均取得了突出成绩。传世文献方面，吴树平《风俗通义校释》（1980）、《东观汉纪校注》（1987），是现在学者广泛利用的校注本。孙晓主持整理出版了2800万字的《域外汉籍珍本丛刊》（2008），800万字的《佚经集成》（2008）。

简帛是中国20世纪最为重要的考古发现之一。中国社会科学院是最早从事简帛整理与研究的机构，参与的人员大多是我室成员，如张政烺、贺昌群、谢桂华、朱国炤等，先后主持、参与了居延汉简（旧简）、武威汉简、马王堆帛书、云梦睡虎地秦简、居延新简等重大出土简帛的整理工作，出版了《武威汉简》（1964）、《马王堆汉墓帛书·老子甲本及卷前古佚书老子乙本及卷前古佚书》（1974）、《马王堆汉墓帛书·战国纵横家书》（1976）、《马王堆汉墓帛书·经法》（1976）、《睡虎地秦墓竹简》（1978、1990）、《居延汉简甲乙编》（1980）、《居延汉简释文合校（上、下）》（1987）、《居延新简——甲渠候官与第四燧》（1990）、《居延新简——甲渠候官（上、下）》（1994）等重要成果。其中，谢桂华、朱国炤等著《居延汉简释文合校》获我所第一届优秀科研成果奖；谢桂华参加的《居延新简——甲渠候官（上、下）》，获第九届中国图书奖、中国社会科学院第二届优秀科研成果奖、首届（2000）郭沫若中国历史学奖。

1995年3月，在谢桂华、李学勤、张政烺等倡议和推动下，中国社会科学院简帛研究中心成立。该中心是世界上最早建立的简帛研究专业机构之一，挂靠在我室。中心成立后，主持或参与了尹湾汉墓简牍、张家山汉简、额济纳汉简、长沙吴简、岳麓秦简、天长汉简等整理工作，出版有《尹湾汉墓简牍》（1997）、《张家山汉墓竹简〔二四七号墓〕》（2001）、《额济纳汉简》（2005）、《长沙走马楼三国吴简竹简〔叁〕》（2008）、《岳麓书院藏秦简〔壹〕》（2010）、《肩水金关汉简（壹）》（2011）、《肩水金关汉简（贰）》（2013）、《长沙走马楼三国吴简竹简〔柒〕》（2013）等成果。中心主办有专业性书刊《简帛研究》杂志和"简帛研究文库"丛书，已出版《简帛研究》第一至三辑（1993、1996、1998）、《简牍研究译丛》第一、二辑（1983、1987）、《简帛研究二〇〇一》至《简帛研究二〇一二》十一辑（2001—2013）。《简帛研究》杂志和"简帛研究文库"丛书被纳入国家"十一五"重点图书出版项目。2006年《简帛研究》入选台湾十六种专史类核心期刊之一，2012年收入南京大学"中文社会科学引文索引"（CSSCI）收录集刊。"简帛研究文库"已出版专著6种、译著5种。在释文补正方面也发表了大量高水平的成果。邬文玲《张家山汉简〈二年律令〉释文补遗》（2006），补正了整理者的18处错漏之处，获我所第二届（2009）中青年优秀学术论文二等奖。

四，重视整个历史学的发展和历史知识的普及，为了及时体现史学界最新研究成果，积极组织和参与通史、工具书等撰写工作。林甘泉、黄烈、朱大昀等为郭沫若主编《中国史稿》第二册（1979）、第三册（1979）主要执笔人，该书获我所第一届科研成果奖。林甘泉主编《中国历史大辞典·秦汉史》（1990）、《中国大百科全书·中国历史·秦汉史》（1990），我室许多研究人员参与了这两项工作。林甘泉主编全国干部培训教材《从文明起源到现代化——中国历史25讲》（2002），获我院第五届（2004）优秀科研成果奖。杨振红、梁满仓参加《简明中国历史读本》（2012）的撰写工作，分别负责秦汉、魏晋南北朝时期。杨振红、梁满仓、赵凯还参与了百集中国通史专题片秦汉及魏晋南北朝时期脚本的写作。

虽然受到科研体制和招生人数的限制，但60年来我室仍然为秦汉魏晋南北朝史学界培养输送了大批优秀人才。我室培养的硕士、博士研究生、博士后现在已成为活跃在史学界的中坚力量。

斗转星移，历史研究所已经度过了60年。这60年是中国变化最为剧烈的60年，秦汉魏晋南北朝史研究室和简帛研究中心的发展与祖国的脉动同步，经历了各种艰难曲折。但在我室和中心几代学人的共同努力下，克服各种困难，取得了一系列丰硕成果，为推动本学科和整个历史学的发展做出了重要贡献。如今研究室和中心的成员大多为 20 世纪 70—80 年代出生的中青年学者，是在改革开放后受教育成长起来的，因此知识结构更为合理，思想更为开放，视野也更为开阔，相信他们一定会继承老一辈学者严谨、求真、务实的学风，在前辈学者开拓的事业上再创辉煌。

登堂琐忆

梁满仓

没上大学的时候，我的历史知识是零碎的，对当代史学大家的认知也非常有限。通过《中国通史简编》我知道了范文澜，通过《甲申三百年祭》我知道了郭沫若，还知道了他们都在中国科学院。那时候在我的心目中，中国科学院就是历史研究的神圣殿堂。此时这座殿堂离我甚远，对我来说，充其量只是"闻堂"而已。

1978 年，我考入了北京师范大学第一分校历史系，开始系统地学习历史知识。由于是走读，经常骑着自行车在建国门桥穿来绕去。每次到了这里，都要扭过头看一眼位于建国门立交桥西北侧的那座不高的小楼。楼门旁一块"中国社会科学院"的牌子，赫然使这座小楼在我心目中的形象变得高大而且神圣。我常常闪出这样的念头：毕业后能到这里工作多好！又很快以"妄想"二字将这个念头否定。然而比起以前的"闻堂"，经常路过这里远远看上一眼，也算得上是"观堂"了。

大学毕业后，在一个中学教历史，虽然不能经常"观堂"，但"登堂"的愿望却一天天强烈。一年之后，终于报名参加了中国社会科学院研究生院研究生考试，在通过笔试和体检之后，又接到了复试的通知。复试采取面试形式，地点是历史研究所。这是位于中国社会科学院主楼后面的一座两层小楼，因为他是主楼后面的第三座，所以又被称作三号楼。我登上二楼，在科研处同志的带领下，来到了魏晋南北朝隋唐史研究室，在研究室的套间，我的恩师黄烈和朱大渭先生已经等候在那里了。黄先生坐的位置显然是主考，温和中有几分严肃。坐在一旁的朱先生则是和蔼中透着几分慈祥。先生们究竟会问些什么问题？我能不能回答？回答能否让先生们满意？一切都心中没底，不由得惴惴不安起来。黄先生似乎看出了我的心情，对我说的第一句话是："你不要紧张，今天我们就是随便聊聊天。""聊天"从一些易于回答的问题开始，诸如"毕业以后在什么地方工作？""毕业论文作什么题目？""哪位老师指导？"渐渐地我紧张的心情放松下来。两位先生问了我一些专业方面的问题，印象最深的是问我对国外对中国史研究动态的了解。这一下触到了我的短板，我对这方面当时不是很清楚，欧洲美洲亚洲一通乱说。朱先生和蔼地告诉我，国外研究中国史成就最突出的是日本，并给我讲了日本研究中国史的几个著名学者及其他们的主要成就。朱先生的谈话丝毫没有对我求全责备的意思，反而使我感到前辈学者对后学知识欠缺的理解包容和循循善诱。接着，先生们又和我谈了一番从事科研工作应该具备的素质，怎样做好科研工作等等。我隐隐约约感到，先生似乎准备接纳我进入历史研究的殿堂了。从历史所出来，反复玩味着先生们的谈话，又回头望望身后的小楼，顿生无限感慨：不论如何，我已经迈出了"登堂"的第一步。

真正的"登堂"，是接到研究生院的录取通知书之后，"登堂"三年，有几件事给我留下印象极深。

第一件事是师弟因病退学。与我同时登堂的还有一个同门师弟，名叫俞观湖，杭州人，聪敏多才，我们住在同一宿舍，一起切磋学问，一起到老师家上课。在读到第二年的时候，由于肝脏出了问题，便办了休学，回到杭州治病。后来因病情加重，无法完成学业，最后办了退学。黄烈先生听到这个消息之后，神色凝重，轻轻说了一句："可惜了。"从此以后，我一个学生由两名导师指导，这在学界是少见的。

第二件事是朱先生对我硕士论文初稿的评价。初稿是用白纸写的，没有格，没有行，字间距又小，密密麻麻一片。朱先生很快看完了，总的评价是：尽了努力，材料丰富，经验不足，像个拼盘。这实际上是肯定了我的努力，不满于文章的水平。先生敏锐地发现了问题的症结所在：缺乏写学术论文的经验。他告诉我，学术论文不是把各种材料堆放在一起就算完了，要像剥葱一样，一层一层地由表及里，最后现出文章的核心。他还指出了我的两个具体毛病，材料要核对，不要有硬伤；写字要规范，如建设的"建"，不能写成"硬走之"加一个"占"字。最后他还送给我一些带格子的稿纸，让我以后用稿纸写，以方便审阅和批改。

　　第三件事是黄先生带病给我指导论文。写毕业论文的时候，通常是写完一稿，先给朱先生看，然后送给黄先生看，最后综合两位先生的意见加以修改。一次准备取回呈给黄先生审阅的论文，刚到他家，不巧先生生病，正要到医院就诊。先生有病还来麻烦他，我感到过意不去，表示先陪先生去医院，论文的事以后再说。黄先生说：“你们时间很紧张，不要耽误。你陪我去医院也好，我可以在等候的间隙给你讲一讲。”在协和医院的候诊走廊里，黄先生给我讲了如何在众多的史实中提炼出有理论高度的问题。这是我终生难忘的一课。

　　1987 年，我研究生毕业，留在历史所魏晋隋唐研究室，完成了“登堂入室”的过程。“入室”至今，已经过去了 24 年，这 24 年对我学术上进步的帮助是以前难以想象的。概括起来有以下几个方面：

　　第一，整天工作学习在老师身边，随时都可以接受老师的帮助和教诲。2000 年，我出版了《汉唐间政治与文化探索》一书，在《后记》中写道：

　　　　无论是为学还是做人，我都从他们那里受益非浅。黄烈师鼓励我开拓治学新路，并指出达此目的的三个条件：史学基础、文学和哲学的修养、了解国外动态。朱大渭师曾谈及治史继承和创新的三条经验：学习和借鉴前人的研究成果、详细占有和准确识别资料、求真和创新。我深知做到这一切是很不容易的，我虽不能，却心向往之。由于黄烈师离休较早，我与朱大渭师的接触相对多一些。十多年来朱大渭师一直对我耳提面命，谆谆教诲，他曾多次指出：“历史科学研究与名利无缘”，“当前物欲横流，学术领域受害非浅，须淡泊宁静，甘于寂寞，潜心钻研，庶几有成。”书中的所有文章，朱先生几乎都看过，并提出过许多宝贵的修订意见。

这是我得益于在老师身边受教的真实总结。

　　第二，参加实际科研工作，确定了个人科研工作方向。我的硕士论文题目是《论北魏对汉族统治阶级政策的转变》，是研究北魏的政治问题的。“入室”之后，即参加了魏晋南北朝社会生活史精神生活的研究，偏重于文化方面。可以说，这两项工作奠定了我后来研究工作的基本方向。24 年来，先后出版了《汉唐间政治与文化探索》、《隋文帝杨坚》、《中国魏晋南北朝习俗史》、《魏晋南北朝五礼制度考论》、《三国儒家思想研究》、《人物志注释》、《魏晋南北朝社会生活史》（合著）、《武侯春秋》（合著）、《新译三国志》（合著）、《三国礼仪习俗研析》（合著）等著作，基本上都是沿着这个方向。

第三，结识了一批登堂入室的学术研究的同仁。这样的同仁基本分为两类：一类毕业于社科院研究生院，师从本所的前辈先生；一类从其他高校调过来，在原来单位也有一番登堂入室的经历。我们在一起研究、切磋、互助、提高。

第四，参加国内国际的学术活动，结识新朋友，了解新信息，开阔思路和眼界。

2000 年，研究室的同仁李凭开始招收硕士研究生。李凭即上文所说第二类登堂入室的学术同仁，所招收的学生名叫戴卫红，是西南师范大学历史文化与旅游学院 2000 届本科毕业生。我被邀请参加了戴卫红的复试，李凭作为导师是主考，我和其他几位为副考。戴卫红聪明踏实，顺利地通过复试。这次复试对戴卫红来说是新的开始，对我来说也是具有重大意义的转变，它标志着我们登堂入室的一代人，开始了"坐堂授业"，具有了新的学术地位。几年以后，我也招到了自己的研究生，名字叫袁宝龙。现在，戴卫红早已博士毕业，进入研究室成为学术研究的新生力量。而我的学生袁宝龙也早已硕士毕业，在研究生院工作五年后又师从卜宪群先生攻读博士学位。

我想，闻堂—观堂—登堂入室—坐堂授业，这是一个无限循环的过程，研究队伍的新老更替，学术研究的不断推进，就是随着一次次循环的进行而实现的吧。

历史研究所的敦煌学研究

杨宝玉

中国社会科学院历史研究所在敦煌学研究方面具有很好的学术传统，依实际发展状况，建所 60 年来的研究历程可大略分为四个阶段，以下试作介绍。

一　建所伊始即着手展开的敦煌学研究

1954 年，历史研究所的前身——历史一所、二所成立，二所所长陈垣、副所长向达都是非常著名的敦煌学家，故格外重视敦煌学的发展，很快即组织优秀学者着手进行敦煌文献的整理与研究。

在此需要首先说明的是，敦煌学是一门非常特殊的学科，系以莫高窟藏经洞中保存的数万件 4 至 11 世纪的古代文书为主要研究对象，这些文书数量巨大，种类庞杂，是未经古人改窜，有待今人整理的原始资料，识读、释录方面的难度相当大，因而历来敦煌学研究即包括文书整理性研究和学术探究性研究两大部分，前者是后者的基础和保障，后者是前者的升华与提高，两者相互依存，有时难以区分。正由于此，学风严谨的我所学者最先进行的就是敦煌文书的勾稽录校。在贺昌群、阴法鲁等先生的具体指导下，那向芹、虞明英等学者据刚刚获得的英藏敦煌文献缩微胶卷和北京图书馆藏部分英藏、法藏敦煌文书照片，及向达、王重民先生早年在英、法所作录文，选辑校录了大量与史学研究密切相关的社会经济类文书，分户籍、名籍、地亩、敦煌寺院僧尼等名牒、契约、文书等几大类别排列，先期完成的成果即是 1961 年中华书局出版的《敦煌资料》（第一辑）。该书出版后立即在敦煌学界和中古史学界产生了巨大影响，当时英藏敦煌文献的缩微胶卷尚未大量发行，法藏、北图藏胶卷尚未摄制，此书遂成了相关学者研究利用敦煌文献的最便利，有时甚至是唯一途径，被我国和日本等国的敦煌学者长期倚重，嘉惠学林十余年。

史学探究方面，这一时期我所学者也发表了较多成果（需要附此说明的是，限于篇幅，本文对各类研究成果的介绍以论著为主，论文从略），其中贺昌群《汉唐间封建国有土地制与均田制》（上海人民出版社，1958 年）和《汉唐间封建土地所有制形式研究》（上海人民出版社，1964 年）在探讨唐代均田制的实施、均田制与府兵制的关系等问题时利用了大量敦煌吐鲁番出土的籍账类文书，是同类研究中的典范。

综上所述，历史所是国内最早开展敦煌学研究并拥有专门团队的单位之一，在建所后的十余年间建立了比较高的起点，也做出了很大的成绩，堪称在国内居于领先地位，为其后我所敦煌学研究工作的大发展打下了良好基础。令人遗憾的是，20 世纪 60 年代中期开始，国内形势发生巨变，学术研究无法正常进行，我所的敦煌学研究自然也深受影响，陷入停滞状态，连已经完成初稿的《敦煌资料》第二辑的修订出版工作都被搁置，以致我们今日看到的不是原计划中的一套书而是一本。

二　中国社会科学院建院至 80 年代后期

1978 年，中国社会科学院在原中国科学院哲学社会科学学部的基础上正式成立，我所的敦煌学研究机构建设随之加强，于 1981 年正式设立了敦煌学研究组，并成为促成中国敦煌吐鲁番学会成立的发起单位之一。敦煌组从建组伊始即极其重视相关资料的搜集与整理工作，经过近十年的努力，至 80 年代末已逐渐积累了一套以英藏、法藏、北图藏敦煌文献缩微胶卷、照片、复印件、图版本为主体的相当可观的敦煌文献资料，在国内同类研究单位中居领先地位。

在此基础上，我所的敦煌学研究工作迅速恢复，相关研究人员开展了大量由浅入深的敦煌学资料整理与研究工作。资料整理方面，师勤、卢善焕合作或单独编辑的《中国敦煌吐鲁番学著述资料目录索引（1909—1984）》及其《续编（1985—1990）》（分别印制于 1985 年、1990 年）汇集揭示了自敦煌学发轫至 1990 年之前学界刊发的主要论著，为同仁检索利用前贤研究成果提供了很多便利。更值得感佩的是，选编辑校《敦煌资料》的优良传统也在继续：唐耕耦曾在我所工作多年，其间即长期从事敦煌文书的释录工作，其校录的《敦煌社会经济文献真迹释录》（第 1 辑由书目文献出版社于 1986 年出版，第 2—5 辑由全国图书馆文献缩微复制中心于 1990 年出版）自 1986 年起陆续刊出，将当时已公布的，文史学者最关注的社会经济文献校录为标准字体，同时附有文书图版，极大地方便了学者使用，形成了当时敦煌文献整理的一个高峰，在国际敦煌学界产生了重大影响，至今仍是众多学者，尤其是年轻学者的必备工具书。

敦煌学是一门国际显学，除中国外，日本、法国、苏联、英国、美国等国的学者也在进行不同程度的敦煌学研究，而在国外研究成果的推介方面，我所学者也做出了巨大贡献。日本的敦煌学研究开始早，水平高，成果备受关注，我所姜镇庆、那向芹选译的《敦煌学译文集》（甘肃人民出版社 1985 年版）为我国学者掌握日本学界动态创造了条件。作为敦煌文献重要收藏国并具有优良汉学研究传统的法国的敦煌学研究在欧美国家中始终居于领先地位，法国学者刊发了许多高质量的专著和论文，深受学界重视，而将这些重要成果介绍给中国敦煌学界的正是我所的耿昇。耿先生于 80 年代翻译的《丝绸之路》（新疆人民出版社 1982 年版）、《吐蕃僧诤记》（甘肃人民出版社 1984 年版）、《敦煌译丛》（第 1 辑）（甘肃人民出版社 1985 年版）、《五代回鹘史料》（新疆人民出版社 1986 年版）、《中国五—十世纪的寺院经济》（甘肃人民出版社 1987 年版）等为正在复苏的国内敦煌学界提供了了解法国学术界相关研究状况的在当时几乎是唯一的途径。这些译著及时地给中国敦煌学界输入了新信息，促进了中国与国际敦煌学界的交流，为中国敦煌学研究尽快恢复与赶超国际先进水平提供了必要条件。

学术研究方面，张泽咸《唐五代赋役史草》（中华书局 1986 年版）在对唐五代各时期赋役情况进行综合研究的过程中，使用了相当多的敦煌文书，为经济史研究方面的力作。张弓《唐朝仓廪制初探》（中华书局 1986 年版）将敦煌吐鲁番文书与传世文献相结合，全面探究了正仓、转运仓、太仓、军仓、常平仓等的设置与职能，深入考察了唐代仓廪制度的基本特点及其在唐代经济与政治生活中的历史作用。

综合来看，与当时全国学术界的总体形势相一致，此一时期是历史所敦煌学研究迅速恢复与蓬勃发展时期，文书校录、外文论著选译、以敦煌文书为基本史料研究唐史等是主要特色，这些都为下一个时期敦煌学研究的大发展奠定了坚实的基础。

三　《英藏敦煌文献》项目启动后至 90 年代后期

《英藏敦煌文献》的编辑是我所敦煌学研究发展史上的重要事件，该项目的酝酿、筹备起始于 1987 年 8—11 月宋家钰、张弓先生对英、法两国的出访。纵观敦煌学发展的历史可以看到，敦煌学研究每一高潮的到来都与新资料的刊布密切相关。开风气之先的十五卷全新大型文献集《英藏敦煌文献（汉文佛经以外部分）》（四川人民出版社，前十四卷图录出版于 1990—1995 年，第十五卷即总目索引卷出版于 2009 年）正是主要由我所与中国敦煌吐鲁番学会、英国国家图书馆、伦敦大学亚非学院合作编辑的，它将英藏品中对多数研究者来说最具研究价值的非佛经文书搜罗殆尽，所收图片均据原卷重新拍摄，并用当时十分先进的电子分色技术印制而成，阅之如睹原卷，我所负责拍摄文书的王矜、王亚蓉等先生为之做出了重要贡献。在提供清晰图版的同时，通过为数千件文书定名，包括我所宋家钰、张弓、杨宝玉等在内的《英藏敦煌文献》的编者们也使这套文献集具有了很高的学术价值。前已论及，无论就难度还是就意义而言，敦煌学的资料整理工作与其他学科的资料整理都大不相同，它不仅为研究提供基础和保障，而且它本身也是一项艰巨专深的研究工作，而《英藏敦煌文献》正是这方面的代表。故此，这套在敦煌学界尽人皆知的全新大型文献集一直深受国内外学术界的重视与好评，已获中国图书奖一等奖和中国国家图书奖一等奖两项大奖，不仅早已成为了各国敦煌学者的必用工具书，还极大地鼓舞了敦煌界和出版界的有识之士，带动了近十余年来法藏、俄藏，以及中国收藏敦煌文献等的刊布和出版，可以说，正是《英藏敦煌文献》的成功整理出版开风气之先，掀起了敦煌文献整理工作的新浪潮，从而促进了敦煌学这一十分依赖原始文献的特殊学科在最近二十余年间的突飞猛进的大发展。

外文论著译介方面，此期我所学者同样卓有创获。姜镇庆等《唐代均田制研究选译》（甘肃教育出版社 1992 年版）所收主要为日本学者利用敦煌吐鲁番文书研究唐代均田制的论文，深受相关学者推重。耿昇先生此一时期继续在敦煌学方面投注了大量精力，翻译出版的《国外敦煌吐蕃文书研究选译》（甘肃人民出版社 1990 年版）、《川、甘、青、藏走廊古部落》（四川民族出版社 1992 年版）、《敦煌吐蕃历史文书考释》（青海人民出版社 1991 年版）、《伯希和敦煌石窟笔记》（甘肃人民出版社 1993 年版）、《法国学者敦煌学论文选萃》（中华书局 1993 年版）、《古代高昌王国物质文明史》（中华书局 1994 年版）等多部法国学者的敦煌学论著深受学界瞩目。

此期我所的敦煌学研究颇为繁荣，刊发的相关论著不仅数量多，涉及的研究领域亦相当广泛。宋家钰《唐朝户籍法与均田制研究》（中州古籍出版社 1988 年版）通过对户籍、田制等类敦煌文书的剖析，指出户口调查、统计以及编造户籍等措施是均田制实行的前提条件，并据之探讨了均田制的具体实施情况等问题。杨宝玉《敦煌学目录初探》（与白化文先生合著，河北人民出版社 1989 年版）全面探讨分析了中、英、法、苏、日等国的敦煌文献编目工作，是学界第一本专门研究敦煌目录学的专著，对于特别重视目录学方法的敦煌学研究而言，该书对当时已刊各种敦煌文书目录索引特点的分析介绍可为文书检索利用提供很大便利。李锦绣《唐代财政史稿》（上卷，北京大学出版社 1995 年版，下卷，北京大学出版社 2001 年版），将敦煌吐鲁番文献与传世典籍结合起来，全面系统地研究了唐代财政机构、行政、各方面的财政收入与支出，极大地推进了唐代财政史研究。张弓《汉唐佛寺文化史》（中国社会科学出版社 1997 年版）综合利用敦煌文书、传世文献及其他考古资料，以佛寺为切入点，研究了汉唐时期佛教在中国的传播与发展状况，被学界誉为体大思精的高水平著作。黄正建《唐代衣食住行研究》（首都师范大学出版社 1998 年版）在探究唐代的衣食住行问题时，运用了相当多的敦煌资料，故亦为国内外敦煌学者所关注。

总体而言，此期《英藏敦煌文献》的编辑出版是奠定我所在敦煌学界地位的关键举措，学者研究领域的拓宽是显著特点。严格说来，敦煌学乃是一个学科群的概念，内中包含有众多分支学科，从以上介绍的研究专著即可看出，此期我所学者已将以往专注的敦煌史学研究扩展至敦煌目录学、敦煌佛教、敦煌民俗学研究等分支领域，使我所的敦煌学研究具有了更广阔的前景。正是在取得上述丰硕成果的背景下，此期我所的敦煌学研究组曾发展成了敦煌学研究室。

四　院敦煌学研究中心成立并挂靠历史所后至今

相对于我院其他研究所而言，历史所的敦煌学及相关学科学者最为集中，故随着上一阶段我所敦煌学研究的大发展，1998 年 6 月我院正式成立的敦煌学研究中心遂挂靠于我所，中心正副主任亦主要由我所科研人员担任。自成立之日起，该中心即积极发挥成员间多科协作、综合研究的群体优势，开展了专项课题研究，并于 2011 年 4 月与我所共同承办了"2011 年中国社会科学院国学研究论坛暨中国社会科学院敦煌学研究回顾与前瞻研讨会"，与会的 50 余名敦煌学界代表主要围绕"中国社会科学院敦煌学研究回顾与前瞻"及"敦煌文献的整理与研究"等问题展开了热烈讨论，共发表论文 30 余篇，会后亦出版了正式论文集《中国社会科学院敦煌学回顾与前瞻学术研讨会论文集》（上海古籍出版社 2012 年版）。

在此期的短短十余年中，我所出版的敦煌学及相关学科学术成果相当多。

资料整理方面，黄正建《敦煌占卜文书与唐五代占卜研究》（学苑出版社 2001 年版）从已公布的敦煌文献中甄别出占卜类文书，并编为相当详尽的叙录，为其他学者的研究工作提供了很大便利，同时亦反映了作者自己的部分研究成果。杨宝玉编著《英藏敦煌文献》第 15 卷（四川人民出版社 2009 年版）不仅为《英藏敦煌文献》提供了方便实用的总目录、分类索引、文书名索引、可拼合卷号索引等，更根据《英藏敦煌文献》各卷出版后学界最新研究成果对该图集的文书拟名进行了修正补充。该卷完成于 2000 年 3 月，同年顺利通过《英藏敦煌文献》编委会审稿，后却延宕了近十年，至 2009 年终获出版（出版前夕进行了修订），为《英藏敦煌文献》画上了句号。还可附此一提的是，此期我所学者也参与了一些敦煌学知识普及方面的工作，杨宝玉编著《敦煌史话》（中国大百科全书出版社 2000 年初版，社会科学文献出版社 2011 年再版）、《敦煌沧桑》（长江文艺出版社 2003 年版）、《敦煌文献探析》（人民美术出版社 2005 年版）等即比较全面系统地介绍了敦煌地区史、敦煌石窟史、敦煌文献等方面的主要情况。

译著方面，耿昇所译《法国汉学·敦煌学专号》（中华书局 2000 年版）、《吐蕃僧诤记》（西藏人民出版社 2001 年版）、《伯希和西域探险记》（云南人民出版社 2001 年版）等受到了学界的广泛关注。由于耿先生的敦煌吐鲁番学译著深受几代学者的好评，为从事相关研究所必需，2011 年，甘肃人民出版社遂集中推出耿昇翻译作品 10 种，即《法国敦煌学精粹》全 3 册、《法国西域史学精粹》全 3 册、《法国藏学精粹》全 4 册。而刘忠等译注的《敦煌西域古藏文社会历史文献》（民族出版社 2003 年版）为我国学者参阅英文论著提供了便利条件，对敦煌文献中藏文文书的研究具有重要意义。

此期研究论著中首先应予称道的是三项集体研究成果。其一是以我所学者为主，并约请部分所外、院外专家撰著的《英国收藏敦煌汉藏文献研究》（中国社会科学出版社 2000 年版），该书所收论文专以英国收藏的敦煌文献为研究对象，既收录了相关学者上一阶段编辑《英藏敦煌文献》的研究心得，又汇集了其他学者针对英藏品的研究论文，是英藏敦煌文献整理研究工作的深入与拓展。其二是《敦煌典籍与唐五代历史文化》（上下卷，中国社会科学出版社 2006 年版），这是我院敦煌学研究中心成立后实施的第一个集体项目——国家社科基金项目"敦煌典籍与唐五代历史文化"的研究成果，该课题负责人为我所研究员张弓，参与合作的十多位研究者以我所学者为主体，并邀请了宗教所、文学所，以及国家文物局文物研究所、中国医学科学院中医医史研究室、中央民族大学等单位的敦煌学者，发挥各自的专长，分类分专题剖析敦煌典籍及其折射的唐五代社会历史文化内涵。其三是我所数位学者共同撰写的《中晚唐社会与政治研究》（中国社会科学出版社 2006 年版），在研究探讨中晚唐时期政治、宗教、礼俗、社会等方面问题时，敦煌文献是学者们使用的重要资料，故亦为敦煌学研究的重要成果。

此期出版的个人专著也相当多，除前已介绍的李锦绣《唐代财政史稿》（下卷，北京大学出版社 2001 年版）外，尚有：吴丽娱《唐礼摭遗——中古书仪研究》（商务印书馆，2002 年版）对敦煌文献中保存的书仪文本进行了考证分析，并充分利用这些书仪深入研究了唐五代时期的礼制与社会，在礼仪史研究方面取得了很大成就。李锦绣《敦煌吐鲁番文书与唐史研究》（福建人民出版社 2006 年版）回顾了各国学者利用敦煌吐鲁番文书研究唐代历史的过程，既是一部学术史方面的总结性著作，学术性又很强，书中的许多中肯评价对敦煌吐鲁番文书的进一步利用与研究具有启发指导意义。杨宝玉《敦煌本佛教灵验记校注并研究》（甘肃人民出版社 2009 年版）对敦煌文书中存留的佛教灵验记作品进行了集中校录、考释，并以之与其他类别敦煌文书和传世文献相结合，从敦煌地区史、佛教史、文学史等角度对这些作品中的学术研究价值进行了挖掘探讨，是学界刊发的对敦煌本佛教灵验记进行专门研究的第一本专著。

限于篇幅，以上介绍的主要是著作类研究成果，实际上，在各个阶段历史所学者发表的敦煌学研究论文都非常多，仅以目前所里的科研人员为例，楼劲对官制与法律文书等的研究、牛来颖对民俗与律令文书等的研究、孟彦弘对唐代军事与官制等的研究、雷闻对礼仪与文书制度等的研究、陈丽萍对女性史与石窟艺术等的研究，等等，都非常出色，发表过大量优秀成果。

这一时期是我所进一步扩大在敦煌学界影响的重要阶段，院敦煌学研究中心的成立并挂靠历史所为我所学者与学界的交流提供了良好平台，集体研究项目的顺利进行展示了我所学者的综合实力。

总起来讲，在建所后的六十年间，我所相关研究人员进行了大量敦煌学研究，已取得了一系列为学术界注目的成绩，在敦煌学资料的整理刊布、国外研究成果的翻译推介、学术问题的研究探讨等方面均做出了积极贡献，出版了一批敦煌学专著、编著、译著与资料集，受到了国内外学术界的重视与好评。

目前我所共有相关科研人员十余人，专业领域涉及敦煌史学、敦煌民俗、敦煌文学、敦煌目录学、敦煌佛教研究等，有较强的学术水平与整体力量，这样的能涵盖多科的学者群体在国内外敦煌学界并不多见。在本届中国敦煌吐鲁番学会中我所学者占有 5 个理事席位（耿昇、吴丽娱、黄正建、杨宝玉、李锦绣），充分说明了我所的敦煌学者是国内敦煌学界一支比较重要的研究力量。

目前我所经常刊发敦煌学研究论文的刊物除在史学界享有盛誉的《中国史研究》与《中国史研究动态》外，隋唐辽宋金元史研究室的室刊《隋唐辽宋金元史论丛》和文化史研究室的室刊《形象史学研究》各期均刊载敦煌学研究论文。这两个研究室和中外关系史研究室主办的网站也将敦煌学作为重点报道对象，为敦煌学界的很多学者所熟悉。

《天圣令》整理出版始末

黄正建

浙江宁波天一阁博物馆藏有一册《天圣令》，系天下孤本。历史所课题组对它进行了点校和研究。2006 年 10 月《天一阁藏明抄本天圣令校证（附唐令复原研究）》（以下简称为《天圣令校证》）由中华书局出版。出版的第 2 年即 2007 年，就荣获首届中国出版政府奖①。同时获奖的古籍类图书只有 4 种。随后，又在 2011 年荣获第七届中国社会科学院优秀科研成果奖；2012 年荣获第四届郭沫若中国历史学奖。2013 年 8 月，新闻出版广电总局从国内相关出版社、专家和读者推荐的 1136 种（自 1949—2010 年）古籍整理图书中，评选出 91 种，作为向全国推荐的优秀古籍整理图书，《天圣令校证》入选。各大媒体都报道了这一消息，其中《中华读书报》9 月 4 日头版的报道称："有极高学术原创性的《天一阁藏明抄本天圣令》、《中国丛书综录》等入选古籍体现了核心创新精神，注重挖掘新材料，创新整理方法和出版技术"。

《天圣令校证》的整理、研究和出版，从始至终得到了所领导的支持。课题组九人全部是历史所成员②。因此这项成果及其取得的成绩不折不扣是历史所的成果和成绩。值此历史所成立 60 周年之际，我想借助当年的工作日志，来粗略回顾一下整理和研究《天圣令》的过程，以纪念历史所的 60 华诞。

---

① 2007 年公示，2008 年颁发。
② 其中两人当时是历史所的硕士生。

一

中华法系到唐宋趋于成熟。律令特别是《令》在法典在社会中都占有重要地位。可是，唐宋的《令》没有流传下来，以致近当代人对唐宋《令》典的原貌无从知晓。日本学者为研究日本令而持续进行了百年的唐令复原工作，撰成《唐令拾遗》和《唐令拾遗补》两部大著。后者出版于 1997 年，书出版后唐令复原工作似乎已经走到了尽头。

谁曾想，1998 年上海师范大学戴建国①在浙江宁波的天一阁博物馆发现了北宋《令》典的《天圣令》一册，1999 年在《历史研究》上予以公布。《天圣令》有着奇特的编撰方式：它本身是宋令，但在每篇令的后面原文抄写了废弃不用的唐令，因此又保留了唐令原貌。一身而兼有两时代令，使它成为不仅能了解宋令而且能了解唐令，并有可能将宋令复原为唐令的极其珍贵的孤本《令》典。

文章一经发表，就引起日本学者极大重视，著名学者池田温等人随即前往天一阁，想目睹此件珍宝，未能如愿。相比较而言，国内学者表现迟钝，没有引起太大重视。直到 2003 年，在相关学者倡议下，历史所才申请到一项院长交办课题，准备与天一阁方面协商，整理这册珍贵文献。由于种种原因，双方协议未能签订，这一工作遂迟迟未能开展。与此同时，其他院校也在积极与天一阁博物馆联系，也想拿到该书的整理权。广大唐宋史学者、法律史学者则在翘首以待《天圣令》② 全文的公布。

2004 年是历史所建所 50 周年。3 月，所里布置各研究室将退休老先生请回，一起合影留念。我们室也是如此。合影结束，宋家钰找到我和吴丽娱，强调《天圣令》的重要和日本学者的重视，希望我们能推动整理工作的尽快展开。

2005 年 2 月，党委书记刘荣军打电话来，说天一阁方面同意和我

---

①　本文一律省略敬称，敬请谅解。

②　以下凡称《天圣令》者，均指藏于天一阁博物馆的一册本《天圣令》。

们继续合作。3月刘荣军出面与天一阁博物馆副馆长虞浩旭联系，同时要求我们尽快成立课题组。此后，我们成立了由隋唐宋辽金元史研究室、中外关系史研究室、社会史研究室的唐史学者，以及70岁高龄的宋家钰、20岁出头的硕士生共九人组成的课题组。此后我们频繁与天一阁方面联系，他们一直说再研究研究，于是和所里商量，以所长名义邀请天一阁博物馆馆长等来历史所访问，商讨此事，邀请函于4月寄出。5月中旬，天一阁来信希望我们过去。这样就有了6月的宁波之行。

6月2日上午，刘荣军和我到了宁波，当天下午就与天一阁博物馆馆长、副馆长一起会谈。他们有个方案，谈得不是很顺。此时文化局副局长孟建耀也来参加会谈。孟局长与刘荣军相识，为人豪爽，不保守不狭隘，听我们介绍情况后，说这个小册子放在这里谁也看不到，拿出去对学术界有好处，为什么不拿出去？孟局长的意见对协议的成立起了关键作用。随后我即与天一阁方面共同修改方案。3日我们与宁波社科联领导会面，也谈此问题。晚上吃饭，为能顺利拿下项目，刘荣军不惜出面与大家拼酒①，拼得稍有醉意，早早就睡了。当时为节省经费，刘荣军和我同住一间标准间。我因为睡觉很轻，夜里被呼噜声吵醒，就踹旁边的床，致使刘荣军以为发生了地震，一时传为笑谈。4日双方协议基本达成，我与天一阁方面讨论细节，最后决定将协议先带回北京，将意见批在上面寄回，他们同意签字后再寄回来。4日晚上我们回到北京。应该说，这次若非刘荣军出面，谈判不会如此顺利。

这以后事情就比较顺畅了。6月期间我们和天一阁互签了协议书，也与中华书局总编徐俊达成了出版意向。按照协议，天一阁准备在2006年11月初召开纪念范钦诞辰500周年、天一阁建阁440周年的大会，整理后的《天圣令》必须在此之前即在10月份见书。协议规定，我们最迟要在2006年6月之前将定稿交给出版社，留给我们的时间已经不足一年。

7月初天一阁按照协议将《天圣令》照片发来，我委托家人将110余张照片作了清晰化处理，打印出来发给大家，同时拟定整理凡例

①　因为我不能喝酒。又，这是8年前的事情，现在政事作风不同，一定不是这样了。

（事实证明，凡例一直在修改，直到最后完稿）。7月6日课题组首次开会讨论整理计划，结合个人专长按令文篇目作了如下分工：宋家钰《田令》《厩牧令》、李锦绣《赋役令》《仓库令》、孟彦弘《关市令》《捕亡令》、程锦《医疾令》、赵大莹《假宁令》、雷闻《狱官令》、牛来颖《营缮令》、吴丽娱《丧葬令》、黄正建《杂令》。

此册《天圣令》是明抄本，错字衍字漏字比比皆是，俗体异体字不在少数，既有漏抄几字随便就抄在本行下的现象，甚至还有三页令文全部抄反，因此整理起来难度很大。课题组成员在时间紧、任务重、报酬少（每人仅合2千余元[①]，一年之间除工作餐盒饭、打印复印相关材料书籍如全部《令义解》《令集解》《唐令拾遗》《唐令拾遗补》等之外，所剩无几）的情况下，认真负责，勤奋工作。

为保证质量，我们经常召开课题组会议讨论点校和复原的各种问题，常常为一个字一个标点争论不已。在大家完成录文初稿的基础上，11月2日（周三）9点至下午1点进行首次讨论，中午盒饭。此后在9日（周三）、23日（周三）、12月7日（周三）、21日（周三）、2006年1月11日（周三）、20日（周五）、2月17日（周五）、24日（周五）、3月21日（周二）、24日（周五）、31日（周五）基本都在非坐班日集中起来讨论一天。到4月3日校录本初稿基本完成，此后进行了密集讨论：

4月7日（周五）从9点讨论到下午3点。课题组成员自发从家里拿来咖啡、饼干等提神充饥。此后基本都是从9点到下午3点（17日以后早上提前到8点半）：计有11日（周二）、14日（周五）、17日（周一）、18日（周二）、19日（周三）、20日（周四）、21日（周五）、25日（周二）。连续的讨论，几乎涉及校录本的每一条令文每一个语句。70岁高龄的宋家钰也坚持每天参加，没有午休。大家的这种认真和勤奋保证了点校的高质量。

校录本完成后，我们又完成了清本，并开始进行唐令复原。其实要把宋令复原为唐令是十分复杂和异常艰难的，但留给我们的时间已经不多，大家都在拼命工作。到6月中旬，复原唐令基本完成，我们没有时

---

① 课题组九人课题费仅三万元，还被扣除一部分，到结项后才返还。

间一条一条讨论，只能采取我、吴丽娱、宋家钰分头看初稿，个别交换意见进行修改的方式，但也还讨论了几次，分别是 6 月 16 日（周五）、26 日（周一）、28 日（周三）、7 月 6 日（周四）、7 日（周五）。

到 7 月 17 日终于将定稿交给中华书局责编于涛，18 日（周二）开会讨论书名线、专名线问题。此后我撰写凡例、和宋家钰分别撰写前言。9 月 12 日开始看一校样，24 日看二校样，10 月 16 日看三校样。11 月 5 日，我在北京师范大学召开的唐史学会北京地区会员联谊会上宣讲"《天圣令》的发现与研究"，中华书局总编徐俊和责编于涛将新出的《天圣令校证》拿到现场，是书终于按时出版。

11 月 10 日，在宁波天一阁博物馆召开了"中国藏书文化国际学术研讨会"，日本、韩国学者有多人参加，我们课题组去了 8 人，刘荣军、楼劲也去了。中华书局将数十套带封套的上下两册精装书带到会场。会上会下，代表们高度评价了《天圣令校证》的整理和出版，天一阁博物馆馆长向历史所、向课题组鞠躬表示衷心感谢。看到这些，我们十分欣慰，同时也为我们自己、为历史研究所感到自豪。

二

当年为整理和研究《天圣令》，课题组不仅在集体讨论时激烈交锋，会下也不断用电话、信件等方式讨论问题，交换意见。下面选择两封信件以见当时的工作实况。

其一是我们密集讨论校录本后的第二天夜里，即 2006 年 4 月 23 日 0 点 46 分，课题组成员孟彦弘给我的信①：

> 正建先生：今天花了一天功夫，将关市令和捕亡令的校勘记又细细修改一过，虽不能保证其中已必无误，但遣词造句颇费了一番心思。特别是我翻池田温捕亡令一文，给我很大触动。他只是将天

---

① 信按原件拷贝，错字一仍其旧，下封信亦然。

圣令与养老令分别对应列出——这已经十分清楚地表明了他对唐令和养老令关系的看法，但即使是唐令部分，他也没有据养老令来校唐令。从逻辑上说，我们不能据养老令来校改唐令，更不能用它来校改宋令；即使是一字之异，也可能是日人或宋人所改动。所以，我这次修改，即使唐令，即使是明显的唐令误而养老令不误的地方，我也没有说"据养老令改"。同时，我在校记中已明确说了"当作某某"，正文中也作了改动的标注，这已经说明我们改了，不必再画蛇添足说"据改"。我的这种作法，也许会被课题组成员嘲笑，但这不失为一个明智的办法，或者美其名曰严谨的办法，虽然这样的严谨，可能毫无实际意义。

　　……

　　如果对一些问题实在不能达成共识，我看也只能存异，在凡例中带一笔即可。比如，对宋刑统与唐律疏议的看法，比如对是否使用"据改"的看法，等等。即以我的这一部分来看，我不标"据改"字样，放在全书中，似也并不太显异类。这一点，尚祈你老手下留情。

　　关于令义解的补令的那一条，我用红色标出了，还不算定稿，主要是还没有全部将令义解看一遍。明天专门翻一遍令义解。祝

　　晚安！

彦弘

　　按：孟彦弘在信中对头天讨论中的不同意见发表了自己的看法。其中一条是坚持不写"据养老令改"，而只写"当作某某"。此点虽然对实际改错没有影响，但反映了他的谨慎，因为他认为异文的存在可能是日人改的也可能为宋人所改。至于信中提到"对《宋刑统》与《唐律疏议》的看法"云云，情况是这样：当校勘宋令而要用到《宋刑统》和《唐律疏议》时，是应该先引《宋刑统》呢还是先引《唐律疏议》？课题组有不同意见：主张先引《宋刑统》的学者认为《天圣令》毕竟是宋令，因此应该先引宋代的法典《宋刑统》；主张先引《唐律疏议》的学者认为《唐律疏议》在先，《宋刑统》在后，后者抄自前者，在二者文字相同的情况下，哪有先引儿子后引爸爸的道理？一时双方相持不

下。这种不同意见反映了不同的校勘理念。由于对实际校勘影响不大，因此最后我们采取了两存的办法，并在前言中予以说明。

其二是我们进入唐令复原工作后，课题组成员宋家钰 2006 年 6 月 16 日晨给牛来颖的信并附有他所做的一条唐令复原：

乃①颖同志：

目前我们所作的复原，有先列结论的"按语"式和后列结论的论述式两种。我倾向后者，因为前者易忽略得出结论之前的大前提、小前提的推论过程。当然"按语"式也能写成论述式，我只是说"易忽略"推论过程。下面我试改一条你写的复原条文作为例子。我是随意选的，只是想换一方式，但未想到，在按逻辑推论过程中，发现《唐律疏议》所述并非营缮令原文。当然这仅是我的看法，你可再研究。你已做得很细，之所以未能展开写，就是因为已先有结论，觉得已一目了然，省略一些应说明的推论过程。

我的意见不一定对，供你参考。

祝

夏祺！

宋家钰

牛来颖的复原此处省略，而宋家钰试改的文字为：

宋 3　诸别奉敕令有营造，及和雇造作之类，未定用物数者，所司支料，皆先录所须总数，奏闻。

天圣令此条基本上采用唐令，有小部分修改。《令集解》卷三〇《营缮令》有所营造条："凡有所营造，及和雇造作之类，所司皆先录所须总数，申太政官。"养老令此条也采用唐令，同样有小部分删改。仁井田陞在《唐令拾遗》营缮令中，据《令集解营缮令》集解引的一句唐令和《唐律疏议》卷十六擅兴律疏议涉及营

---

① 此处"乃"当作"来"。

缮令的一句话，复原此条为："诸别敕有所营造，计人功多少，申尚书省，听报始合役功。"今据天圣令此条，可以更完整地复原出唐令此条原文。

天圣令此条首句："诸别奉敕令有营造"，《令集解》为"凡有所营造"。令集解此条集解引《义解》注："谓：别勅临时有所营造。所以知者，《唐令》云：'别勅有所营造'。此《令》虽不言'别勅'，而理也不殊。"集解又引《令释》注："《释》云：'此条，临时别勅营造之类耳。寻常营造，下条有文，见《唐令》。'"根据这些注释，唐令此条首句原为"诸别勅有所营造。"

天圣令此条次句："及和雇造作之类"，与令集解同，当同出于唐令原文。

天圣令此条第三句："未定用物数者，所司支料，皆先录所须总数，奏闻。"令集解作："所司皆先录所须总数，申太政官。"《唐律疏议》卷十六擅兴律兴造不言上待报条疏议："……有所营造，依《营缮令》计人功多少，申尚书省，听报，始合役功"。即本于此条，也就是：凡有所营造，都要依《营缮令》的规定，"先录所须总数"，即"計人功多少"，申尚书省。据此，令集解的条文，当更接近唐令原文，只是将唐令的"申尚书省"改为"申太政官"。今据其复原唐令此句为："所司皆先录所须总数，申尚书省。"

至于《唐令拾遗》根据上引《唐律疏议》所作的复原，有一部分乃疏议的解释，并非唐令原文。今本《唐律疏议》将"計人功多少，申尚书省，听报，始合役功"，标点为《营缮令》条文，显然是错误的。因为疏议所说"計人功多少"，无疑就是天圣令和令集解在此条中所规定的"先录所须总数"。令集解对此的注释最清楚："《迹》云：'有所营造者，为法可造物数并可用人数、功食等生文。'""《释》云：'先录所须总数，……其赋役令为丁夫生文，营缮令为材木、役直并料物立文。'"所谓"生文"、"立文"，就是令条的文句包含有这些内容。

根据以上分析，此条唐令可复原如下：

"诸别敕有所营造，及和雇造作之类，所司皆先录所须总数，申尚书省。"

按：宋家钰此条的复原方案，允分使用《令集解》中所引唐令，对《唐律疏议》"疏议"中所引唐令的断句提出了不同意见，并依逻辑推理，最后给出了复原条文。牛来颖吸取了宋家钰的意见，将《营缮令》宋3条复原为"复原唐令"第4条。上述一条宋令的复原过程展示了复原的难度以及我们采取的一般方法。

三

《天圣令校证》将《天圣令》全书几乎按原大原色影印，同时给出录文，这在当时的古籍整理中少见。全书文字的整理分为严格按原格式原文字誊写并予以校勘的《校录本》、吸收校勘成果调整抄本令文格式的《清本》，以及经过复原唐令研究过程后给出的《复原唐令清本》。全书将抄本彩色图版与对应迻录文字同装一函，集校勘誊清与复原研究为一体，印刷华美，点校精良，体现了古籍整理研究中体例和技术的创新。书出版后，被学者评论为"《天圣令》研究过程中具有里程碑意义的一项成果"①。实际上，我们在完成《天圣令》点校整理的同时，已经开始了对令文内容的研究。课题组成员此后分别在《唐研究》十二卷（2006年）、十四卷（2008年）及各个报刊上发表研究论文，至2011年由中国社会科学出版社出版了我们的集体研究成果《〈天圣令〉与唐宋制度研究》。该书出版之前即被选入首批"国家哲学社会科学成果文库"，作为文库的一种出版。现在可以说，由于我们对《天圣令》的整理和研究，历史所的唐史学科已经站到了《天圣令》研究的国际前列，整个唐史研究的水平也站到了学术界的前列。

因为与天一阁博物馆这次成功合作整理《天圣令》，"中国藏书文化研究基地"在天一阁正式挂牌，开辟了历史所与天一阁持续合作的

---

① 刘后滨（中国人民大学教授、历史学院副院长）：《〈天圣令〉与唐宋史研究问题空间的拓展》，《中国社会科学院院报》2008年9月4日第3版。

道路，此后双方的合作项目不断产生。这次合作还为中国社会科学院与宁波市乃至浙江省的交流合作开了个好头。从这个意义上说，历史所课题组对《天圣令》的整理研究也是值得我们纪念的。

《天圣令校证》取得的成果是我们课题组的成果，也是历史所的成果，是建所 50 周年以来（2005 年启动）对建所 60 周年（2013 年入选优秀古籍整理图书）的献礼。课题组成员在整理研究过程中学问得到扩展、水平得到提高：全部 9 名成员中，除 4 名研究员和 2 名学生外，3 名当年的副研究员已经先后晋升为研究员，成为历史所唐史研究的中坚力量。唯一遗憾的是宋家钰不幸于 2009 年辞世。我与牛来颖、孟彦弘去佑安医院看他时，他已经重度昏迷。他没有能见到《〈天圣令〉与唐宋制度研究》的面世。在此，我谨代表课题组，对在整理研究《天圣令》中起过重要作用的宋家钰先生表示哀悼，也对历史所建所 60 年来去世的先生们表示深切的怀念。

历史研究所的宋史、辽金史研究

关树东

  历史研究所的宋史研究有比较好的基础。建所初期，有朱家源、郦家驹两位研治宋史；"文革"前，王曾瑜、陈智超、吴泰三位北京大学毕业生入所，专攻宋史。1978 年以后，迎来历史学的春天，历史研究所的宋史研究也步入正轨，迸发出活力。80 年代初期，朱家源先生（1910—2007）退休，郭正忠（1937—2001）调入研究所，副所长郦家驹（1923—2012）则于 1985 年转事全国地方志工作领导小组办公室的工作。遗憾的是，吴泰先生（1939—1985）英年早逝。即便如此，1978—2000 年的 20 余年仍然称得上是历史研究所宋史研究的黄金期。1994 年，陈智超、郭正忠、王曾瑜三位先生同时增选为博士研究生导师（历史研究所本次共增选博导 4 位，另一位是史学史专业的施丁先生）。

  首都师大历史系的李华瑞教授在《建国以来的宋史研究》[①] 一文中，以 1980 年中国宋史研究会的成立为界，把新中国 55 年来的宋史研究分为前后两个时期。他认为前 30 年的宋史研究在中国古代史各断代史中是较为落后的，宋史研究队伍严重匮乏，他列举新中国初期宋史研究者仅 27 人，其中包括朱家源、郦家驹两位；1980 年以后的宋史研究进步迅速，大有后来居上之势。毕业于五六十年代的一批学者（他列举了 25 位），到 80 年代以后，与前辈学者一道撑起大陆宋史研究的骨架，其中包括吴泰、郭正忠、王曾瑜、陈智超。

---

  ① 载《中国史研究》2005 年增刊。原为 2004 年在历史研究所为庆祝建所 50 周年举办的"中国社会科学院历史学论坛"上所做的报告。

暨南大学历史系的张其凡教授总结改革开放以来的宋史研究时，认为改革开放 30 年中国大陆的宋史研究，以每 10 年为 1 期，可分为前、中、后三期。1978 年至 1987 年为前期，这一时期的前半段发表论文的，除邓广铭、陈乐素、徐规、漆侠等五六十年代已刊发论文者外，"也有少数新人出现，其中最引人注目的，乃是同毕业于北京大学、同服务于中国社会科学院历史研究所的吴泰、王曾瑜二人。吴泰大学时受教于邓广铭先生，毕业后又成为陈乐素先生的研究生，他在这一时期成为宋史研究的风云人物，在这一时期的几个热门话题上，他都发表过重要意见。"他高度评价了历史研究所在 80 年代宋史研究中的地位：

> 中国社会科学院历史研究所的宋辽金元研究室，一度十分兴盛，80 年代时，有郦家驹、朱家源、王曾瑜、陈智超、吴泰、郭正忠等专攻宋史者。郦家驹在 20 世纪 40 年代与 50 年代先后在成都、北京受业于蒙文通先生，80 年代任中国社会科学院历史所副所长，他发表了《试论韩侂胄评价的若干问题》、《北宋时期的弊政和改革》、《两宋时期土地所有权的转移》等文，又是《中国史稿》第五册的主要作者之一。虽然由于担任行政工作，发表的论文不多，但他在中国宋史研究会成立与发展过程中发挥了积极的重要作用。吴泰掀起了关于宋江、岳飞等方面的大讨论，名震一时。惜乎在 80 年代即英年早逝。王曾瑜关于政治、军事、经济方面的论文，朱家源关于经济方面的论文，陈高华、吴泰《宋元时期的海外贸易》，郭正忠关于盐业与经济方面的论文，都有举足轻重之分量。

1988 年至 1997 年为中期，他列举这一时期大陆宋史研究的基地及其主要成果时说，"中国社会科学院历史研究所的宋辽金元研究室，一度十分兴盛，进入 90 年代后，却日渐衰微……虽然如此，郦家驹《韩酉山〈秦桧传〉序》、王曾瑜的《宋朝阶级结构》、陈智超的《解开"宋会要"之谜》和《宋会要辑稿补编》、郭正忠的《宋代盐业经济史》和《宋盐管窥》及《三至十四世纪中国的权衡度量》等著作，仍有举足轻重之分量，保持着较高的水平，令海内外宋史学界不敢轻视。"①

　　郭正忠先生主要研究宋代的盐业经济、商业以及古代度量衡。陈智超先生的研究以宋代文献学为主，尤其对《宋会要》和《旧五代史》用力最深，成就最大。他是《中国史稿》宋代部分的执笔人之一，也是《中国封建社会经济史》第三册的主编和宋代经济史的撰写者。他的研究还涉及宋代社会史、金元道教史、中国和东南亚国家的关系史等。近年来，他付出大量的时间和精力整理陈垣老的学术文稿、书信，梳理陈垣、陈乐素的学术思想。王曾瑜先生的研究广泛涉及宋代经济、社会、政治、军事、社会生活等方面，著述颇丰，主要著作有《宋朝阶级结构》、《宋朝兵制初探》、《辽金军制》、《尽忠报国——岳飞新传》、《岳飞和南宋前期政治与军事研究》、《荒淫无道宋高宗》、《辽宋西夏金社会生活史》（合著）等。退休以后，他又尝试将岳飞和南宋前期史研究的成果演绎成历史小说，出版了七部系列历史小说。

　　郭正忠先生已经离开我们 13 年了。他是一位勤勉的学者，晚年罹患癌症后仍笔耕不辍，直至生命的最后。他的学术成果受到广泛好评。经济研究所的李根蟠研究员在评价"文革"后的中国经济史研究时说："以生产力为中心的部门史的兴起，是新时期中国经济史研究的显著特点之一。"手工业研究中盐业史成绩尤著，"出版了郭正忠的《中国盐业史·古代编》、《宋代盐业经济史》、彭久松的《中国契约股份制》等一批论著，从科学技术、生产力、生产关系、经营管理制度到国家对盐业经济的干预和管理，研究相当深入。"② 原杭州大学历史系的梁太济教授在为郭著《两宋城乡商品货币经济考略》（经济管理出版社 1997年版）所写的出版推荐意见中说："其中所体现的作者对中国古代经济社会发展整个过程和宋代经济社会总体面貌把握的准确，也是值得称道的。这部著作对许多具体历史问题提出了新的见解，也对有关论著中的疏失和古代文献中的错讹作了辨析和纠正。新见跌出，构成了这部著作的显著特色。这些新见，不仅持之有故，言之成理，而且证据翔实，论

---

　　① 《三十年来中国大陆的宋史研究（1978—2008）》，载《宋学研究集刊》第 2 辑，浙江大学出版社 2010 年版。

　　② 《二十世纪的中国古代经济史研究》，载《历史研究》1999 年第 3 期。

述充分。"上海交通大学科学史系的关增建教授对郭著《三至十四世纪中国的权衡度量》给予高度评价："该书对一千多年间中国度量衡的纷繁实况和变迁作了详尽的阐述，填补了前人论述的空白，并对许多早有定论的陈说提出了大胆质疑，予以匡正。该书以新颖的视野看待传统的度量衡问题，提出了许多富有启发性的观点。"① 郭先生的学术成果和治学精神是留给我们后辈学者的宝贵的精神财富。

1995 年，陈智超、郭正忠、王曾瑜三位博导招生，由于研究生院外语试卷偏难，文史哲专业的考生很少能及格，招生名额被国际片、经济片、政法片各系瓜分，三位导师谁也没招上生。陈智超、郭正忠先生相继退休。1997 年和 2000 年，王曾瑜先生先后招上两名博士研究生（其中一人是本所在职），其间还有两位博士后进站接受他的指导。2001 年，郭正忠先生在于疾病斗争三年后去世。2004 年，王曾瑜先生退休。历史研究所的宋史研究队伍，相比 80 年代严重萎缩。2007 年，1977 年出生的梁建国于北京大学取得博士学位后入所工作。至此，历史所共有三位中青年研究人员专事宋史研究。江小涛主要研究宋代的教育、学术与政治史，沈冬梅主要从事宋代文化史研究，梁建国侧重宋代的士大夫、社会生活史、城市史研究。编辑部的张彤、曲鸣丽也研治宋史。我们正在争取吸收两位从事宋代经济史、政治史、社会史的学者，进一步巩固历史研究所的宋史研究阵地。

辽金史在中国各断代史研究中开展较晚。由于史料匮乏，专业研究工作者偏少，长期以来研究水平相对滞后。20 世纪 30 年代以后，学人一方面在清儒的基础上继续从事对《辽史》和《金史》的补正、校勘及史料辑录工作，另一方面开始用近代史学方法研究辽金史。研究成就最著者当推冯家升（1904—1970）、傅乐焕（1913—1966）、陈述（1911—1992）和金毓黻（1887—1962）。冯家升和傅乐焕分别留学德国和英国多年。新中国成立以后院系调整中，冯、傅、陈进入中央民族学院，后来冯和陈转入中国科学院民族研究所。金毓黻进入中国科学院近代史所。除陈述先生外，其他三位先生 1950 年以后的辽金史著述

---

① 《纠谬正说权衡度量——郭正忠教授〈三至十四世纪中国的权衡度量〉评介》文前摘要，《上海交通大学学报》2003 年第 5 期。

很少。

"文革"后期，中央重启二十四史点校工作。陈述先生承担了点校《辽史》的工作，点校《金史》的工作落在中国科学院历史研究所先秦史专家张政烺先生肩上。张先生整理、点校《金史》历时四年，在充分利用前人校勘成果的基础上，广泛参引历代各种文献，标点、分段和校勘质量均属上乘，是"整理《金史》的里程碑之作"。①

张先生本人曾对点校本《金史》写过一个简要说明，全文如下：

在元人编纂的辽、宋、金三史中，清代《四库全书总目》独推《金史》最善，未必允当。《金史》的问题，一方面是金朝官史等篡改和隐讳了不少重要史实，另一方面是元人对传世的旧闻遗录，包括丰富的宋人记述，亦未能博采而精择。清人施国祁的《金史详校》对《金史》作了许多批评和校勘。

标点本《金史》使用最早的元朝至正刊本作底本，与北监本、殿本等参校，吸收了《金史详校》的成果。除了以本书的纪、志、传等互校外，还广泛参考了《大金国志》、《大金集礼》、《归潜志》、《中州集》、《三朝北盟会编》、《汝南遗事》、《高丽史》、《续夷坚志》等书，以及金石、地理志、宋人使金记录等，订正《金史》的错讹。但对改正错字，又取十分谨慎的态度。

标点本《金史》的一大特点，是有大约十分之三的校勘记已脱离了单纯的校勘，而具有考证的性质。例如此书五八四页第五二条校勘记就考证了金朝中都大兴府曾名永安府。由于篇幅和条件所限，笔者原先所写的校勘记，有相当一部分未能付梓。②

王曾瑜先生评价点校本《金史》说："此书不仅标点质量相当好，而校勘用书并不限于前述的《大金国志》等数种，而是广泛地使用了

---

① 王曾瑜：《张政烺先生学术传记（部分）》，氏著《丝毫编》，河北大学出版社2009年版。

② 《关于标点本〈金史〉的简单说明》，《张政烺文史论集》，中华书局2004年版。原载《书品》1997年第4期。

辽、宋、元史料以及《高丽史》等，甚至还使用了不少远至先秦，晚至清朝的典籍。有的古书与《金史》相隔太远，治史者往往疏于阅读，而张政烺先生却是信手拈来，作为考订之用。标点本《金史》有相当比例的注释已经超出了单纯校勘的范畴，具有考史的性质。这些注释不仅反映了张政烺先生学识的渊博，也说明了他从事此项工作的认真和细致。"①

张先生博闻强记，对人谦逊宽厚，向他问学求教者络绎不绝。据说他总是不问亲疏，不惮烦劳地满足求教者的需求。20 世纪 90 年代，吉林大学的张博泉先生拟从事《金史》的详注工作，曾与张先生有书信往来。张先生在回信中对他的工作计划"深表敬意和谢意"，予以热忱鼓励，并列举了"自己标点工作及读史时所看到的一些问题"计十三条供参考。先生在信尾说："我个人在标点《金史》方面肯定有不少失误，恳望利用先生详注《金史》这个难得之机，不吝指正。依我个人的体会，欲提高注《金史》的质量，除了以本书的纪、志、传互校外，尽可能广泛地利用辽、宋、金、元的史料，似乎是一关键问题。以上的举例旨在说明此意。当然，上述举例也不一定恰当，而有待于先生的鉴裁。衷心祝愿先生的详注工作早日大功告成。"② 字里行间体现着先生的高风亮节。

1980 年以后，"文革"前的大学毕业生成为辽金史研究的主力军。李锡厚先生是 1986 年调入历史研究所的。他在 1957 年考入北京大学历史系，大学阶段对邓广铭先生开设的宋史课最感兴趣，向邓先生问学最多，受邓师影响最深。临毕业那年，邓先生推荐他考西夏学专家王静如先生的研究生，终因其他原因未被录取。大学毕业后，分配到东北做中学教师。临别前，邓师鼓励他继续研究历史，"到东北可以搞辽金史"。1978 年，他作为年届 40 岁的大龄考生考上中国社会科学院民族研究所的硕士研究生，师从陈述先生研习辽金史。毕业后，先任教于北京某政法类学院，后调入历史所，专门从事辽金史研究，侧重政治史、政治制度史和社会史研究。主要著述有《中国政治制度通史·辽金西夏卷》

---

① 《张政烺先生学术传记（部分）》。
② 《关于今注本〈金史〉工作问题的通信》，《张政烺文史论集》。

（辽金部分）、《辽金西夏史》（辽金部分）、《中国封建王朝兴亡史·辽金卷》、《中国历史·辽史》（人民出版社 2006 年版）等。2000 年以前的主要论文收入他的论文集《临潢集》。入所后他即参加了张政烺先生主持的《中国古代历史图谱》辽夏金卷的工作。他的研究擅于把文献与文物考古资料很好地结合，可能正得益于此。

　　李先生在他的论著中多次呼吁鉴别、批判战前日本学者为军国主义服务的中国史"研究"。"二战"前，日本学者掀起一股"研究"中国东北史、蒙古史、辽金元史的热潮，出了一批"成果"，鼓吹所谓"二元制"、"征服王朝论"等观点。我国一些学者对之缺乏辨别，甚至盲目信从。李先生出生于东北，在日本的殖民统治下度过幼年，大学毕业后长期在东北工作，对日本军国主义的形成、本质、侵华历史有深刻的认识，对战前日本学者关注"满、蒙、朝鲜"地区的历史、地理的背景很清楚。他比较全面地搜集掌握了战前日本学者关于中国东北史、辽金史的论著，通过深入细致的研究，揭示出其为军国主义服务的政治目的：

　　　　当年那些日本"学者"感兴趣的并不是历史科学真理，而是我国辽阔富饶的国土。因此，辽朝制度为"二重制"或"二元制"说，与日本军国主义为侵占我国东北而炮制的"朝鲜与满蒙不可分离"说差不多同时出笼，就绝非巧合了……朝鲜与满蒙既然"不可分离"，而我国历史上统治东北和华北地区的辽朝又曾经是"二元制"的，那么，把我国的东北合并到在他们统治下的朝鲜，也就是"顺理成章"的了。这就是日本侵略者在吞并朝鲜之后，大肆鼓吹"朝鲜与满蒙不可分离"论，同时又煞有介事地兜售其关于辽朝制度为"二重制"或"二元制"的良苦用心所在。"二元制"也好，"东北亚历史"也好，都是当年日本某些人披着历史研究的外衣侵略中国的罪恶活动的一个组成部分。①

　　1944 年一批日本学者秉承"军部"的意图编写的一本《异民

----

① 李锡厚、白滨、周峰：《辽西夏金史研究》（二十世纪中国人文学科学术研究史丛书）第一编第四章，福建人民出版社 2005 年版。

族统治中国史》，不仅极力宣扬辽朝制度为"二元制"，同时还声称辽、金、元、清诸王朝是所谓"异民族征服王朝"，其目的在于为他们分裂中国、制造"满洲国"并进而在全中国范围内建立他们的"异民族征服王朝"寻找历史根据……他们的"学术研究"完全是为推行侵略扩张的军国主义国策服务的。①

李先生研究历史重视史料的考据，重视实证。他以可靠的史料为基础，不囿成说，独立思考，对一些重大历史问题提出富有创见的观点。如关于辽朝的头下，陈述先生认为是契丹固有的制度，是契丹制度的主干，起源于战争中的俘奴；向达先生最早注意到辽朝的头下与敦煌寺户的头下有联系。李先生秉承邓师学术研究应从检验别人的研究成果入手的教导，逐一检验前贤的观点，并利用扎实的史料，缜密的论证，得出令人耳目一新的结论：所谓头下，就是把若干人户编为"团"、"保"等组织，并以其中一人充当"团头"、"保头"，余者即谓之"头下户"，这是中原地区编组流民及其他脱离户贯的农民成为军事组织的办法，后来也推及其他的连保互助组织。契丹统治者借用了这种"团结户口使之互相保识"的做法，用头下制来组织、奴役被俘掠或流落到塞外的汉人及渤海人。头下户缴纳的税赋在国家和头下主之间分配，但这不是他们被称作"二税户"的原因，所谓"二税户"是说他们和幽云地区的农民一样缴纳春、秋二税，属于国家的编户齐民。李先生关于头下户和二税户的见解，颠覆了传统的观点，虽然至今尚未形成定论，但对推进学术发展的贡献无疑是巨大的。他的问题意识和史识素养给同行留下深刻印象。北京大学历史系的刘浦江教授评论说："读李锡厚先生的文章对我来说是一件饶有兴趣的事情，因为你看到的是一位很有学术个性的历史学家，他的研究成果很少蹈袭前人成说，也不囿于古人记载，总是能够别出心裁，提出自己的独特见解。"②

1998 年，李先生退休。但他退休不"退学"，学术研究的"战场"

---

① 李锡厚：《辽史》绪论，人民出版社 2006 年版。

② 《李锡厚〈临潢集〉评介》，刘浦江：《松漠之间——辽金契丹女真史研究》，中华书局 2008 年版。

不仅没有收缩，而且还有所拓展。他对唐五代辽宋金时期土地制度和人身依附关系的变化作了深入研究，对中国历史发展道路和古史分期提出自己独到的见解。

1990 年以来，王曾瑜先生于宋史之外，兼治辽金史，著述虽然不算多，但产生较大的学术影响。他的辽金史研究主要集中在军制、官制、阶级和社会生活。可以看出，这是他宋朝军制、官制、阶级结构和社会生活史研究的延伸。刘浦江教授认为，辽金史研究不景气，症结在于传统史料太少，也没有新史料的重大发现，必须从上下、左右两个方面寻求突破。所谓"左右"，主要是解决石料不足的难题，即辽金史研究的史料范围应该扩大到五代十国、两宋、西夏、蒙元、高丽、日本。所谓"上下"，主要是解决研究方法问题。比如研究辽金汉制，不妨着眼于唐宋；研究契丹、女真制度，不妨从东胡系民族或清朝历史中去寻求答案。

> 这里提到的上下、左右之法，也体现在王曾瑜先生的辽金史研究中。《金朝军制》一书可以说比较典型地代表了从"左右"（主要是宋代）搜讨史料的模式，而他的另一篇论文《辽朝官员的实职和虚衔初探》则主要是从"上下"来求索辽代制度。

因而，"作为一位宋史研究者，王曾瑜先生对辽金史的贡献值得我们给予特别的感谢。他的研究成果，从史料和方法两个方面丰富了我们的认识。"[1]

我于 1994 年取得硕士学位后有幸进入历史研究所隋唐宋辽金元史研究室工作，从事辽金史的学习和研究。研究室以及研究所良好的学风使我获益匪浅。许多前辈、学长给予我无私的帮助。2000 年起我在王曾瑜先生的指导卜攻读博士学位，李锡厚先生是合作导师。他们的关怀

---

[1]　刘浦江：《〈金朝军制〉平议——兼评王曾瑜先生的辽金史研究》，《松漠之间——辽金契丹女真史研究》。原载《历史研究》2000 年第 6 期，收入《历史研究五十年论文选（书评）》，社会科学文献出版社 2005 年版。王曾瑜先生的新著《辽金军制》（河北大学出版社 2011 年版），订补了《金朝军制》，增加了辽朝军制的内容。《辽朝官员的实职和虚衔初探》，载《文史》第 34 辑，中华书局 1992 年版。

和教导令我感激万分。本人资质驽钝，用心不专，学业进步有限，实在愧对恩师的培养。今后定当沿着前辈学者开辟的学术道路踏实进取。可喜的是，研究所还有两位从事辽金史研究的青年才俊。康鹏博士多年在北大历史系学习（硕博连读），具有传统史学的良好素养，并且潜心学习和研究契丹文字；林鹄博士是接受过西方史学理论和方法的训练，视野开阔，思维活跃的海归学者。历史研究所的辽金史研究后继有人。

历史研究所明史学科六十年

万　明

2014 年，中国社会科学院历史研究所将迎来 60 年华诞，历史所明史学科的建立也已近一个甲子。明史学科作为独立学科的建立和发展，是新中国史学繁荣发展的一个重要组成部分。可以说，明史学科的产生、发展与中国社会科学院历史研究所明史学科有着密不可分的关系，明史学科自历史所建所以来，已逐渐形成所里最具特色的学科之一。今天，回顾 60 年来历史所明史学科的发展历程，是很有意义的。虽然在改革开放后 30 年方面，我们已有所回顾与总结，但以有限的篇幅回顾历史所明史学科 60 年的研究发展，挂一漏万在所难免，是一项艰巨的任务。这里试图从一个整体视野出发，以历史所成立以后明史学科创建为开端，采用世纪来划界，以 20 世纪后半叶为第一个时期，以 21 世纪为第二个时期，探寻历史所成立至今 60 年明史学科发展的大致脉络，回顾 60 年来历史所明史学科所走过的历程。60 年的历程可以分为 2 个时期，4 个阶段。第一时期经历了学科创建与初期发展阶段、停滞阶段、学科重建与兴旺发展 3 个阶段，第二时期从新世纪开端至今，进入第 4 个阶段，即学科建设的繁荣发展阶段。

一　20 世纪后半叶：明史学科发展的第一个时期

20 世纪后半叶，即 1954—1999 年，是历史所明史学科创建与发展的时期。将 20 世纪后半叶作为一个整体来看，历史所明史学科创建与发展时期可以分为两个阶段，第一阶段始自建所 1954—1965 年，是明史学科创建与初期发展阶段；第二阶段是十年"文革"1966—1976 年，学科发展陷于停滞阶段，第三阶段 1977—1999 年，是明史学科重建与兴旺发展阶段。

（一）明史学科创建与初期发展阶段（1954—1966 年）

新中国成立以后，建立了中国科学院。1953 年筹建中国科学院历史研究的三个所，1954 年，历史研究一所、二所正式挂牌。历史研究所的成立是划时代的，当时中国科学院历史研究所二所明清组是最早成立的研究组之一，组长白寿彝先生，副组长王毓铨先生。初创以后不久，在学术建制方面明史学科拥有了五老：即白寿彝先生、王毓铨先生、谢国桢先生、吴晗先生（兼）、傅衣凌先生（兼）等五位先生，以他们的学术成就作为铺垫，新中国明史学科学术体系的奠基，与历史所明史学科有了直接的密切关系。60 年来，历史所明史学科，不但是新中国最早建立的唯一的明史学科专业研究机构，也是迄今为止全国乃至世界上最大的明史学科专门学术研究机构，对于中国明史学科体系的建立与发展，具有举足轻重的地位和作用。

总的来说，1949 年新中国成立后，尽管因为学者们对唯物史观的理解还不够深入、准确，但是学科还是取得了很大发展，成果是相当丰厚的。20 世纪五六十年代，就中国古代史研究的几个重大问题，史学界曾有过热烈讨论，重点讨论了中国古代史分期问题、中国封建土地所有制形式问题、中国农民战争问题、中国资本主义萌芽问题、汉民族形成问题。与明史相关的，主要是中国封建土地所有制形式、中国农民战争问题、中国资本主义萌芽问题，明史学科即以此三大问题为主要研究领域展开研究。对这些问题虽没有取得一致的结论，而学者们都试图用马克思主义来说明和解释问题。

根据马克思主义经济是基础的原理，经济史最初已形成明史学科的重点研究课题。白寿彝、王毓铨二位先生首先发表了《说秦汉到明末官手工业和封建制度的关系》一文（《历史研究》1954 年第 5 期），对秦汉到明代的官手工业制度作了系统研究，指出官手工业对社会生产力的束缚作用。白寿彝先生发表《明代矿业的发展》（《北京师范大学学报》1956 年第 1 期），是明代矿业研究的奠基之作，他把明代矿业发展与资本主义萌芽问题放在一起思考与研究（《明代矿业的发展与资本主义的萌芽》，北京师范大学第一次科学讨论会秘书处编印，1956 年）。

对中国资本主义萌芽问题的讨论，可以追溯到 20 世纪二三十年代中国社会性质的大论战，但当时的论战基本停留在宏观层面。50 年代以后的研究则要具体得多。1936 年吕振羽先生提出明代已有"资本主义性工场手工业幼芽"的观点。1955 年 1 月 9 日，邓拓先生在《人民日报》发表《论〈红楼梦〉的社会背景和历史意义》一文，提出对资本主义萌芽问题的意见，引起了热烈讨论。但对萌芽出现的具体时间，存在较大的争议。傅衣凌先生是中国资本主义萌芽论主要代表学者之一，自 50 年代开始，他发表了一系列的相关论著。在 1954 年《明代苏州织工、江西陶工反封建斗争史料类辑》一文中，他提出明代苏州出现了"带有资本主义性质手工工场"的观点（《厦门大学学报》1954 年第 1 期），以后持续关注江南发展问题，发表《明代江南地主经济新发展的初步研究》（《厦门大学学报》1954 年第 5 期）、《明代江南富户经济的分析》（《厦门大学学报》，1956 年第 1 期）、《明末清初江南及东南沿海地区"富农经营"的初步考察》（《厦门大学学报》1957 年第 1 期）等。他是中国最早直接涉及江南市镇研究的学者，1956 年已发表论文《明代后期江南城镇下层士民的反封建运动》（《厦门大学学报》1956 年第 5 期）。对于徽商和徽州契约文书的研究，傅先生也是最早的开拓者之一，论文有《明清时代徽州婺商资料类辑》（《安徽史学通讯》1958 年第 2 期）、《明代徽州庄仆文约辑存——明代徽州庄仆制度之侧面的研究》（《文物参考资料》1960 年第 2 期），并已形成关于社会关系的新认识（《关于明末清初中国农村社会关系的新估计》，《厦门大学学报》1959 年第 2 期）。进入 60 年代，傅先生的探讨趋向深入，发表《论乡族势力对于中国封建经济的干涉——中国封建社会长期迟滞的一个探索》（《厦门大学学报》1961 年第 3 期）、《关于中国封建社会后期经济发展的若干问题的考察》（《历史研究》1963 年第 4 期），以及《明清时代江南市镇经济的分析》（《历史教学》1964 年第 5 期）。在这一时期，傅先生出版了三本书：1956 年，傅先生有关商人及商业资本的研究，汇成《明清时代商人及商业资本》（人民出版社）；1957 年，《明代江南市民经济试探》一书，围绕着江南市民阶层，集中探讨了江南资本主义萌芽的相关问题；1960 年，《明清农村社会经济》一书出版（生活·读书·新知三联书店，1960 年版），汇集了有关明清农村问题的论文。关于资本主义萌芽，刘重日先生也参与了讨论，发表了论文《对"牙人""牙行"的初步探讨》（《文史哲》1957 年第 8 期），是从资本主义萌芽的角度，对"牙人"、"牙行"的专门探讨。

在探讨封建土地所有制形式的热潮中，明代土地所有制是不可回避的一环。侯外庐先生在《中国封建社会土地所有制形式问题》（《历史研究》1954 年第 1 期）一文中，提出明代土地国有制占支配地位的问题。王毓铨先生《明代军屯制度的历史渊源及其特点》（《历史研究》1959 年第 6 期）、《明代的军户》（《历史研究》1959 年第 8 期），是他对于明代国有土地所有制问题研究的成果。1965 年王先生出版了《明代的军屯》（中华书局）一书，上编论述了军屯的历史渊源、建置、经营、屯田子粒、组织、管理与监督、军屯作用等，下编论述了明代军屯上的生产关系，包括屯军与军户、屯军反封建的阶级斗争、屯地的占夺、屯地的典卖、屯田（军田）的"民田"化等，首次对于明代军屯进行了比较全面系统的研究。

关于农民战争问题，傅衣凌先生《明代苏州织工、江西陶工反封建斗争史料类辑》（《厦门大学学报》1954 年第 1 期），论述了手工业劳动者在农民战争中所起的作用问题。吴晗先生发表《明初社会生产力的发展》一文（《历史研究》1955 年第 3 期），从农业生产的恢复、棉花的广为种植、工商业的发展三方面，论列了明初生产力发展的具体表现与原因，认为是社会生产力发展是元末农民起义的后果，高度评价了农民起义对社会发展的重要意义。1965 年，吴晗先生《朱元璋传》出版（中华书局），这是在他 40 年代出版的专著基础上修改而成，是他关于明史研究的代表作，奠定了对于明太祖朱元璋的基本评价。白寿彝先生《关于中国封建社会农民战争性质的商榷》（《历史研究》1961 年第 1 期），《中国历史上的农民战争——1960 年 5 月 21 日在北京教师进修学院讲演纪录》（《历史教学》1960 年第 7 期），针对农民战争性质的争论，从生产关系与生产力矛盾、农民的地位农民战争对于社会生产力的推动三个方面提出了自己的看法，并从探讨历史规律出发，提出重视农民推翻封建政权的意义问题，这是白先生对于农民战争评价的总认识，包括对元末与明末农民战争的认识。谢国桢先生在新中国成立前就收集南明史料，他的《南明史略》主要关注南明诸政权的兴亡，也有对荆湘农民起义等抗清斗争的论述（上海人民出版社 1957 年版）。关于明末农民战争口号，刘重日先生发表《"均田"口号质疑的质疑——和王守义同志商榷》（《历史研究》1962 年第 5 期），提出应该从"均田免赋"的完整意义来认识明末农民军均田口号。曹贵林先生则发表了《李岩述论》（《历史研究》1964 年第 4 期），论述了李自成的"谋士"李岩提出的一些反映农民要求和适应农民斗争发展需要的建议。

1965 年 11 月 10 日，姚文元在《文汇报》发表《评新编历史剧〈海瑞罢官〉》，批判吴晗先生的历史剧《海瑞罢官》，揭开了"文革"序幕。

由于第二阶段中国文化遭到了空前浩劫，学术研究停止，故在此从略。

（二）明史学科重建与兴旺发展阶段（1977—1999 年）

1977 年中国社会科学院正式成立，1978 年以后，随着"解放思想，实事求是"的思想路线的确立，明史研究的政治与学术环境逐步改善，遭到破坏的研究工作开始重建，学术研究与讨论迎来了科学的春天。由于"文革"造成学术断裂，而新的学术体系尚未建立起来，20世纪七八十年代之交的明史研究，在很大程度上继续五六十年代的研究热点，进一步发展。进入 90 年代，随着中国改革开放的深入和经济快速发展，历史所得到重建与较大发展，明史学科因之恢复了勃勃生机。研究领域大为扩展，除了以往的经济史、政治史以外，中外关系史、社会史、文化史等逐渐成长为新的研究领域。改革开放之初到 1999 年的明史学科有几个特色，具体表现在以下方面：

1. 研究队伍迅速发展壮大。1977 年中国社会科学院正式成立，次年，历史研究所即成立了独立的明史研究室。明史研究室是国内第一个完全以明史为研究方向的专门学术机构，先后由王毓铨先生、刘重日先生、张显清先生担任室主任。1989 年以明史研究室为依托，明史学科全国性学术团体——中国明史学会宣告成立，白寿彝先生任名誉会长、王毓铨先生任会长。明史研究室研究人员最多时达 28 人，研究力量雄厚，在国内外具有公认的学术优势，确立了世界的学术领先地位，为明史学科建设做出了重要贡献。

2. 研究领域不断拓展。在"解放思想，实事求是"的思想路线的指引下，史学工作者加深了对马克思主义的理解，逐步摆脱了"文革"中形成的教条主义束缚，突破了种种禁区，这一阶段的明史学科基本形成了比较完整的学科体系。研究涉及明代历史的方方面面，传统领域在原有的基础上深化，新的领域得到不断开拓，并获得迅速发展；伴随研究结构的调整，研究向前所未有的纵深发展。

3. 研究方法不断创新。解放思想，史学工作者的新思路、新见解层出不穷。很多学者注重借鉴其他学科的优势，把经济学、政治学、社会学、外交学、文书学、地理学、人口学、民族学等与历史研究结合起来，形成一股多学科交叉融会及其理论方法相互渗透的潮流。随着计算机技术的发展与普及，传统的手工采集资料和写作的方式逐步被现代电子技术手段所取代，极大地提高了研究的效率，推动了明史学科的发展。

4. 对外交流迅速扩大。加强与海外学者的交流与合作是改革开放以后促进学科发展的重要途径，也是改革开放后明史学科的主要特点之一，为中国学者了解海外学术动态打开了窗口。国内外学术会议和海外及台港澳地区的学者频繁互访，使大量的国外学术思想、新理论和新方法被引进来，开阔了视野，启发了思路，从而出现了中国与海外的明史研究相互激荡的新局面，同时亦使明史学科在国际学术界产生了相当大影响。既增进了解，也宣传了自己。

整理既往的学术家底是开展下一步研究的基础，历史所明史研究室成立之后，首先担负起这一重任。1981 年，中国社会科学院明史研究室编辑的《中国近八十年明史论著目录》由江苏人民出版社出版，在总结以往研究基础上，将明史研究推向了兴旺发展阶段。明史研究室编《明史研究论丛》（1982 年创刊）和《明史资料丛刊》（1981 年创刊）两种学术刊物先后问世，明史学会刊物《明史研究》随后创刊（1991年），为明史学科工作者提供了宝贵的学术园地。

历史所明史学科倡办了中国第一个明史研究专业刊物《明史研究

论丛》，对推动中国明史研究起了重要作用。创刊于 1982 年的《明史研究论丛》，标志着历史所明史学科一个新的起步。正如主编王毓铨先生在《编后记》中指出的，刊载的文章大部分是明史研究室同志们撰写的。如第一辑主要有王毓铨先生《〈皇明条法事类纂〉读后》、傅衣凌先生《周玄暐〈泾林续纪〉事件辑录——明末社会变革与动乱杂考之一》、谢国桢先生《明清野史笔记概述》，均是建立在扎实的史料基础上的研究成果；经济史方面，有刘重日、曹贵林先生《明代徽州庄仆制研究》、林金树先生《试论明代苏松二府的重赋问题》、郑克晟先生《明代的官店、权贵私店和皇店》等篇；政治史方面，有商传先生《试论"靖难之役"的性质》、栾成显先生《论厂卫制度》；关于农民起义，有李济贤先生《徐鸿儒起义新探》、沈定平先生《明末"十八子主神器"源流考》；思想史方面，有张显清先生《晚明心学的没落与实学思潮的兴起》；中外关系史方面，有周绍泉先生《郑和未使菲律宾说质疑》。从上述论文可以看出，当时明史学科注重基础资料的发掘与研究，经济史仍然是研究的主要方向，农民起义的研究在继续，而领域的开拓主要表现在思想史和中外关系史方面。《论丛》编辑视野开阔，注重国际交流，专门开辟了台湾与海外明史研究会刊物的栏目，介绍了台湾《明史研究专刊》、日本《明代史研究》、美国《明史研究》。自1982 年至 1991 年，《明史研究论丛》共编辑出版了 5 辑。翻开《明史研究论丛》第二辑（1983）、第三辑（1985）、第四辑（1991）、第五辑（1991），从刊物形式到内容，具体可以感受到三点：一是以扎实的史料发掘作为基础，二是以经济史研究为主要研究领域，三是研究在经济、政治、思想、文化、中外关系史等方面全面展开。

根据明史研究室先后编辑的《中国近八十年明史论著目录》（1900—1978 年）、《百年明史研究论著目录》（1900—2005 年）的大致统计，20 世纪的明史研究，在改革开放以前的研究论著约 1 万多条，而改革开放以后至 2005 年的明史研究论著达 3 万多条，由上述数字可以看出，改革开放以后 30 年明史研究获得了迅速发展，取得的进步是明显的，成绩是巨大的。新中国之初的历史研究曾有"五朵金花"之说，改革开放以后的明史研究，对这些课题有所恢复，历史所明史学科突出表现在对土地所有制、资本主义萌芽、农民起义等课题研究的继续发展，也在诸多领域有所开拓。

从总体研究来说，1987 年《中国史稿》第六册出版（人民出版社），这是明史学科刘重日等先生参加郭沫若先生主编《中国史稿》（1958 年启动）编写的明史卷。由于郭先生当时已去世，故署名《中国史稿》编写组。由于编写时与"以阶级斗争为纲"的政治现实一致，又受到"文革"冲击，此书不可避免地带有明显的时代印记。但刘重日等先生力图通过历史事实的叙述来说明明代社会的特点和阶级构成的变化，将明史分为前后两期，以嘉靖元年（1522 年）为界，指出自给自足的自然经济是中国封建社会经济的基本特点，但商品经济也有相当的发展，到明清之际，出现了资本主义生产关系的萌芽。1999 年白寿彝总主编、王毓铨先生主编的《中国通史》第九卷《中古时代·明时期》出版（上海人民出版社），此卷编写小组成立在改革开放以后的 1984 年，在卷首《题记》中白寿彝先生充分肯定"明代有许多新的东西是以前所没有的，这表明了它在历史上的进步"。根据总体规划，此书分为甲编序说，乙编综述、丙编典志，丁编传记。王毓铨先生对于中国古代封建社会史比较系统的观点，体现在此书中。

对土地所有制形式的讨论，牵涉到对中国古代社会整个经济结构和体制特征的认识。1988 年王毓铨先生发表《明朝徭役的审编与土地》（《历史研究》1988 年第 1 期），1989 年发表《纳粮也是当差》（《史学史研究》1989 年第 1 期），1991 年，先后发表了《明朝的配户当差制》（《中国史研究》第 1 期）、《明朝田地赤契与赋役黄册》（《中国经济史研究》第 1 期）、《户役田述略》（《明史研究》第 1 辑）等多篇文章，比较系统地论证了其明代土地归国家所有，编民不具备土地所有权，即不存在土地私有制的观点，在一定程度上呼应了以往侯外庐先生的国有土地所有制的观点。王先生的观点成一家之言，学界一般认为古代中国社会存在国有土地和私人土地，私人土地可以出佃收租，可以买卖是历史事实。张显清先生曾以"家长制专制封建社会论"为题，概括介绍了王先生"独创性的学术体系"（《家长制专制封建社会论——近年来王毓铨先生对明代及中国封建社会形态基本特征的论述》，《明史研究》第 4 辑）。对土地所有权的讨论和改革开放后对亚细亚生产方式问题的热烈讨论有紧密联系。相对而言，研究元明以前各断代的学者对此曾积极参与，明史方面的学者则呼应寥寥。这也是王毓铨国有论提出后没能在明史学界引起更广泛讨论的原因之一。

鉴于"文革"期间封建专制的残余严重损害了社会主义建设，为肃清残余，史学界展开了对历史上封建专制的批判，对明代专制集权的研究是其中的重要组成部分，当时学者大多站在批判的角度，认为专制阻碍了社会的发展，延缓了封建社会的瓦解。很多学者把明代的宦官专权作为封建专制的产物，对宦官制度、厂卫制度的研究也大体以批判为主。张显清先生《从〈大明律〉和〈大诰〉看朱元璋的"锄强扶弱"政策》（《明史研究论丛》第二辑）提出朱元璋"锄强扶弱"政策的终极目的是为了维护地主阶级的根本利益，为了强化封建专制主义中央集权统治，但政策的积极方面是主要的。他撰写的《严嵩传》（黄山书社1992年版）相对一般的人物传记具有更深层的意义，即对一种历史政治现象的关注和剖析。商传先生认为朱元璋和朱棣正是顺应了历史的需要，促进了专制与集权的发展（《明初专制主义中央集权的社会基础》，《明史研究论丛》第2辑），并对永乐皇帝做出全面的评述（《永乐皇帝》，北京出版社1989年版）。栾成显先生《洪武时期宦官考略》（《明史研究论丛》第二辑）指出明代宦寺之祸，实由朱元璋发其端，廖心一《试论刘瑾》（《明史研究论丛》第三辑），则是对宦官给以不同评价的论述。王春瑜、杜婉言二位先生的《明代宦官与经济史料初探》（中国社会科学出版社1986年版）和《明朝宦官》（紫禁城出版社1989年版）是对于明代宦官与经济关系史料的系统搜集、整理与对宦官的全面研究。80年代在北京大学读研究生期间曾参加许大龄师主编《明朝十六帝》（紫禁城出版社1991年版，后多次再版）"明太祖朱元璋"撰写的万明，到历史所工作后，在原基础上撰写了《明太祖本传》（辽宁古籍出版社，1996年版），试图从政治文化的新视角对朱元璋加以认识。

区域研究在"文革"前虽有涉及，但文章数量很少。在80年代以后成为一大热点。明史研究室编《明史研究论丛》第四辑，实际上是江南区域研究的一个专辑，首篇就是王毓铨先生《明代地区经济之我见》一文，这是1983年明史研究室召开的首次明史学科学术研讨会——无锡"江南地区学术研讨会"上的发言，他明确指出先举行江南研究讨论会的缘由："从各个方面看，江南地区在全国各个地区中是最重要的，加之遗存的文献多、碑刻多，给我们首先研究这个地区提供了有利条件。因此，把明代江南作为我们首先进行研究的地区是合适的"。由此看来很显然，首次明史学科会议的召开就是为了倡导开展江南区域史研究。此辑中明史学科同仁任道斌先生《试论明代杭嘉湖平原市镇的发展》、唐文基先生《明代江南重赋问题和国有官田的私有化》、李济贤先生《明代苏、松、常地区户籍人口消长述略》、林金树先生《关于明初苏松自耕农的数量问题》、廖心一先生《明代松江府加耗法之争与身份地主的发展》等论文，均集中在江南地区，说明江南社会经济史研究是当时历史所明史学科倡导并实践的研究领域。其后江南社会经济史研究的热潮迄今未息，与明史学科的率先倡导应有关系，但可惜的是，由于出版经费的问题，此辑却是迟至 1991 年才问世。

明史学科以对徽州的研究最为典型。中国社会科学院徽学中心的创建，形成了明史学科的显著特色之一。早在 20 世纪五六十年代，历史所就选购收藏了万余件徽州文书。但对它的大规模研究开始于改革开放之后。从 1989 年开始，历史所正式建立了由明史研究室周绍泉先生牵头的"徽州文书研究组"，后于 1993 年升格为中国社会科学院徽学研究中心，挂靠在明史研究室。中心主任周绍泉先生和所图书馆成员组成"千年契约文书"编写组，先后编辑出版了《明清徽州社会经济资料丛编（二）》（中国社会科学出版社 1990 年版），编辑、影印出版了《徽州千年契约文书》"宋元明编"、"清民国编" 40 卷（花山文艺出版社 1991 年版）。徽学研究中心以明史研究室为依托，依靠历史所所藏的徽州文书及其他资料，主办徽学国际学术研讨会，为徽学研究的大规模展开奠定了良好的基础，并将文书研究与明史研究紧密结合，发表了高质量的论著，如周绍泉先生《试论明代徽州土地买卖的发展趋势——兼论徽商与徽州土地买卖的关系》（《中国经济史研究》1990 年第 4 期）、《明后期祁门胡姓农民家族生活状况剖析》（日本京都大学《东方学报》第 67 册，1995 年）、《徽州文书所见明末清初的粮长、里长和老人》（《中国史研究》1998 年第 1 期），周绍泉、赵亚光二位先生《窦山公家议校注》一书（黄山书社 1993 年版）；栾成显先生运用档案文书，对于黄册以及庶民地主进行了具体而深入的研究（《明代黄册研究》，中国社会科学出版社，1998 年版），使研究中心在国内外处于学术领先地位。

农民起义在 80 年代仍是明史学界的一个热点话题，主要集中点在元末朱元璋和明末李自成，发表了大量的研究成果，绝大部分论著和理论性文章，均对农民战争的历史作用给予肯定，认为其性质是促进社会进步的。1978 年，刘重日、周绍泉二位先生对十七年的中国农民战争史研究作了综述（《十七年中国农民战争史的研究》，《中国农民战争史论丛》第一辑，山西人民出版社），指出据不完全统计，十七年各种报纸杂志上发表的有关中国农民战争史的论文约 3000 篇，出版的各种关于中国农民战争的简史、专史、史话以及通俗读物百余种，出版了各种中国农民战争史论文集和农民起义资料集 50 种左右。谢国桢先生编《明代农民起义史料选编》（福建人民出版社 1981 年版）、本所杨讷、陈高华二位先生编《元代农民战争史料汇编》中、下册（中华书局1985 年版），为明代农民起义研究提供了宝贵的资料基础。论文主要有李济贤先生《徐鸿儒起义新探》（《明史研究论丛》第一辑）、《明代京畿地区白莲教初探》（《明史研究论丛》第二辑），沈定平先生《明末"十八子主神器"源流考》（《明史研究论丛》第一辑）、《明代前期阶级斗争述论》（《明史研究论丛》第三辑）、《关于评论农民领袖思想的几点看法——从明末农民起义和李自成思想谈起》（《学术研究》1979年第 2 期）等。明代农民战争的研究可以明末李自成起义为主要代表，自 80 年代湖南石门县夹山寺发现了奉天玉和尚的部分遗物后，对李自成归宿问题的讨论成为一个学术争论热点。以中国社科院历史研究所李自成结局研究课题组出版的《李自成结局研究》（辽宁人民出版社 1998年版）继续主张遇难通山的观点；刘重日先生主编《李自成终归何处——兼评〈李自成结局研究〉》一书（三秦出版社 1999 年版），则坚持禅隐观点，结论未达成一致。

历史资料的汇集和利用，受到了重视。谢国桢先生编《明代社会经济史资料选编》上中下三册（福建人民出版社 1980 年版）、《明代农民起义史料选编》（福建人民出版社 1981 年版）是重要的社会经济史和农民战争史资料汇编。他在新中国成立前编的《晚明史籍考》，又出版了增订本；他对明清笔记小说的介绍、利用和出版，以及对明清笔记小说价值的揭示，是对明史学科基础性建设的贡献。

以改革开放大气候为契机，依据明史在中国史乃至世界史上的特殊地位，明史学科拓宽了研究领域，中外关系史成为明史学科发展最快的领域之一。改革开放以后，新兴学科破土而出，以下两个领域的蓬勃发展是重要表现：第一，澳门史研究。在 1987 年《中葡联合声明》签订后，澳门史研究进入崭新的发展阶段。第二，明清之际中西文化交流史。由于 1997 年澳门回归，澳门史成为一大热门，在 90 年代末达到高潮。刘重日先生发表论文《明代海上丝绸之路与澳门》（《东岳论坛》1999 年第 5 期）。万明在到历史所之初是在中外关系史研究室工作，与何芳川先生合作撰写了《中西文化交流》（山东教育出版社 1992 年版，后由商务印书馆再版，有台湾版、香港版）。1995—1996 年得到葡萄牙卡蒙斯学会的资助，院所派万明赴葡萄牙里斯本大学进修葡文一年。在葡萄牙，完成了国内第一篇中葡文资料结合论述的论文《明代中葡的第一次正式交往》寄回国内发表（《中国史研究》1997 年第 2 期），并回国后立即投入中葡关系与澳门史的研究，1999 年发表了系列论文《明朝对澳门政策的确定》（《中西初识》，《中外关系史论丛》第 6 辑）、《试论明代澳门的治理形态》（《中国边疆史地研究》第 2 期）、《关于明代葡萄牙人入居澳门问题》（《中国社会科学院研究生院学报》第 5 期）、《明朝政府对澳门的管理述论》（《明史研究》第 6 辑）、《明代澳门与海上丝绸之路》（《世界历史》第 6 期）等系列论文，并于 1999 年完成了《中葡早期关系史》一书，由社会科学文献出版社出版。关于明清之际中西文化交流方面，有沈定平先生的论文《明清之际几种欧洲仿制品的输出——兼论东南沿海外向型经济的初步形成》（《中国经济史研究》1988 年第 2 期）、《瞿太素的家世、信仰及其在中西文化交流中的作用》（《中国史研究》1997 年第 1 期）等。而万明利用葡文资料，发表《晚明南京教案新探》（《明史论丛》第二辑，1997 年）、《欧洲汉学先驱曾德昭与中国文化的西传》（《炎黄文化研究》第 4 辑，1997 年）、《西方汉学的萌芽时期——葡萄牙人对中国的记述》（《国际汉学》创刊号，1998 年）等论文。在中外文化交流方面，韦祖辉先生发表了论文《明遗民东渡述略》（《明史研究论丛》第三辑）和《朱舜水思想剖析》（《明史研究论丛》第五辑）。

　　郑和下西洋研究成为改革开放以来为数不多的几个长盛不衰的研究课题之一。郑和下西洋研究与对外开放政策有着密切关系，改革开放以后，周绍泉先生有《郑和未使菲律宾说质疑》（《明史研究论丛》第一辑）、《郑和的生年与卒年》（《上海大学学报》1985 年第 2 期）的论文发表。1985 年值纪念郑和下西洋 580 周年，1995 年值纪念郑和下西洋 590 周年，在此前后对郑和下西洋的探讨，无论在数量、深度还是广度上，都大大超过了 20 世纪前 80 年的研究成果，使研究达到了一个高潮。世纪末进入全面综合发展的时期，提出了研究从政治史向社会史更大空间转变的新取向（万明《郑和下西洋与明中叶社会变迁》，《明史研究》第 4 辑）。

　　从总体上看，1977 年至 1999 年的明史学科在继承前人成果的同时，顺利完成了向新时期的转轨。研究课题既有基础性问题，也有紧随时代步伐的新课题，而世纪末深刻的总体反思则为 21 世纪的史学发展打下了坚实的基础。

　　根据所里安排，明史研究室在 1994 年与清史研究室合并。至 20 世纪 90 年代末，中国社会科学院科研机制发生变化，改为课题制。当时担任研究室副主任的万明提出组织明史学科"晚明社会变迁"课题组，致力于展现晚明社会的变迁轨迹，得到明史学科同仁的一致响应，显示出明史学科与时俱进，紧随时代潮流不断地在向前发展的态势。

二　新世纪以来明史学科的发展历程

　　进入新世纪，明史研究室在 2002 年再度独立成室，万明任室主任，明史学科迎来了新的发展契机，进入了 60 年来的第二个时期——繁荣发展的新时期。

　　2002 年明史室与清史室分开独立成室，当时只有万明 1 名研究员，2 名副研究员，3 名助研，其中还有 1 名在读博士，1 名委培博士。2003 年明史学科申报院重点学科未成，其时明史学科仍然只有万明 1 名研究员，有了 3 名副研究员，2 名助研。我们先引进博士来室工作，可惜有 2 名出国后没有回来，又有一名助研考公务员调走，后来引进了博士后 2 人来室。现在职研究人员 8 人，主任万明，副主任张兆裕，成员有阿风、张宪博、张金奎、陈时龙、赵现海、解扬；包括 4 名正高级研究员，3 名副高级研究员，1 名助理研究员，已形成比较齐整的学术梯队，以中青年为主，知识结构搭配合理，其中博士 5 人，硕士 2 人，本科 1 人；有博导 1 名，硕士导师 5 名；年轻学者已经成长起来，成为独当一面的学科带头人和学术骨干。研究领域包括明代社会经济史、政治史、中外关系史，军事史、思想文化史、徽学等方面，可以说门类比较齐全，有集体攻关的经验，开创了明史学科发展的新局面。

　　进入新世纪，不知不觉地，明史突然变成了热门话题，并持续保持升温态势。不仅黄仁宇先生的《万历十五年》一版再版，而且当年明月的《明朝那些儿事》（中国友谊出版公司 2007 年版）也一版再版。21 世纪初的明史研究在世纪之交的反思与总结的基础上，迅速进入一个新的高潮，呈现出全面发展的局面。据统计，近年国内刊物每年全国发表相关文章多达 1000 篇以上，达到了前所未有的繁荣，具体统计 2007 年多达 1400 多篇，2013 年也多达 1200 多篇，面对这样的"明史热"，我们认为必须保持清醒，坚持继承史学优良传统，以中国社会科学院的"三个定位"，摆正自身学术研究的位置，承担职责与使命。2002 年 10 月明史研究室独立后，于 11 月召开京、津明史学界专家座谈会，为明史学科建设出谋划策。与会专家一致认为明史室作为全国最为集中的明史研究人员的学术机构，应该发挥重要的带头作用。进入新世纪十多年来，明史学科主要作了以下工作。

（一）课题研究：5 项集体课题

　　集体课题可以反映出明史学科科研水平的整体优势，明史学科承担了国家社科基金、院重点、所重点等多项课题研究，始终站在学术前沿进行探索与研究，奠定了历史所明史学科在国内外明史学界的领先地位。我们坚持以重大课题带动学科建设，一些个人承担的所重点课题也是集体课题的专题延伸研究。为加强徽学研究，明史学科曾拟申报院重大课题"中国社会科学院历史所藏徽州文书整理与研究"，但受阻没能进行。新世纪明史学科主要完成了以下 5 项集体课题（限于篇幅，个人课题主要从下面展示的成果体现）。

1. 历史所重点课题、国家社会科学基金项目"晚明社会变迁研究"

世纪之交，全球化浪潮和中国社会转型的现实促使明史学科学人以全新的视野重新审视晚明社会，社会变迁既是学术界广泛关注的问题，同时也是全社会普遍关注的重大理论问题。由万明主持的1999年历史所重点课题、2000年国家社会科学基金项目"晚明社会变迁"，以历史所明史学科老、中、青人员为主，联络院外学者合作，形成9人课题组集体攻关。课题组充分利用明朝档案、徽州文书以及中外文献资料，深入开掘专题研究，并走向历史现场，到贵州安顺屯堡进行社会调查，进一步拓宽研究视野和领域，推动研究的深入。成果在2003年以优秀结项，获中国社会科学院出版基金，2005年由商务印书馆出版，即万明主编《晚明社会变迁：问题与研究》。2010年获历史所专著类优秀成果一等奖，2011年获得中国社会科学院专著类优秀成果三等奖。

课题成果是国内外第一部直接以"晚明社会变迁"为题目，突破了以往集体项目通常采用的概述性论述的研究框架，在进行了认真的学术史回顾的基础上，以问题意识贯穿全书，采用专题方式深化研究，对晚明社会变迁进行综合研究的著作。尝试贯穿问题意识的综合研究，反映了晚明史向纵深发展的明显趋向。全书站在世界历史的高度，采取整体世界——多元社会的研究取向，从更新思路开始，选取人口流动新趋向、商人定居化和店铺业发展、白银货币化过程与中外变革、乡村权力结构转换、政府与民间救荒能力分析、卑幼人的法律地位、军户与军制变化、党社兴起与近代政党萌芽出现，以及儒学平民化趋势9个方面，展开专题研究，用独特的视角，对晚明历史作了宏观、整体、动态的专题考察，在《绪论》中，提出以成、弘画线，其前为明前期，其后为明后期，这种两分法，是对明史分期问题提出的新观点，并通过明代白银货币化的开拓性研究，进一步将晚明社会变迁与世界重大变化联系在一起考察，提出晚明与两个划时代意义的开端，即中国从传统社会向近代社会的开端和世界一体化或称全球化的开端相联系，展示了中国独特的近代—现代化的历程，被认为"开创了晚明历史研究的全新格局"。该书使用了"三重证据法"，把社会调查纳入研究的范围，获得了同行的肯定和赞誉。

2. 院重大 B 类课题"百年明史研究论著目录"

1980 年明史研究室组织编辑出版了《中国近八十年明史论著目录》，当时参加编辑的人员有：曹贵林、李济贤、林金树、周绍泉、许敏、陈玉华、任三颐。此目录出版后，为明史领域的科研工作者和广大读者提供了基础资料，得到国内外学界好评，在推动明史研究中发挥了重要作用。2002 年明史研究室自明清史室独立出来以后，我们立即组织召开了京津专家咨询会，向各位专家学者请教明史学科的未来发展方向问题。会上各位专家一致认为，明史研究室作为全国唯一的明史研究专设机构，应该多做研究基础性的工作，以推动明史研究的深入发展。中国人民大学韩大成教授提出《中国近八十年明史论著目录》应该继续编辑出版，这一提议得到了与会学者的一致赞同。我们很快列入明史学科的工作计划，组织了明史学科全员参加的课题组，又特约编辑部许敏女士为主持人，形成院重大 B 类课题。新编辑的《百年明史研究论著目录》，是在以前编辑的《中国近八十年明史论著目录》基础上编辑完成的，增补了 1979—2005 年的论著目录，并修订了 20 世纪前 80 年的目录，成为一个更新版本，共 255 万字，安徽教育出版社 2012 年出版，推动了明史研究在新世纪的进一步开展。

3. 院重点课题"明代诏令文书整理与研究"

这一课题是国内外首次对明代诏令文书进行系统收集整理与研究，具有明代档案整理工作延伸的意义，开拓了明史研究的新领域，奠定了明史学科在国内外明史学界的领先地位。对明代诏令的整理与研究，是对中国古代官文书整理与研究的重要组成部分。诏令即"王言"，是官方文书中最重要的一种。明代诏令文书是明王朝 276 年间，各代帝王处理政治、经济. 文化、法律、军事、外交等有关国家大政的原始政务文书，内容涉及明代重大史事和典章制度，具有资料的原始性和完整性、内容的多样性等特征，是明史研究弥足珍贵的第一手资料。众所周知，20 世纪明清档案和殷墟甲骨、居延汉简、敦煌文书一起，被称为古文献的四大发现。明清档案的发现，至今已近百年，然而明代档案文书留存于世已经不多，特别是现存档案中的诏令类已寥寥无几。我们认为，对明代诏令文书进行全面系统的整理与研究，具有明代档案整理的延伸和更新史料的重要意义。诏令文书研究新领域的开拓，涉及明代国家治理模式和运行机制、中央、地方政府与民间社会互动关系等重大问题，将明代官私文书结合起来研究，才有可能使我们更接近明代历史的真实全貌。因此自 2007 年，由万明主持，形成课题组，成员有张金奎、陈时龙、赵现海、解扬，启动了院重点课题"明代诏令文书整理与研究"，准备全面收集编辑《明大诏令集·洪武朝卷》，这是国内外首次对明代诏令文书进行全面系统收集、整理与研究。我们在收集、整理、编辑题名目录的同时开展专题研究，编辑出版了《明史研究论丛》第八辑《明代诏令文书研究专辑》（紫禁城出版社 2010 年版），不仅发表了课题组成员论文，也发表了明史学科乃至海内外学者专题论文，开拓并推进了明代诏令文书的研究。

4. 与天一阁博物馆合作课题"天一阁藏明代政书珍本丛刊"

天一阁是明代兵部右侍郎范钦的藏书楼，原有明代为主的藏书 7 万余卷，其中包括大量明代政书。在中国古代，以"政书"为名的图书分类始于明代。政书，是中国古代文献中专门汇辑政治、经济、军事、法律、文化等方面典章制度及其沿革的书籍，也称为典制体史书，在古代文献中占有极为重要的地位。2007 年 4 月—10 月，明史研究室与天一阁博物馆签订了合作整理珍本政书的协议。由万明主持，明史学科组成 7 人整理小组，两次前往天一阁，在尊经阁内紧张工作，集中整理明代政书。整理工作主要分为两步，首先是初选文献，其次是阅读撰写提要。一般而言，按照体例，政书是主要记载典章制度沿革变化及政治、经济、文化发展状况的专书，涉及一朝典章制度的，可分为通制类和专门类，前者大都以门类分录一朝典章制度；后者则以六部分录各个部门的法令规章等资料。我们采用的是广义的政书概念，所选文献既包括四库史部的政书类文献，也包括史部的职官类、奏议类文献。我们在天一阁所阅政书总共 54 种 95 册，这批政书中海内孤本与珍本占了绝大部分，具有重要的学术价值，我们全部撰写了提要，顺利完成了第一批政书整理任务。2010 年，《天一阁藏明代政书珍本丛刊》54 种，分 22 册影印出版（线装书局），每一文献影印本前附提要一篇。《丛刊》前有万明撰《天一阁藏明代政书及其学术价值——中国社科院历史所明史室与天一阁合作整理记》一文。这是天一阁明代珍本政书的首次系统公布，对明史研究乃至中国古代行政管理史、经济史、法制史研究起到了重要推动作用,在海内外明史学界产生了广泛影响。

5. 所重点课题"天一阁藏明史稿整理与研究"

天一阁庋藏的《明史稿》共十二册,兼含稿本与钞本,有墨、朱笔删改及名家的钤章、题跋。该稿早年曾引得不少著名学者登阁观览,留下了多种推论与识断意见。万斯同一生精力所萃,尽在《明史》。他所提出的史学见解,不仅在《明史》修纂中起着主导作用,而且影响了清初史学发展的面貌。这部《明史稿》存有万斯同的亲笔墨迹,对我们深入研究万斯同学术思想、清初《明史》修纂过程都弥足珍贵。2008 年时值万斯同诞生 370 周年之际,天一阁博物馆将其影印出版,中国社会科学院历史所与天一阁合作,正式立项《天一阁藏〈明史稿〉整理与研究》课题,由历史所明史学科具体承担,由万明主持,课题组成员张兆裕、张金奎、张宪博、陈时龙、赵现海、解扬、廉敏。同时举办"万斯同与明史国际学术讨论会",万明、解扬、张兆裕、陈时龙、张金奎、廉敏与参与整理课题组合作的天一阁谷敏女士等,均有专题论文发表(《万斯同与明史》下,纪念万斯同诞辰 370 周年国际学术研讨会论文集,宁波出版社 2009 年版)。鉴于阁藏《史稿》有稿本,有抄本,抄本文字非一人所抄,稿本也非一人所为,情形复杂难辨,我们的整理原则首先是逐册进行仔细清理识别,复原原貌,工作内容包括:(1)《明史稿》的识别誊清;(2)整理本的形成,包括对手稿形态、修改痕迹的描述和标点校勘;(3)性质和地位的判定,通过整理分析对天一阁藏《明史稿》稿本形成过程做出较为恰当的推定。(4)通过整理记的形式,揭示《明史稿》修纂过程中史料的选择、取舍、分合、排列等情况。(5)附录专题研究论文。现课题已经结项,形成的整理稿尚待出版。

(二)研究成果:主要成果 35 部

历史所明史学科的繁荣发展,表现在新世纪之初就出现了一个蓬勃发展的新局面,主要表现在重要资料的开发与整理,基础性研究的加强,研究新领域的开拓,学科理论建构的开展,以及一批较高水平研究成果的出现,包括明代通史、经济史、政治史、中外关系史、军事史、法制史、社会史、思想文化史、徽州文书研究等方面。我们注意到,明史学科老、中、青工作者，在新世纪都拿出了新的成果。这些著作，是新世纪历史所明史学科的代表作，既是新世纪以来明史学科的突出进展，也是明史学科繁荣发展的显著标志。需要说明的是，世纪初的一些研究成果应该说是 20 世纪的研究果实，但按照出版时间，是新世纪问世的成果。现将 2000—2013 年明史学科主要研究成果排列如下：

2000 年

王毓铨主编：《中国经济通史·明代经济卷》（经济日报出版社）。

万明：《中国融入世界的步履：明与清前期海外政策比较研究》（社会科学文献出版社）。

周绍泉、赵华富主编：《98 国际徽学学术讨论会论文集》（安徽大学出版社）。

2001 年

刘重日：《濒阳集》（黄山书社）。

万明：《中葡早期关系史》（社会科学文献出版社）。

沈定平：《明清之际中西文化交流史》（商务印书馆）。

阿风等译，黄仁宇著：《十六世纪明代中国之财政与税收》（生活·读书·新知三联书店）。

2003 年

张显清、林金树主编：《明代政治史》（广西师范大学出版社）。

王春瑜主编：《明史论丛》（二），（兰州大学出版社）。

吴艳红：《明代充军研究》（社会科学文献出版社）。

2004 年

万明与王天有合编：《郑和研究百年论文选》（北京大学出版社）。

《明史研究论丛》第六辑，中国社会科学院历史所暨明史研究室成立 50 周年纪念专辑（紫禁城出版社）

2005 年

万明主编：《晚明社会变迁：问题与研究》（商务印书馆）。

万明校注，马欢著：《明钞本〈瀛涯胜览〉校注》（海洋出版社）。

万明与王天有、徐凯合编：《郑和远航与世界文明》（北京大学出版社）。

陈时龙：《明代中晚期讲学运动（1522—1626）》（复旦大学出版

社）。

2007 年

张金奎：《明代卫所军户研究》（线装书局）。

胡吉勋：《"大礼议"与明廷人事变局》（社会科学文献出版社）。

《明史研究论丛》第七辑（紫禁城出版社）。

2008 年

万明、张兆裕等：《北京城的明朝往事》（山东画报社）。

2009 年

阿风：《明清时代妇女的地位与权利——以明清契约文书、诉讼档案为中心》（社会科学文献出版社）。

陈时龙译，卜正民著：《明代的社会与国家》（黄山书社）

2010 年

《明史研究论丛》第八辑，明代诏令文书研究专辑（紫禁城出版社）。

2011 年

万明：《明代中外关系史论稿》（中国社会科学出版社）

万明与陈支平合编：《明朝在中国史上的地位》（天津古籍出版社）。

《明史研究论丛》第九辑，（紫禁城出版社）。

2012 年

中国社会科学院历史研究所明史研究室编：《百年明史论著目录》上、下（安徽教育出版社）。

赵现海：《明代九边长城军镇史——中国边疆假说视野下的长城制度史研究》（社会科学文献出版社）

解扬：《治政与事君：吕坤〈实政录〉及其经世思想研究》（生活·读书·新知三联书店）。

沈定平：《明清之际中西文化交流史》（商务印书馆）。

万明与赵轶峰合编：《世界大变迁视野下的明代中国》（东北师大出版社）。

《明史研究论丛》第十辑，（故宫出版社）。

2013 年

周绍泉、栾成显等译，日本森正夫等著：《明清时代史的基本问题》（商务印书馆）。

《明史研究论丛》第十一辑，明代国家与社会研究专辑（故宫出版社）。

《明史研究论丛》第十二辑（国际广播出版社），已出校样。

以上综合明史学科 2000—2013 年明史学科出版的专著、论文集、译著，以及中国社会科学院历史所明史研究室编，万明主编《明史研究论丛》第六—十二辑（共 7 辑），总共是 35 部。其中，明史学科年轻同仁的专著以出版时间顺序有陈时龙的思想文化史专著《明代中晚期讲学运动（1522—1626）》、张金奎的军事史专著《明代卫所军户研究》、胡吉勋的政治史专著《"大礼议"与明廷人事变局》、阿风的徽学专著《明清徽州妇女的地位与权利——以明清契约文书、诉讼档案为中心》、赵现海的长城史专著《明代九边长城军镇史——中国边疆假说视野下的长城制度史研究》，解扬的思想史专著《治政与事君：吕坤〈实政录〉及其经世思想研究》，标志着明史学科原定的分兵把口规划的部分实现，这些科研人员在不同的研究领域学有专长，可以独当一面，证明了明史学科在学术方面的优势。

另据初步估计，新世纪十几年来，明史学科同仁发表的论文总数也有数百篇之多。

面临史学发展高度综合与多元的发展特点，新世纪明史学科既有 20 世纪研究问题的延续发展，又有 21 世纪面对新课题的开拓发展。明史学科老中青工作者奉献出一批研究精品，在社会上产生了很大反响，将延传下去。明史学科一些科研成果在国内外得到广泛好评，荣获院、所等多种奖项。其中《中国经济通史·明代经济卷》、《明代政治史》、《中国融入世界的步履：明与清前期海外政策比较研究》、《晚明社会变迁：问题与研究》等 4 部为国家社科基金项目成果。通观明史学科所获奖项，王玉欣、周绍泉主编《徽州千年契约文书》和王毓铨论文《论明朝的配户当差制》获中国社会科学院第一届优秀成果奖，栾成显《明代黄册研究》获中国社会科学院第三届优秀成果奖，万明论文《明代中葡两国的第一次正式交往》获院第四届优秀成果奖，周绍泉论文《透过明初徽州的一桩讼案窥探三个家庭的内部结构及其相互关系》获院第五届优秀成果奖，万明主编《晚明社会变迁：问题与研究》获院第七届优秀成果奖。张显清、林金树二先生主编《明代政治史》、万明专著《中国融入世界的步履——明与清前期海外政策比较研究》、《中葡早期关系史》，万明论文《明代白银货币化：中国与世界连接的新视角》等，均获得所优秀成果奖。万明专著《中葡早期关系史》获得首届澳门人文社会科学研究优秀成果二等奖、《明钞本〈瀛涯胜览〉校注》获得国家海洋局海洋科技优秀图书奖。近年，明史学科阿风、张金奎、陈时龙的论文先后获得所第一届、第二届青年优秀成果奖。

（三）学术交流

明史学科学人积极参加国内外相关的各种学术会议，提交会议论文并到国外讲演，加强与国内外学者的交流，扩大明史学科影响。新世纪之初，明史学科组织或参与的学术交流活动主要有：

2002 年明清史研究室分开后，明史室专门组织了"京津明史专家座谈会"，邀请京津新老专家为学科建设出谋划策。与会专家一致认为明史室作为全国唯一明史研究人员最为集中的专门学术机构，应该发挥带头作用，应加强学科基础性研究。

2002 年 3 月英国人加文·孟席斯（Gavin Menzies）提出中国郑和首次环球航行、到达美洲的观点，10 月出版《1421：中国发现世界》，引起世界反响。12 月明史学科与中外关系史学会、明史学会联合主办与孟席斯的座谈会，组织全室人员为会议翻译资料，会上就其观点提出讨论质疑。

2002 年 12 月，明史室与中国语言大学《中国文化研究》编辑部合作举办"晚明社会变迁研究"学术研讨会，汇集院历史所、哲学所、文学所和北京大学、南开大学、首都师范大学、中国语言大学等高校历史、哲学、文学等学科的晚明研究学者于一堂，并邀请韩国访问学者参加，会后发表一组笔谈，引起学术界广泛关注。

2003 年与南开大学明清所合作，举办明史学术月会，两月一次。首先邀请明史专家张显清、南炳文等做学术报告，为京津两地明史研究学者提供了交流平台。可惜由于"非典"而中止。

2004 年，在历史所暨研究室成立 50 周年之际，我们编辑了《明史研究论丛》第六辑——中国社会科学院历史研究所暨明史研究室成立

50 周年纪念专辑，内容包括回忆与论文两部分，回忆由对明史室五老：白寿彝、王毓铨、谢国桢、傅衣凌（兼）、吴晗（兼）的回忆文章和明史室的历史回顾组成，为此我们广泛联系国内外的明史研究专家，包括日本、美国、新加坡、葡萄牙学者，中国香港、台湾、澳门学者和全国明史专家撰稿，并组织退休、在职的明史学科同仁撰稿。

　　在对外交流上，明史学科同仁曾多次接受国外邀请，到外国和中国港、澳、台地区进行学术访问，参加国际学术研讨会。2005 年、2010 年万明随中国史学会代表团参加了第 20 届、第 21 届国际历史科学大会，带去《明代白银货币化与世界》的论文。阿风作为日本论文博士学位获得者多次往返日本，；2007 年，胡吉勋赴美国哈佛燕京学社访问一年；2011 年，赵现海赴韩国首尔大学访问一年，解扬赴美国哈佛大学访问半年。2013 年万明作为社科院派到香港中文大学交流演讲人之一，讲演题目"关于明代白银货币化的新认识"，并参加中国社会科学院上海金融论坛"黄金白银 500 年"，发表"全球化的开端：明代白银货币化"主旨讲演。同时明史研究室也多次接受外国学者来访或参加合作项目，并组织举办不定期的明史研究室系列学术讲座，邀请国内外学者讲演，如近年邀请了美国明史学会第一任会长、明尼苏达大学范德教授（Edward Farmer）、日本爱知大学森正夫教授、日本关西大学松浦章教授、日本大阪经济法科大学伍跃教授、台湾师范大学林丽月教授、朱鸿教授、台湾成功大学陈信雄教授、郑永常教授、陈玉女教授，谢玉娥教授、台北中研院近代史所巫仁恕研究员、台北中研院史语所邱仲麟研究员、香港中文大学邱澎生教授、加拿大不列颠哥伦比亚大学单国钺教授、厦门大学林仁川教授、王日根教授等来讲演，开展了多个领域的广泛交流。《明史研究论丛》不但是明史学科同仁的学术研究阵地，还刊登国内外明史研究学者的学术论文和动态，是明史研究室加强与国内外学者交流联系的一个平台，在国内外都有很大影响。同时我们也进入了院研究生院建立的从硕士到博士的研究生培养体系，培养硕士生和博士生，并吸收博士后进站到室里合作工作和留所工作，增强学科发展的力量。

　　明史学科密切关注世界史学潮流、国际明史研究动态，使明史学科的研究始终站在学术前沿，把握时代脉搏，研究重大问题，努力以研究为党和国家决策提供智力支持，发挥为党和国家服务的思想库和智囊团的作用。2005 年是郑和下西洋 600 周年，党和政府高度重视，专门成立了郑和下西洋 600 周年纪念活动筹备领导小组，万明被聘为纪念活动筹备领导小组办公室顾问，领导小组先后举办了三次专题学术研讨会，出版了一大批研究成果，其中有万明《明钞本〈瀛涯胜览〉校注》（海洋出版社），万明与王天有合编《郑和研究百年论文选》（北京大学出版社），万明与王天有、徐凯合编《郑和远航与世界文明》（北京大学出版社），郑和下西洋 600 周年纪念活动筹备领导小组编《郑和下西洋研究文选（一九〇五——二〇〇五）》（海洋出版社），万明作为副主编参与编选。纪念活动产生了三个重要影响：一是以永乐皇帝诏书下西洋日期——每年 7 月 11 日作为中国航海日（万明被聘为交通部航海日办公室顾问）；二是建立了中国航海博物馆（万明被聘为专家委员会专家）；三是建立了全国郑和研究会（万明被聘为副会长）。其后郑和研究特点是更加国际化，2010 年新加坡国际郑和学会与马来西亚马六甲州政府、马六甲博物管理局及郑和文化馆联合举办，在马六甲召开大型"郑和与亚非"国际研讨会，来自 16 个国家与地区的学者 345 名参与研讨。

2013 年，万明发表了论文《从明清文献看钓鱼岛的归属》（《人民日报》2013.5.16）、《明人笔下的钓鱼岛：东海海上疆域形成的历史轨迹》（《北京联合大学学报》2013 年第 2 期），从官私文献的两条线索，论证了钓鱼岛在 14 世纪 70 年代已是中国领土的历史事实。

（四）重点学科

2009 年，是明史学科发展中重要的一年，明史学科进入了院所重点学科之列，这成为明史学科发展的一个新起点。当时我们的总体目标、学科发展定位是："教育部在全国高校文科系统建立的文科教学和研究基地中，还没有一个明史学科基地，因此，我们是国内外专门从事明史研究人员最集中、学术实力最强的学术机构，作为历史所最具特色的传统学科之一，我们的总体目标是发扬明史学科优良学术传统，发挥学术优势，加强学科建设，开创明史学科发展新局面，保持学科在国内外的学术领先地位，为把历史所建成世界一流的研究所做出贡献"。我们填写的学科主要研究方向和研究领域如下："21 世纪是人类社会发生深刻变革的时代，回顾历史，15 世纪是一个海洋世纪，人类社会酝酿深刻变革；16 世纪曾是人类社会发展深刻变革的时代，明代正处于人类历史上这样一个重要的时空段，它与两个划时代意义的开端相联系，即中国传统社会向近代社会转型的开端和世界一体化的开端。因此，加大力度研究明史，具有重要理论意义与现实意义。根据现代科学发展高度分化和高度综合相结合的趋势，从学科发展自身的特点出发，我们将主要研究方向继续定在处于学术前沿的重要课题，带动一系列专题研究的深入开展。"

进入重点学科以后，为了推进明史研究的繁荣发展，2010 年以来，我们组织召开了 4 次明史专题学术研讨会，每年明史学科与国内不同高校合作，选择一个主题，举办或合作举办采用论文发表与评议结合的方式，集中探讨明史学科相关的重要问题。通过组织对相关问题的集中讨论，不仅保持了明史学科在国内外领先的学术地位，也积极推动了明史研究的切实进展与突破。自 2010—2013 年举办了如下会议：

1. 2010 年，明史学科与厦门大学国学院合办"明史在中国史上的地位"国际学术研讨会。会议以"明史在中国史上的地位"、"明代历史对世界文明进展的影响"作为主要议题，论文涉及明代的政治、经济、军事、宗教、族群关系、中外交流等诸多领域，从基本预设、思考向度、问题设计、理论性话语等角度，探讨了将明史研究向纵深推进的可能。明史与世界史相联系的思考进路，是引起与会学者最热烈讨论的问题，体现着学者们对明史研究范式的再思考。在《学术月刊》上发表一组专题论文，由《新华文摘》摘要转载，并出版了会议论文集《明史在中国史上的地位》，在明史学界产生了很大影响。

2. 2011 年，明史学科与东北师范大学亚洲文明研究院、教育部世界文明史研究中心、明清史研究所联合主办"世界大变迁视角下的明代中国"国际学术研讨会。大会主题突出了明史研究的全球史视野，以及明代中国地方的世界性问题。从宏大视野出发，对于明代中国的政治、经济、军事、文化、中外关系等问题进行了创新探索，既有实证的新进展，也有理论的新思考。发表在《古代文明》上的一组专题论文，和出版的会议论文集《世界大变迁视角下的明代中国》，产生了相当的学术影响。

3.2012 年，明史学科与南开大学历史学院明史研究室联合主办的"明代国家与社会"学术研讨会，此次会议提交的论文从政治、经济、法律、军事、乡村社会与风气、宗教信仰、教育科举等各个方面对明代的国家与社会进行了较为广泛、深入的讨论和评述。许多论文见解深刻，创见迭出，反映和代表了目前明史研究领域的新趋势和新水平。为以后明史研究的深入展开提供了有价值的借鉴。在《天津社会科学》上发表了的一组关于明代国家与社会理论思考的笔谈，而此次会议论文集已编辑即将出版。

4.2013 年，明史学科得到院创新工程大中型会议资助，召开了"新世纪明史研究的新热点与新进展"学术研讨会。明史学科召开的这次会议具有特殊意义，不只是明史学科每年召开专题研讨会的延续，也是对明史学科历史的纪念。1983 年明史研究室曾在江苏无锡举办过一个明史专题会议，时隔 30 年之后，明史室追溯学界前辈的学术足迹，召开这次参会学者 80 人以上的会议，旨在回顾新世纪以来的明史研究、对当前明史学界共同关注的前沿课题展开集中讨论。与会学者围绕全球化视野下的明代中国与海洋世界，明代社会经济发展的新进程，明代社会转型与思想、文化、制度变迁，信息时代的明代文献与明史研究等 4 个议题，引入了新的理论概念，发掘了新的历史资料，开拓了新的研究领域，并对共同关注的问题展开了热烈的讨论。这次会议加强了明史学界的学术对话与交流，在学界产生了广泛反响，并将对推动明史研究的深入发展与学科创新产生积极作用。

（五）创新工程

2012 年，明史学科万明、张兆裕、阿风进入院所创新工程，选题初为"明代国家与社会"，后经所里要求缩小题目为"明代官私文书：国家与社会的互动"。选题的缘起：此前在明史学科关于"晚明社会变迁"的研究中，我们认识到社会变迁只是社会发展的一个方面，社会不仅有"变"，还有"不变"，即有一个历史的连续性问题。如果只是探讨"变"，那么将会走偏，不利于接近历史的真相，只有对于明代中国国家与社会进行整体研究，研究国家与社会的互动，才能全面认识明代中国的历史进程与发展走向。

万明作为首席研究员，以"明代国家与社会互动研究"为课题。

张兆裕作为执行研究员，以"灾荒中的明代社会与政府管理"为课题。

阿风作为执行研究员，以"徽州土地文书与明代土地所有权研究"为课题。

2013年进入"明代官私文书：国家与社会的互动"创新工程项目的有陈时龙、杨海英。陈时龙的子项题目是《明代科举体制下的经学与地域》，杨海英的子项题目是《域外长城——万历援朝东征义乌兵考实》。

2013年申报2014进入创新工程的有张金奎、赵现海、解扬。他们的子项目题目分别是：《锦衣卫与明代社会》、《明中后期长城修筑与北方历史》、《明代的谣言与国家应对问题研究：1470—1644》。

我们认为，在中国古代历史上，明代中国是一个关键时期。通过对明朝这一中国古代历史的典型朝代的具体分析和研究，关注国家与社会的互动关系，国家与市场的互动关系，将之置于世界变革的历史大背景下，探索关于"国家—社会"关系的理论模式，进行理论创新。以"国家—社会"为视角，全面考察明代在中国史上的地位，乃至在全球化开端的时候，明代中国在世界史上的地位，以及明代国家与社会的发展状况。从"国家—社会"的角度，拓展各类专题史研究内涵。以往的专题史研究，往往自设界限，多种专题史如经济史、政治史、军事史、文化史、思想史之间交叉较少。然而一旦以"国家—社会"为视角，各种专题史研究势必在内涵上有所拓展，外延上有所交叉：经济史、政治史研究从国家与市场、社会互动的视角向纵深发展；军事史将不再是单一的兵制研究或战事描述，而将与后勤供给、社会动员、移民与家族、民族关系、区域文化遗存等多种问题发生密切的联系；任何一种军事意义上的遗存，如屯堡、卫所、长城，在研究中都可能辐射到周边社会，揭示出一个区域社会的演变脉络；思想史也不再是单纯的思想史，文化史也不再是单纯的文化史，中外关系史也与国家和社会的互动关系紧密相连；科举是国家与社会互动的契合点，是连接区域文化与国家制度的纽带。因此，围绕"明代国家与社会"的主题，各种专题史的研究有望取得更进一步的全面突破。

创新研究亮点举例：新史料、新视角、新方法与理论创新

1. 万明在原有对明代白银货币化系列研究、发掘和利用明代诏令文书和徽州文书等官私文书的基础上，从国家与社会互动的新视野出发，对明代赋役—财政改革向纵深发掘史料。2012 年主持的国家社会科学基金项目《十六世纪明代财政研究——以〈万历会计录〉整理为中心》以优秀结项，是万明与华北电力大学数理学院的徐英凯教授合作，也是人文社会科学学者与自然科学学者的首次合作 10 年的成果。《万历会计录》是中国古代唯一存留于世的国家财政会计总册，是明代张居正改革的存留于世的两大重要文献之一。我们对于《万历会计录》的全面系统整理与研究，是前人没有做过的，是对于大型财政数据文献的创新性整理与研究成果。主要创新点：一是研究视角创新，突破以往财政史研究的框架，全面吸收已有的研究成果，在整理大型基本数据资料的基础上，以白银货币化为主要线索，开拓了明代财政史乃至明史研究阐释的新视角。二是研究方法创新，综合使用了史学、经济学、政治学、财政学、会计学等多学科的理论与方法，主要采用史学与数学方法相结合，定性分析与定量分析相结合，尝试以统计表格形式复原 16 世纪末明代财政结构和整体财政规模，全面揭示晚明中国财政体系的变化实态。三是理论创新，在以往对明代白银货币化的一系列研究基础上，通过对《万历会计录》的整理与研究，指出明代是一个改革的时代，16 世纪张居正改革的核心是财政问题，在白银货币化的强劲发展趋势下，张居正"通识时变"，改革标志中国古代实物财政体系向新的货币财政体系的转型，具有划时代的意义，并进一步提出明代是中国古代赋役国家向近代赋税国家转型的开端的新观点。从社会转型到国家转型，突破了以往的研究范式，开拓了新的研究领域和新的学术增长点。2013 年已将《〈万历会计录〉整理与研究》书稿 300 多万字交中国社会科学出版社出版。全书分为三篇，第一篇整理篇约占成果 1/3 篇幅，系统全面地整理原书数据，编制了甲表 133 个；第二篇统计篇，分为 13 章，顺序编制排列乙表 134 个；第三篇研究篇，分为 10 章顺序编制排列丙表 288 个，总共编制统计表 555 个，附图 28 个。从明代白银货币化理论出发，以白银货币作为统一计量单位，将《会计录》的中央财政所

有收支数据全部折算为白银，减去实物部分，得出了全国财政结构和白银货币化比例，编成一套系统的统计表格与统计图，试图客观复原16世纪末明代财政收支的整体面貌。我们整理录入明代财政会计数据达4.5万个，全部处理数据达20万个以上。此成果得到院创新工程出版基金资助，即将出版。已发表《明代财政体系转型——张居正改革的重新诠释》一文，《新华文摘》2012年第18辑全文转载，产生了广泛反响。

2. 现藏于日本尊经阁的海内孤本《钦依两浙均平录》，是明代嘉靖末年均平法推行于浙江全省的法令文书，也是目前已知明代江南赋役改革最完整的原始档案文书。万明得到所里支持，将日本尊经阁藏海内孤本《钦依两浙均平录》复印回所，发表了《明代浙江均平录考》一文（《中国史研究》2012年第2期），展现了新资料、新视角、新观点，并尝试了理论创新。全面分析了《均平录》的内容主旨，提出均平法改革的性质是赋役—财政改革，并探讨了明代赋役改革的模式，指出改革是以国家法令形式进行的制度变迁，有社会基础，以士大夫为中介，带有社会转型特征，结论是明代是现代货币财政的开端，也是现代货币财政管理的开端。相关论文还有《明代赋役改革新证——〈钦依两浙均平录〉解读之一》、《财政视角下的明代田赋折银征收——以〈万历会计录〉山西田赋资料为中心》（第一作者）等。

总之，从王毓铨先生提出国有土地所有制的"纳粮当差"系列研究，以及对于明代中国到万明提出"纳银不当差"的明代白银货币化过程——赋役—财政改革乃至国家与社会转型的系列研究，以及如何构建中国本土国家与社会理论体系的思考（万明《关于明代国家与社会理论研究的思考》，《天津社会科学》2012年第6期），都彰显了明史学科传承与开拓的历程。

三　结语:传承与开拓

薪火相传，在老一辈和新一代全体同仁的努力奉献中，历史所明史学科走过了60年辉煌的历程。60年来，明史研究室作为国内外规模最大的专门研究机构，明史学科建设的状态体现了整体学术实力、学术地位和核心竞争力，形成了历史所最具活力的基础学科之一。明史学科团队始终保持着整体综合优势，具有鲜明的学术特色，奠定了在国内外明史学界的领先地位，形成了"国家队"，对中国乃至世界的明史学科发展繁荣，产生了举足轻重的影响，发挥了重要作用。明代中国是传统国家与社会转型和全球史开端的时代，1989 年中国明史学会依托明史研究室成立，名誉会长白寿彝先生代表老一辈明史学人在贺辞中提出了对明史研究的两点要求：一点是要研究明代历史发展的总的规律，再一点是要研究整个中国历史发展规律在明代历史上的体现。这两点要求，作为室主任十多年来，万明一直不敢忘记。因此，深知明史学科在经济史方面的优势在学科创建之初已经奠定，虽经 20 世纪 90 年代后史学界经济史降温、理论探讨热情消退，我们继承学科的优良传统，不断开拓创新，仍然坚守至今；与此同时，新世纪学科重视史料发掘与基础性研究的传统得到进一步发扬，明史学科老、中、青研究者们的基础性研究，在明代经济史、政治史、社会史、中外关系史、军事史、文化史、徽学、文书学等各个领域全面开花，取得了不菲的成绩，对明史研究的发展起到了引领作用。研究既有宏大叙事，又有微观考证，更有与自然科学研究学者的合作研究，将定量分析与定性分析结合的开拓创新。我们以全球史的视野，考察明代在中国史上的地位，乃至在全球化开端的时候明代中国在世界史上的地位，探索关于"国家—社会"关系的理论模式，以及明代中国历史发展的基本规律，进行理论创新，把明史研究推进到了一个新的阶段。

新世纪，积极回应时代潮流和国内外形势对明史研究的多层次需求，传承前辈们开创的学术道路，开拓学科的发展空间，明史学科还有很长的路要走，任重而道远。未来几年，在院所创新工程的推动下，明史学科仍将具体围绕"明代国家与社会"的主题开展学术研究，继续置于世界变革的历史大背景下，研究国家与社会的互动关系、国家与市场的互动关系，为破解西方中心论，尝试构建具有中国本土特色的理论体系，推进明史研究进一步繁荣发展而做出更多奉献。

历史研究所徽学研究的回顾与展望

阿　风

一　历史研究所徽州文书的由来

1957 年 10 月 17 日的《人民日报》上发表了安徽省屯溪古籍书店负责人余庭光撰写的《徽州发现宋元时代的契约》（又载《文物参考资料》1957 年第 10 期）文章，虽然是不到四百字的消息，但却正式昭告了徽州文书的发现。

就在 1957 年前后，北京的中国书店通过余庭光所在的安徽省屯溪古籍书店收购了大量的徽州文书，转卖给在京的图书馆、博物馆与科研机构。当时历史研究所负责图书购买的副所长是曾经在厦门大学工作过的熊德基先生，他非常重视契约文书，从中国书店收购的文书中精心选购了万余件（册）徽州文书，其中包括了现存最早的徽州文书原件——《南宋淳祐二年（1242 年）休宁李思聪等卖田、山赤契》，弥足珍贵。这批文书由当时资料室的李济贤、牛继斌、霍适之几位先生进行梳理、编号、装袋，成为历史研究所的特色收藏。不过，在此后的 20 余年间，这批资料基本上是"养在深闺人未识"。除了傅衣凌等少数学者曾经利用过这批文书外，鲜见专门的研究，这种情况一直持续到 20 世纪 80 年代初期。

1981 年，日本国立横滨大学教授鹤见尚弘先生来到历史研究所访问 4 个月。鹤见尚弘先生是日本著名的明清社会经济史，特别是鱼鳞册的研究专家。他在历史研究所期间，主要查访徽州文书中的鱼鳞册。当时历史研究所的委派栾成显负责接待，这也是日后栾成显先生开始徽州文书研究，特别是鱼鳞图册、黄册研究的缘起。1982 年，在当时中国社会科学院及历史研究所领导的积极支持下，由刘重日、刘永成、武新立及胡一雅等先生发起倡议，写信给全国徽州文书较多的科研机构、大专院校、图书馆、博物馆，希望召开一个讨论会，各自整理自己收藏的徽州文书，然后交给当时成立不久的中国社会科学出版社出版。此倡议得到安徽省博物馆、中国历史博物馆及中国社会科学院经济所的响应。1982 年秋，这个会议在安徽省合肥市召开，各个单位商定各自分头整理自己收藏的徽州文书。同时"徽州文书的整理"课题也在 1985 年被列为中国社会科学院"七五"重点项目。徽州文书研究终于开始在历史所蓬勃开展起来。

二　徽州文书的整理

从 1987 年开始，周绍泉开始负责"徽州文书的整理"这个课题的具体工作，成为历史研究所徽学研究的带头人。

周绍泉，1940 年出生于辽宁省沈阳市沙岭区北李官堡村。1964 年毕业于辽宁大学历史系毕业，随后考取了当时的中国科学院历史研究所研究生，师从于著名史学家杨向奎先生，后来就留在历史研究所从事明清史研究工作。20 世纪 80 年代初，周绍泉先生参与《中国近八十年明史论著目录》、《中国史稿·明代卷》的编写工作，他当时关注明代中外关系史，研究过郑和及其航海活动，编写了《中国古籍中有关柬埔寨资料汇编》、《中越古代关系资料选编》等史料书籍，在中外关系史研究领域取得了很大的成绩。1983 年，周绍泉先生开始参加"徽州文契整理组"，在整理文书的过程中，他敏锐地认识徽州文书的史料价值，开始全力投入到徽州文书与徽学研究之中。

1990 年，由周绍泉、李济贤、张雪慧、陈柯云、孙白桦共同编辑的《明清徽州社会经济资料丛编》（第二辑）正式出版（由安徽省博物馆编辑的"第一辑"已于 1988 年出版，两书均由中国社会科学出版社出版）。成为历史研究所推出的第一本徽州文书资料集。通过这一项目，培养了历史研究所第一批徽州文书研究的人才。

与此同时，1989 年夏天，在当时中国社会科学院长胡绳、副院长
汝信及院各职能部门领导的重视下，由周绍泉、栾成显、张雪慧、陈柯
云及历史所图书馆的王钰欣、罗仲辉等人组成了"徽州千年契约文书"
编写组，从历史研究所收藏的南宋到民国七百多年的徽州文书中精选散
件文书 2820 件，簿册 90 部，分成"宋元明编"、"清民国编"两编影
印出版。到了 1993 年，《徽州千年契约文书》由花山文艺出版社正式
出版。徽州文书的影印出版，在海内外学术界产生了极大的影响，引起
了广泛关注。诚如日本学者鹤见尚弘所言，该书的出版"对于中国的
中世和近代史研究上是一件值得纪念的重要成就，是一件划期性事件，
其意义可与曾给中国古代史带来飞速发展的殷墟出土文物和发现敦煌文
书新资料相媲美。它一定会给今后中国的中世和近代史研究带来一大转
折。"（《东洋学报》第 76 卷第 1、2 号）。《徽州千年契约文书》荣获中
国社会科学院 1977 至 1991 年优秀科研成果奖、中国社会科学院历史研
究所 1977 至 1991 年科研成果一等奖，河北省优秀图书一等奖。

三　徽州文书与徽学研究的深入

在整理徽州文书外，周绍泉、栾成显等也开始利用这些资料展开一
系列新的研究。1987 年《中国史研究》第 1 期发表了周绍泉的《田宅
交易中的契尾试探》一文，该文以实证材料第一次向学术界揭示了始
于元、终于清末行用达六百多年的土地税契凭证——契尾的历史。1988
年，栾成显在《中国史研究》第 4 期上发表《龙凤时期朱元璋经理鱼
鳞册考析》一文，考证了一部"甲辰"年间的徽州鱼鳞册当为朱元璋
建立明朝以前的龙凤十年（即元至正二十四年，1364 年）攒造，从而
为明代鱼鳞册的始造时间提出了新的论断。可以说，这些徽州文书研究
成果的推出，突出地显示出新史料对于学术研究的所具有的巨大推动
作用。

同时，周绍泉、栾成显、陈柯云等人多次前往徽州各地以及安徽、
江苏等收藏徽州文书的单位进行实地考察，搜集有关研究资料。当时的
研究经费十分有限，交通亦有所不便。创他们克服困难，在安徽省博物

馆、安徽省图书馆等机构取得一系列新发现。他们为了弄清徽州文书流传的历史，还遍访徽州当年的旧书商与当事人。1991 年，他们在绩溪县寻访到当年屯溪古籍书店的负责人余庭光老人，弄清了 1956 年前后徽州文书发现、收购、销售的过程。1991 年，周绍泉撰写的《徽州文书的由来、收藏与整理》一文向学术界揭示了徽州文书的发现历史。

周绍泉等人也十分注意"徽学"的学科建设。1992 年，周绍泉发表了《徽州文书的分类》一文，根据文书的存在形态与内容，对于徽州文书进行了科学地分类，其所确定的分类标准一直为国内外徽州文书研究者所采用。1994 年，在黄山市召开的"全国徽学学术讨论会暨徽学研究与黄山建设关系研讨会"上，周绍泉将多年收集的有关徽学的研究论文目录——《徽学研究系年》公之于众，为学界了解徽学的研究历史提供了极大的方便。2000 年，周绍泉又在《历史研究》第 1 期上发表了《徽州文书与徽学》一文，回顾了"徽学"产生的历史，科学地说明了"徽学"概念与内涵。这篇文章可以说是 20 世纪"徽学"研究的一次总结，也为新世纪徽学研究指明了方向。

四　徽学研究中心的成立

在《徽州千年契约文书》完成之后，由周绍泉牵头申请的中国社会科学院"八五"重点项目"徽州文书研究"得到批准。1993 年，"徽州文书研究组"更名为"中国社会科学院历史研究所徽学研究中心"，成员有周绍泉、栾成显、张雪慧、陈柯云、阿风五人。1995 年 2 月又更名为"中国社会科学院徽学研究中心"。这个研究中心依靠历史研究所所藏的徽州文书及其他资料，同时联合国内同行，并积极扩大国际交流，使徽学研究不断深入，并日益走向世界。

"徽学研究中心"成立后，迅速成为国内徽学研究的重要阵地。徽学研究中心广泛联络海内外学者，并与地方院校及政府部门建立起良好的关系，推动了 1993 年、1994 年、1995 年、1998 年四次徽学研讨会的召开，徽州文书与徽学研究从此深入人心。

1991 年 9 月至 11 月，周绍泉作为日本学术振兴会外国人研究员，前往东京大学东洋文化研究所访问。此次日本之行虽然只有两个月时间，但周绍泉有关徽州文书的报告在日本明清史学术界引起了很大反响，许多研究者对于徽州文书产生了浓厚的兴趣，一些学者开始专门研究徽州文书，一批日本学者开始组织研究班研读徽州文书。此后，周绍泉、栾成显、陈柯云、阿风等先后出访日本、韩国、法国等地，进行合作交流，扩大徽州文书的影响。从1994年开始，也有多名来自韩国、日本的年轻研究者来到徽学研究中心进修、学习，现在这些年轻研究者逐渐成为海外徽学研究的中坚力量。

可以说，20世纪徽学的产生、发展与中国社会科学院历史研究所以及徽学研究中心有着密不可分的关系。

五　从徽学研究到中国古文书学研究

随着徽州文书与徽学影响的不断扩大，一些大学与研究者也开始重视徽州文书与徽学研究。包括安徽大学、安徽师范大学等都建立起徽学研究的基地，复旦大学、中山大学、上海交通大学、香港中文大学等学校也都形成了徽学研究的团队，其中一些大学收购了不少新发现的徽州文书，形成了各自的资料与研究优势。同时，包括贵州清水江地区、浙江石仓地区也发现了大量的明清契约文书，有关明清契约文书研究进入一个新的时代。

然而，就在这一关键时期，历史研究所徽学研究的奠基人——周绍泉先生于2002年因病去世，栾成显先生、张雪慧先生也先后退休，历史研究所的徽学研究面临着很大的考验。

面对这种情况，如何寻求新出路，从而继续保持徽学研究的领先地位，是历史研究所徽学研究工作者一个亟待解决的重大问题。除了继承老一代研究者的实证研究传统，推进学术资料的数据化，加强学术交流与合作等手段外。2010年，在历史所领导的支持下，中国社会科学院徽学研究中心与简牍研究中心、敦煌学研究中心的共同发起成立"中国古文书研究班"，成为历史所徽学研究寻求突破的重要尝试。

众所周知，近代以来，中国古代史学界一些新学科的产生，都与古文书的发现有着密切的关系，徽州文书与徽学也不例外。不过，在中国出土史料与传世文书研究中，甲骨文、简牍、敦煌文献、明清档案等的整理与研究比较成熟。形成了一整套整理与研究的标准。而徽学学科形成的时间较短，资料的整理与分类相对混乱。因此，如何吸收简牍与敦煌文书的整理的经验，按照古文书学的标准，对于徽州文书进行科学的整理与研究，是徽学研究实现创新的重要前提。同样，徽州文书与徽学研究的进步，也有助于全面推进中国古文书学形成与发展。这也是历史研究所徽学研究今后的发展方向。

从中亚到内陆欧亚：古代中外关系史研究室发展回顾

李锦绣

一 百废待兴的中亚史研究

1979 年，历史所古代中外关系史学科从断代史中独立出来，成立了中外关系史研究室。时值"文革"结束，百废待兴。中国社会科学院建院伊始，就在历史所设置中外关系专门史研究室，一方面是为了在拨乱反正后恢复和构建新型的国际关系的形势下，对党和国家构建新的中外关系（尤其是与周边区域国家的关系）提供历史借鉴，另一方面也是适应国际学术发展趋势，调整学科战略、开展中亚史研究的需要。

历史所已故副所长熊德基先生在 1986 年 11 月 13 日给余太山先生的信中，提到了中外关系史研究室设立的经过，信中说：

> 回忆八年前（1978 年，作者注），胡乔木掌院不久，因联合国的我国参加"教科文"组织的工作人员向外交部反映，该组织资助的"中亚史"（即《中亚文明史》，作者注）编委，为苏联所把持，如巴基斯坦等国参加者希望中国能参加而代表他们吐气。外交部征求我院意见。院部同志找梁寒冰、尹达同志和我商量，感到我国史学界这方面无基础，我所更难为力。惟我认为此情况属实，但我们不应长期不参加国际学术界的活动，争取发言权；和可藉此而发展这方面的研究。院里同志赞同此意见。初步决定在我所建立你

室。我在联大学习时，知孙先生通英、法、日语，青年时也作过秦汉史的研究。此外惟马雍同志精通英、俄文（他本是北大西洋史研究生），又承家学，对于中国史的考证能力颇不弱（1958 年他随我去昌黎参加流县县史的编撰工作，对于古代史的考证即有所表现。）因决定由他们二人分任正副组长。

中外关系史研究室为配合联合国教科文组织编纂的《中亚文明史》（*History of Civilizations of Central Asia*）、为在国际中亚史研究学术界有中国自己的话语权而设。可想而知，研究室设立伊始，即以开展中亚史研究为当务之要。从某种意义上说，中国社会科学院历史所中外关系史研究室的成立，标志着中国中亚史研究的复苏。

以治秦汉史、西域史及近代中外关系史见长并精通英、法、日语的孙毓棠先生（1911—1985）任中外关系史研究室主任，精通英、俄文，长于唐以前中亚和中西交通史研究的马雍先生（1931—1985）任研究室副主任。在较短的时间内，在中国社会科学院及历史所各级领导、各有关职能部门的热情关心和有力扶持下，在孙毓棠、马雍先生的中亚史研究基础之上，古代中外关系史学科从无到有，由弱到强，成长壮大起来，中国的中亚史研究呈蓬勃态势。

孙毓棠、马雍两位先生除扭转个人研究方向，积极为中亚史研究著书立说之外，还规划中外关系史研究室发展方向，为中外关系史学科和中国中亚学的发展殚精竭虑，孜孜以求。这表现在以下几个方面：

1. 培养中亚史方向研究生

培养人才，是孙毓棠、马雍两位先生对学科发展的重要贡献。1978年，余太山、林金水、罗益群成为历史所中外关系方向首批研究生，由孙毓棠先生指导。余太山先生在其《学术自传》中写道：

　　1978 年，我考取中国社会科学院研究生院历史系中外关系史专业。我的学术生涯从此开始。这一年我 33 岁。我的研究方向是古代中亚史，导师是孙毓棠先生。他给我指定的研究课题是哒嚈史。此前，我不仅对哒嚈，而且对古代中亚一无所知。

余太山关于嚈哒、林金水关于利玛窦、罗益群关于贵霜的研究，在当时都是拓荒性的。孙先生所费心力，可想而知。1979 年，孙、马二先生合作招收指导梁禀九、宋晓梅等研究生；两年后马雍先生又招收吴玉贵为研究生。孙、马二先生培养的学生今天大都成为中外关系史学界的领军人物，余太山、宋晓梅、吴玉贵毕业后留在了中外关系史研究室，余太山和吴玉贵还担任了中外关系史研究室的正副主任，成为研究室的中流砥柱。

2. 筹建中亚协会

为了整合全国中亚史研究力量，孙毓棠、马雍先生积极筹备建立"中国中亚文化研究协会"。在院所领导支持下，1979 年 10 月，"中国中亚文化研究协会"成立大会及第一届代表大会在天津召开，有来自北京、南京、新疆、内蒙古等近百位德高望重学者参加。中国社会科学院梅益、历史研究所梁寒冰、熊德基、孙毓棠、马雍、陈高华等出席了大会，马雍担任了联系和组织工作。会上宣布"中国中亚文化研究协会"成立，推举陈翰笙先生为理事长，孙毓棠先生为副理事长，秘书处挂靠在中外关系史研究室。这是一次重要会议。中国中亚协会成立后，正式加入由苏联、巴基斯坦、印度、阿富汗、伊朗五国代表组成的国际中亚文化研究协会，成为其集体成员之一。因而中国中亚协会成立大会，是中国中亚研究走向世界的转折点。

3. 参加《中亚文明史》国际编委会

孙毓棠、马雍先生一直参加联合国教科文组织主编的《中亚文明史》国际编委会活动，组织多国中亚史学者参加，中国学者在六卷本《中亚文明史》撰写了大量章节。马雍还任《中亚文明史》编委会委员、国际中亚文化研究协会理事，多次代表中国学者出席《中亚文明史》的编委会会议。至此，中国学者改变了脱离国际学术界的形象，在中亚史研究领域，赢得了话语权。

4. 主编《中亚学刊》

中国中亚协会成立后，孙毓棠、马雍先生为创办一份以中亚研究为主的学术专刊奔走呼吁，筹措编辑。1983 年，国内第一本大型综合性中亚史研究刊物——《中亚学刊》第 1 辑由中华书局出版，极大地推进了中国中亚学的发展，标志着中国的中亚史研究揭开了新的一页。

5. 创建中外关系史学会

孙毓棠、马雍先生还组织筹建了全国性学术团体——中国中外关系史学会。1981 年 5 月，中国中外关系史学会成立大会暨第一届学术讨论会在厦门召开，国内著名中外关系史研究者 60 人出席会议，孙、马二先生分别被选为理事长、秘书长，秘书处也挂靠在中外关系史研究室。

中外关系史研究室建立之初，古代中亚史在我国还是新鲜事物。孙、马两先生对中国这一学科的建立和发展奠定了基础。主要由于孙、马两位先生的努力，中外关系史研究室成为国内较早从事古代中亚史的学术机构之一，为我国古代中亚史在新的历史时期取得长足进步作出了有目共睹的重要贡献。20 世纪 80 年代前半叶，中外关系史研究室成为执我国中亚学研究之牛耳者，也成为古代中外关系史研究的重镇。

孙、马两位先生于 1985 年接踵去世，这是我国中亚学研究的重大损失；更给中外关系史研究室带来了不可估量的损失。中外关系史研究室丧失了我国中亚史研究中心的地位。但是，中亚史研究从此在全国遍地开花，蓬勃发展起来，离不开中外关系史研究室同仁的贡献；而中外关系史研究室至今在学术界尚保持着中亚史研究优势，也是孙、马两位先生奠定的基础。因而孙、马两位先生筚路蓝缕之功，尤不可没。

二 艰难发展的中外关系史学科

1985 年，夏应元先生（1929—）继任为研究室主任。夏先生精通日语，对古代中日关系研究独到，在日本学术界影响较大。夏先生临危受命之时，东京的一所大学正邀请他长时期讲学，待遇颇丰。为了研究室的利益，夏先生放弃了个人改善生活和研究条件的机会，毅然挑起了领导研究室的重任。

孙毓棠、马雍先生的去世，造成研究室人才断层。夏先生一方面充分发挥其在日本学术界的影响，打破中国与日本学术界隔膜的坚冰，在历史所组织中日学者共同参与的学术活动，加强中日关系史研究，提高研究室的地位；一方面克服重重困难，筹划和组织孙、马先生遗著的整理（1990 年，马雍先生遗著《西域史地文物丛考》由文物出版社出版；

1995 年孙先生遗著《孙毓棠学术论文》由中华书局出版，2007 年余太山先生编选的《孙毓棠集》由中国社会科学出版社出版。余先生还编辑整理了孙先生的诗集，1992 年《宝马与渔夫》由台湾业强出版社出版，2013 年，《孙毓棠诗集》由商务印书馆出版），培养、扶植青年学者，为研究室复兴积蓄力量。夏先生为研究室确立了集体项目"西域通史"，放手将主编交给进室工作不久的余太山先生。余先生不负众望，组织国内大多初出茅庐的中亚史研究者，群策群力，高质量完成了《西域通史》的撰写。目前《西域通史》成为这一领域的里程碑式著作。此后，余先生再接再厉，还主编了《西域通史》的姊妹篇——《西域文化史》。

值得一提的是，1986 年 5 月，研究室还和苏州铁道师院合作，在苏州举办了中亚史学术讨论会。这次会议在中国中亚史研究上具有重要地位。参会代表 50 余人，除陈翰笙、陈高华、张广达等 7 位中亚文化研究协会负责人外，全部都是 1979 年协会成立以来涌现出的中青年研究者。这些学者济济一堂，畅所欲言，使会议始终朝气蓬勃、别开生面。这次会议，不但是中亚文化协会成立七年来成果的检阅，也中国中亚史研究复兴的一次实力展示。余太山、刘迎胜、林梅村、王继光、芮传明、马小鹤、荣新江、沈卫荣等这些今日学界领军人物，在苏州会议上登台亮相，崭露头角。

在继续推进中亚史研究的同时，夏先生还注意鼓励其他中外关系史研究，并取得了可观的成绩。如 2003 年张铠撰著的《中国西班牙关系史》荣获由西班牙国王胡安·卡洛斯一世亲自签署的西班牙"天主教伊莎贝尔女王十字勋章"奖，耿昇因译介法国当代汉学家的名著数十部获得法国政府文学艺术勋章，都是 80 年代末学科发展奠定的基础。

陈高华先生在中外关系史学科发展中也发挥了不可替代的作用。陈先生是国际著名学者，长期担任中亚文化研究协会、海交史学会等多个学会领导职务。在孙、马先生去世后，陈先生众望所归，成为发展学科、开展中亚研究的精神支柱和坚强后盾。陈先生大力支持研究室发展，对研究室的每一步工作，都倾注了大量心血。他关心年轻人的成长，为他们制定研究计划，并提供出国进修机会，逐步改善研究室青黄不接的局面，培养、建立了中亚史研究的合理梯队。20 世纪 80 年代末、90 年代初，正是中国出版最困难的时候，《中亚学刊》也岌岌可危。陈先生和余先生一起花大力气保持《中亚学刊》编辑、出版不辍。《中亚学刊》第 2 辑到第 6 辑换了三个出版社，从中华书局，到北京大学出版社，再到新疆人民出版社，这体现了陈、余两先生惨淡经营，竭力护持《中亚学刊》的艰辛历程。

三　构建中国的内陆欧亚学

1991 年，余太山继任为中外关系史研究室主任。他的研究主要方向是伊斯兰化以前的欧亚史，重点在 6 世纪以前。他著有《嚈哒史研究》（齐鲁书社，1986）、《塞种史研究》（中国社会科学出版社 1992 年版）、《两汉魏晋南北朝与西域关系史研究》（中国社会科学出版社 1995 年版）、《古族新考》（中华书局 2000 年版）等一系列著作，还在国外出版了 *A Study of Sakā History*，*A Hypothesis about the Sources of the Sai Tribes*，*A History of the Relationships between the Western & Eastern Han*，*Wei*，*Jin*，*Northern & Southern Dynasties and the Western Regions* 等多部著作，在外国欧亚学界颇受佳评，产生了较大影响。

余先生的研究主要在帕米尔以西，这是我国学术界非常薄弱的领域。他勇于开拓创新，在驾驭和利用非汉文史料、借鉴国外学者研究成果的同时，注意充分发挥作为中国学者的优势，不仅就习见史料提出新的见解，而且深入挖掘隐性史料，在此基础上重构历史。余先生的系列著作，不仅填补了中国内陆欧亚史研究的空白，而且另辟蹊径，勾勒出伊斯兰化以前的欧亚史的全新面貌，奠定了我国古代欧亚学研究的基础，并推进了这一学科向更广阔纵深的方向发展。

在研究室的学科发展中，余先生承上启下，为中国内陆欧亚学的建立及中外关系史研究室学科发展做出了重大贡献。他不但在国内学者罕有涉足的古代内陆欧亚学领域成果卓著，而且充分发挥学科带头人的作用，及时把古代中外关系史学科的研究重点调整为内陆欧亚史。

内陆欧亚学是突厥学、蒙古学、满—通古斯学、藏学、伊斯兰学、阿尔泰学、伊朗学、中亚学和梵学（印度学）等所谓"东方学"发展的结果。随着上述诸学科研究的深入，研究者逐渐认识到，这些学科事实上只是内陆欧亚学的分支，而要使这些局部研究取得突破性的进展，达到应有的深度，必须胸怀欧亚内陆全局。随着对中亚、东北亚、北亚研究的深入，内陆欧亚内部的联系逐渐被揭示，将内陆欧亚视为一个整体研究的观念日渐深入人心。于是，内陆欧亚学作为一门独立的学科便应运而生。

内陆欧亚学在欧美以及日、韩等国家历史悠久，方兴未艾。我国作为内陆欧亚的大国，深入开展内陆欧亚历史文化的研究更是责无旁贷，但我国的内陆欧亚史研究起步较晚，这与一个和内陆欧亚以及周邻地区关系密切并且学术发达的文明大国的形象颇不相称。正是在这一形势下，余先生提出构建和发展我国内陆欧亚学的计划，以1999年第一期《欧业学刊》出版为标志，将研究室重点转移到内陆欧亚学上来，使研究领域从中亚扩展至整个内陆欧亚。

这一研究方向的转变，并非一蹴而就，而是有一个长期酝酿的过程。这一过程是由余先生精心擘划，身体力行，研究所肯定、支持，研究室成员协调配合、逐步调整，共同完成的。在此附上余先生1991—2007年所撰写的四份学科发展规划，以展示中外关系史学科发展方向调整的过程。

1991年，余先生提出"关于中外关系史研究室发展方向的建议"：

> 中外关系史研究室自1979年成立以来，一直力图开展全方位的研究。由于古代中外关系史牵涉面太广，难度很高，加上种种客观条件的限制，一个研究室的力量实在难以胜任；虽然研究人员尽了最大的努力，但迄今点连不成线，线构不成面，更没有能够形成自己应有的特色。因此，兹建议今后研究工作变全方位展开为突出重点，所谓"伤其十指，不如断其一指"。而在一个研究室内，研究课题相对集中、彼此衔接、相互渗透，大大有利于研究人员之间的切磋和合作，这对于提高研究水平，多出、快出成果和人才，可以说是不可或缺的条件。
>
> 近年来，我室减员情况严重，不少卓有成绩的老专家不是去世便是离退休。现有人员的研究范围大致集中在西域史方面。而我室

的西域史研究是孙毓棠、马雍两位先生奠定的基础，有关成果填补了国内若干空白，至今在学术界尚保持着一定的优势。有鉴于此，建议考虑以西域史研究为我室今后的主攻方向。

所谓"西域"，一般以为有广狭两义，其狭义指我国新疆地区。其广义指中亚地区，包括我国新疆、苏联四个加盟共和国（吉尔吉斯、土库曼、塔吉克、乌兹别克）和哈萨克斯坦南部、阿富汗、伊朗东北部、巴基斯坦北部，以及印度西北部。其实，在我国史籍中，"西域"这一概念所涵，除中亚外，至少还涉及南亚、西亚、小亚、北非和南欧。本建议所谓"西域研究"，其对象虽以中亚为主，但也包括中亚以外被我国史籍称为"西域"的地区。

我室的西域研究一开始就着重于公元前二至公元九世纪。在这方面虽然取得了一些成绩，但还有不少缺门。果以西域研究为今后主攻方向，则首先需要加强这一时期、尤其是帕米尔以西地区历史的研究。

应该指出的是，西域研究的基础在新疆研究，尤其对于中国学者而言，要使西域研究在国际上占一席之地，从新疆研究着手不失为一条捷径。由于新疆在地理、民族、宗教、文化等方面的特殊性，新疆史的课题大多在不同程度上属于中外关系史的领域。那种认为研究新疆与中外关系史研究无关的看法是片面的，因而也是不足取的。我室对新疆史的研究，不仅不可削弱，相反应当加强，特别要创造条件，加强新疆出土各种古文书的研究。

蒙古高原和西伯利亚古称"塞北"。塞北和西域虽然是两个不同的概念，但彼此之间的联系十分密切。为了确保西域研究取得成绩，必须配备研究塞北方面的力量。

如果条件许可，则应考虑通过挖掘现有人员潜力、吸收所、室外人才、培养研究生等途径，争取在10年左右时间内，逐步形成一支在西域史的主要领域都有发言权的研究队伍。

以上建议妥否，请指示。致
所领导

余太山
1991 年 7 月 22 日

可见 20 世纪 90 年代初，余先生带领研究室艰难地、坚定不移地沿着孙、马先生规划的中外关系史研究计划而努力，力图使研究室在中亚史研究中独树一帜。

随着与西方及日、韩国际学术界联系的进一步密切，中国的中亚史研究与国际学术界逐步接轨。在国外"内陆欧亚学研究"风起云涌之时，余先生预国际学术之流，高瞻远瞩，率先倡导内陆欧亚学研究。1998 年，余先生撰写"关于调整中外关系史研究室发展方向的建议"，提出了发展内陆欧亚史研究的构想：

> 1991 年，经所领导同意，我室的研究重点明确为古代中亚史。而随着国内外中亚史研究的不断深入，越来越多的学者认识到中亚史的研究必须与北亚、东北亚乃至东欧、中欧，也就是说整个内陆欧亚历史的研究结合起来，内陆欧亚学于是应运而生。
>
> 所谓内陆欧亚（Eurasia），也称欧亚草原（Eurasian Steppes），东起黑龙江、松花江流域，西抵多瑙河、伏尔加河流域，其文化、历史具有鲜明的区域特色。
>
> 实践证明，研究其中任何局部都必须胸有内陆欧亚全局。对于一个以中亚史为重点的研究室来说，只有及时开展内陆欧亚的研究，提醒研究者注意带有全局性的课题，也使局部研究达到应有的深度，才能跟上国际学术界的步伐。
>
> 有鉴于此，请考虑同意将我室的发展方向从中亚史调整为内陆欧亚史，并为我们创造必要的条件：
>
> 1. 创办"欧亚学刊"。
>
> 2. 出版"汉译欧亚文化、历史名著丛书"。
>
> 3. 在继续重视和培养中亚史研究人材的同时，重视和培养北亚和东北亚史、尤其是东北亚史的研究人材（东北亚史是目前最薄弱的环节。是否可以将所内志愿研究东北亚史的力量组织起来，成立课题组，提出总目标，明确分工，争取在 5—10 年内出成果）。
>
> 当否，请批示。　　　　此致

　　所党委、所长办公会

余太山

1998 年 10 月 25 日

为了达到在局部研究不断深入的基础上实现发展全局的目的，余先生在规划学科发展上始终坚持灵活性与现实性相结合的原则，使研究室成员各个专门领域的长处和优势得到最大限度的发挥。1999 年，经过深思熟虑，余先生又提出"中外关系史研究室十年规划（2000—2010）"：

　　　　中外关系史研究室于 1979 年成立伊始便以古代中亚史为研究重点，1991 年又通过研究室报告的形式予以肯定。此后院、所学科调整时又再次肯定这一点。鉴于中外关系史领域十分广阔，研究室编制有很大的局限性，很难展开全方位研究，选择重点是势在必然；而在一个研究室内，研究课题相对集中、彼此衔接、相互渗透，有利于研究人员之间的切磋和合作，对于提高研究水平，多出、快出成果和人才，也是一个有利条件。考虑到中亚史研究在古代中国史和中外关系史研究中占有十分重要的地位，目前室内研究人员中专攻中亚史的又占绝对多数，本规划仍以中亚史研究为出发点和归宿。

　　　　1. 我室从事中亚研究的人员，虽然先后有 10 多名，但大多数人的研究范围落在帕米尔以东（亦即历史上的新疆地区），只有个别人例外。这和全国中亚学界的情况是基本一致的。但是，历史上的中亚地区在文化、民族、宗教等等方面均有着不可分割的内在联系，即使仅仅研究其东部，也不能不加深对西部的了解。因此，今后努力的一个方向便是使研究领域向西拓展。

　　　　2. 世界中亚学界的一个共同趋势是与北亚史、东北亚史，乃至东欧、中欧史的研究合流，并逐步形成了一门新的学科，称为"内陆欧亚学"（Eurasian Studies）。事实上，由于内陆欧亚（尤其是其核心地带）自然地理环境的特殊性，其历史文化呈现出鲜明的区域特色；研究其中任何局部都必须胸有内陆欧亚这一全局。因此，似乎可以将内陆欧亚史的研究作为我室进一步的研究方向。这至少有利于每一位研究中亚史的年青学者开阔视野。

　　3. 研究历史不能无视现实,这既是历史研究本身的需要（无法想象一个对现状完全无知的人能够成为一个出色的历史学家）,也是社会对历史学提出的要求,是历史学生命力之所在。而我室以往的中亚史研究,主要集中在公元九世纪以前,未能充分发挥专门史联系现实的优势,今后必须向下延伸。亦即在巩固原有阵地的基础上,将研究领域扩大到近代以前。

　　4. 国内外中亚或内陆欧亚学界目前多重考据、轻理论,这固然有许多客观原因,但不能不认为这是一个值得严重关注的问题。一个没有理论的学科是没有前途的。这不仅是我室学科建设、也是我国中亚或内陆欧亚学学科建设的迫切需要。因此,我们也应该加强中亚或内陆欧亚学有关理论的研究,并使之成为我室中亚史或内陆欧亚史研究的一个特色。

　　5. 内陆欧亚史研究的对象主要是历史上活动于欧亚草原及其周邻地区（特别是我国甘肃、宁夏、青海、西藏和小亚、伊朗、阿拉伯、印度、日本、朝鲜乃至西欧、北非等地）诸民族本身,及其与世界其它地区在经济、政治、文化各方面的交流和交涉。因此,我室以中亚或内陆欧亚史为研究重点并不排斥有选择地开展中外关系史其它领域,特别是中日、中朝和中印关系史研究,以期收到相辅相成的效果。

　　6. 实现以上规划的根本保证是人材。目前我室在这方面的情况实在不容乐观。最主要的原因应该说是长期丧失了培养人材的主动权:自从1981年招收过一名硕士研究生后,直至1999年才又得到招收一名研究生的名额;间隔达18年之久。虽然近四年来通过多种渠道引进了三位志愿从事中亚史研究的年青同志,但由于大多没有经过专业训练,尽管来所后十分努力（其中两位正攻读在职硕士和博士学位）,迄未能独立担当研究任务。以上规划要成为现实,一方面要加强对室内年青同志的辅导,专业和理论不能偏废,一方面不失时机地、有针对性地培养和引进有志于中亚史研究的优秀人材。除中亚史外,还要引进一定比例的北亚和东北亚研究的人材,以及研究中日、中朝和中印关系史的研究人员。按照以上规划的要求大致估算，到 2010 年，我室研究人员的编制以 15 人左右为宜。

7. 展望未来的十年，无论中亚史或内陆欧亚史研究都有可能成为历史学新的生长点，而按照以上规划，在今后十年内，我室将逐步形成比较完整的人材梯队，既有研究的重点——中亚史，又有余力向北亚史和东北亚史发展，为将来开展内陆欧亚史研究奠定基础。

余太山
1999 年 9 月 1 日

在院、所领导的肯定和支持下，研究室的内陆欧亚史研究破土而出。2003 年，中外关系史学科被社科院列为重点学科，把建设国内一流、国际知名的内陆欧亚史研究室作为奋斗目标，并写进了历史所"十一五"规划。2005 年，作为学科建设的重要组成部分，还成立了中国社会科学院历史研究所内陆欧亚学研究中心。

2007 年，内陆欧亚史研究已逐渐发展起来。面对欧亚学的发展现状，余先生又强调内陆欧亚学从局部研究到整体的过渡：

所党委、所长办公会、所科研处、所人事处：

值此重点学科和研究中心年检之际，我们又对今后我室学科建设的内涵和发展方向作了一番认真的思考，表述如下：

一　内陆欧亚史研究

根据我室的现状和历史，今后一段时期内，学科建设应以内陆欧亚史研究为重点。具体而言，应该注意以下几点：

1. 研究者应该胸怀内陆欧亚全局，但各有侧重。

2. 注重理论研究。目前内陆欧亚史的理论研究是一片空白，亟待加强。没有理论的学科是没有前途的。

3. 无论是就研究室还是个人，均须力求古今贯通。

4. 紧密结合中国史研究，回答中国史研究提出的有关的问题。

5. 努力挖掘文化资源，为提升国家软实力贡献力量。

二　早期地中海文明和中国关系史研究

　　"早期地中海文明和中国"这一课题，是我院历史所和考古所共同承担的。我所的任务主要由我室来完成，主要有以下四个方面的内容：1. 汉唐史籍中有关地中海地区（主要是罗马、拜占廷）记载的辑录、注释和研究；2. 交通路线研究（亦即所谓"丝绸之路"研究）；3. 早期地中海文明对中国文化形成、发展的影响；4. 早期地中海世界和中国北方游牧部族的关系，即所谓广义的"拜占廷突厥学（Byzantinoturcica）"。

　　三　历代中原王朝与周邻国家、地区关系史的研究

　　古代没有严格意义上的疆界，没有严格意义上的外交，也就没有严格意义上的中外关系。因此，我们作为古代中国史研究所的中外关系史研究室，确切的定位应该是研究历代中原王朝与周邻国家、地区关系的历史。又鉴于我们研究室的具体情况，我们准备首先考虑与内陆欧亚有关的国家和地区，主要包括今天的朝鲜、日本、蒙古、俄罗斯、伊朗、阿富汗、巴基斯坦、印度和中亚五国等。也就是说，突出重点，并纳入内陆欧亚史研究的框架之中。事实上，中原王朝与上述国家、地区的关系也只有放到更加宽广的背景、亦即内陆欧亚史的背景下加以研究才能够得到确解。

　　以上三项内容相辅相成，但基础是内陆欧亚史。就学科建设的具体方法而言，应该强调如下三点：

　　1. 开门搞学科建设，开门办研究中心。吸收所外、院外、国外优秀学者参加我们的课题研究，同时鼓励室内同仁走出去和所外、院外、国外合作。

　　2. 不断引进优秀学者，逐步完善室内研究人员的知识结构。

　　3. 积极稳妥地开辟新的研究领域，力争在国内外学术界独树一帜。

余太山

2007 年 11 月 11 日

11 月 19 日修改

　　把古代中外关系史学科的研究重点确定为内陆欧亚史，既是学科建设统筹安排的需要，也是研究逐步深化发展的结果，更与国内、国际的

客观形势密切相关。由于历史上复杂的民族关系和交错的语言文化背景，内陆欧亚直到今天仍是频发纷争的焦点区域，同时也是各大国角逐利益、展示实力的较量场所。日益高涨的全球化呼声，要求世界范围内的广泛合作，同时还强调地域内的协调发展。在全球化进程中，内陆欧亚不仅具有重要的战略位置，而且是应对和处理各种复杂国际局势的重要舞台。中国作为内陆欧亚大国，对于这一区域的和平、稳定与发展自然具有不可推卸的责任。这些都要求国内学者加强对内陆欧亚进行整体性研究，为国家建设与发展的全局服务。余先生强调的必须从多元文化的视角来探悉内陆欧亚这一复杂区域广阔而深厚的历史文化背景，必须加强内陆欧亚有关国家和地区历史关系的研究，是基于对学科发展和服务时局紧密结合的明确认识。因而，构建和发展中国的内陆欧亚学，符合古代中外关系史学科的发展规律，是一条既通贯全局又兼顾局部的切实可行的学科发展道路。

一个学科是否成立，不是只有理论和设想就可以完成的，这需要在实践中探索，理论联系实际，不断加深认识，坚持不懈地行动。为此，余先生不但从宏观上规划研究室的发展方向，更是加倍努力，甚至变阻力为动力，切实将欧亚学的理念运用于研究领域开拓中，贯彻在人才引进、课题设置、学术建设中。

在历史所的支持下，余先生不断吸引人才，补充新生力量，培养研究梯队。至 2008 年，研究室共有研究人员 11 名，平均年龄 40 岁。其中有 3 位硕士，6 位博士，1 位博士后，研究领域包括西域史、中亚史、汉唐丝绸之路史、欧亚古代游牧民族史、东北亚史、北亚史、南亚史、藏学、敦煌学、吐鲁番学等，基本上涵盖整个内陆欧亚。研究室有 5 位研究人员分别来自蒙古族（青格力、乌云高娃、聂静洁）、柯尔克孜族（贾衣肯）、朝鲜族（李花子）等少数民族，有 3 位在国外著名大学获得博士学位（马一虹、李花子、青格力），形成了较为完整的、开放创新、勤奋进取、协作共勉的内陆欧亚史研究团队。余先生还重视培养科研人员的外语能力，使研究室的语种涵盖了英语、日语、俄语、韩语、阿拉伯语、波斯语、蒙古语、藏语、柯尔克孜语、维吾尔语等多门语种。这都是内陆历史文化研究能够深入展开的有力保证。

引进人才之后，余先生循循善诱，谆谆教诲，为研究室成员明确领域，确定研究方向。通过选题设计，逐步扩大研究室内陆欧亚学研究范围。李锦绣"唐代西域文献的整理与研究"，乌云高娃"内陆亚洲'译学'研究——以'蒙古语学'为中心"、"明四夷馆鞑靼馆来文研究"，马一虹"东北亚各族与塞北、西域关系史研究（唐时期）"，李花子"清代中期边务问题研究"、"明清时期朝鲜的疆域意识与边疆政策"，青格力"四卫拉特史与游牧国家史论"、"蒙古法典《夷律》之比较研究"，贾衣肯"汉唐时期北方游牧民族迁徙史论"、"两汉魏晋南北朝正史所见中国北方民族非汉语专有名词汇编汇考"，聂静洁"唐释悟空入竺记研究"，李伟丽"楚瓦什民族的起源"，李艳玲"汉唐西域绿洲农业研究"等课题，都是在余先生指导下设定的。这些课题既能发挥研究人员的优势，又兼顾全局，在国内处于开创或领先地位。余先生对学科体系亲自布局，在指导研究室成员选定研究课题时，使其相对集中、彼此衔接、相互渗透，促进了研究领域从中亚到内陆欧亚的转变。

余先生认为，欧亚学这样一个新兴学科要存在和发展，必须要有一个专门刊物，一套研究丛书，一套知识丛书，一套翻译丛书。为此，他呕心沥血，奔走呼号。1999 年，国内第一个明确以"内陆欧亚"为研究对象的专门刊物——《欧亚学刊》创刊，迄今已出版 11 辑，受到广泛的赞誉。为扩大《欧亚学刊》的国际影响，将之打造为国际知名的品牌刊物，深入推进我国的内陆欧亚学研究，该刊从第 6 辑开始刊登中英文两种文字论文。不久又开始编辑了《欧亚学刊》英文版和国际版，贯彻了学术期刊"走出去"的战略方针，从而增强我国的国际话语权和影响力。

为推进学科建设，余先生策划和主编了几套高质量丛书，如 2000年北京国际文化出版公司出版的"中外关系史知识丛书"（包括《蚕食与鲸吞：俄罗斯侵华史话》、《三八线的较量：朝鲜战争与中苏美互动关系》、《钓鱼岛风云》、《泰西儒士利玛窦》、《走向冰点：中苏大论战与 1956—1965 年的中苏关系》等），2002—2003 年云南人民出版社出版的"汉译内陆欧亚历史文化名著丛书"（包括《治国策》，［波斯］尼扎姆·穆尔克著；《隋唐帝国与东亚》，［日］堀敏一著；《内陆亚洲厄鲁特历史资料》，［德］帕拉斯著；《元代西藏史研究》，［意］伯戴克著；《斯基泰时期》，［荷兰］范·洛惠泽恩—德·黎乌著；《东域纪程录丛》，［英］裕尔著；《16—18 世纪中亚历史地理文献》，［乌兹别克斯坦］艾哈迈多夫著；《塔克西拉》（全三册），［英］约翰·马歇尔著；《北方民族史与蒙古史译文集》，［日］内田吟风著等 9 种 11 册），2003 年上海社会科学院出版的"欧亚文明大行走丛书"（包括《光明使者——图说摩尼教》、《走进尼雅——精绝古国探秘》、《鋬中乾坤——青铜鋬与草原文明》等），2004—2005 年人民美术出版社出版的"西域文明探秘"丛书（包括《西域圣火：神秘的古波斯祆教》、《文明之劫：近代中国西北文物的外流》、《丝绸之路散记》、《金钱之旅：从君士坦丁堡到长安》、《榴花西来：丝绸之路上的植物》、《胡乐新声：丝绸之路上的音乐》、《敦煌文献探析》、《马背上的信仰：欧亚草原动物风格艺术》等），都是余先生主编的。近年来，余先生又主编了百卷本"内陆欧亚历史文化文库"，由兰州大学出版社陆续出版，含研究专著、译著、知识性丛书三类，被誉为"内陆欧亚研究的经典集合"，为欧亚学的繁荣贡献了浓墨重彩画卷。

针对丰富的内陆欧亚研究文献，余先生还推动并参加了《中亚文明史》的翻译审定，编辑了《内陆欧亚古代史研究》、《新疆各族历史文化词典》等。

为跟踪国内外欧亚学研究最新学术动态，提供该领域学者的最新研究成果，余先生还筹划建立了"欧亚学研究"网站（www. eurasianhistory. com）。网站共有"欧亚论坛"、"学术动态"、"书海导航"、"史林杂识"、"论著索引"、"学林春秋"、"外文之部"等 13 个栏目，39 个细目，成为欧亚学研究者、爱好者的精神家园。目前，历史所各研究室基本都拥有了自己的网站，而余先生所谋划"欧亚学研究"网站是第一个搭建的网络学术平台。

经过余先生坚忍不拔的努力，关于内陆欧亚学的刊物、丛书、网站都建立起来。这些学科的基本建设，对一个从无到有建立起来的新兴学科，尤为重要。

从 1999 年到 2008 年，是历史所内陆欧亚学的构建时期。这十年里，中外关系史研究室逐步完成了研究范围从中亚史到整个内陆欧亚史的转变，成为国内研究中亚史和古代内陆欧亚史的重要基地之一。

不可否认，我国的内陆欧亚史研究与欧美以及日、韩等国家相比，有些逊色。但中外关系史研究室在欧亚内陆研究方面形成的专业梯队、一批高水平的科研成果、《欧亚学刊》的创立和一系列欧亚学丛书的持续出版，都使研究室的内陆欧亚学研究在国际学界具有一席之地，成为一支不可忽视的力量。随着构建中国内陆欧亚学任务的完成，中外关系史研究室进入了发展和完善中国的内陆欧亚学、开展全方位的中外关系史研究的新时代。

"侯门一入深似海"

——思想室的今昔

张海燕

一

中国思想史研究室成立于 1957 年，是全国最早的中国思想史研究机构，由著名史学家、思想家侯外庐先生亲手创建，并长期在他的直接领导下开展研究工作。

侯外庐（1903—1987），原名兆麟，又名玉枢，自号外庐。1903 年 2 月 6 日（农历正月初九）生于山西平遥县西王智村，出自书宦世家。1923 年考入北京法政大学和北京师范大学，同时攻读法律和历史。后结识李大钊，开始接受马列主义的影响。1927 年赴法国巴黎大学留学，不久开始翻译《资本论》。1930 年辗转回国，先后在哈尔滨法政大学、北平大学、北京师范大学等校任教授。1932 年与王思华合译《资本论》第一卷上册由国际学社出版，并于 1936 年出版《资本论》第一卷全译本。侯先生还独自译出《资本论》第二、三卷，但译稿在托人送往延安途中毁于战火。抗战时期在重庆主编《中苏文化》，在上海、香港主编《文汇报》副刊，从事抗日救亡运动和抗日宣传活动。早在 30 年代侯先生即已初涉古史研究，到了 40 年代则成就斐然、脱颖而出。他先后撰写了《中国古典社会史论》（又名《中国古代社会史论》）、《中国古代思想学说史》、《中国近世思想学说史》和《船山学案》等重要史学著作，并因其思维之新、理论之厚、学识之博、视野之开阔，走在了当时学术研究的前列。1948 年底与滞留香港的郭沫若等一批文化界名人乘邮轮浮海十日，进入东北解放区。新中国成立之初，侯外庐先生任北京师范大学历史系主任，旋任西北大学校长，1954 年奉命回京，任中国科学院历史研究所二所副所长。

中国思想史研究室原属历史所二所"第五组"，侯外庐先生兼任组长。在建室之前之初，他即广揽天下英才，研究室的早期骨干，除日后被称作"诸青"的张岂之、李学勤、杨超、林英和何兆武外，还有招为副博士研究生的祝瑞开、胡一雅、冒怀辛。侯先生早年的合作者邱汉生先生亦兼职本室，协助指导研究生，继续《中国思想通史》的撰写工作。后又引入黄宣民、唐宇元、步近智、陈谷嘉、樊克政、孙开泰、卢钟锋和孟祥才等人才。

20 世纪 50 年代中期至 60 年代中期这段时间，虽然政治运动此起彼伏，但侯外庐先生能最大限度地排除干扰，抢时间抓科研，研究室钻研学问、讨论学术、切磋理论的空气十分浓厚。侯先生不仅亲自授业解惑，还安排他的大弟子们给后来者开课，如让张岂之讲"形式逻辑"，李学勤讲"中国经学史"，何兆武讲"西方思想史"，杨超讲"康德哲学"。同时，他注重培养学生的实干能力，给他们压担子、派任务，让他们在撰写、修改、讨论、核实资料、补缺订误、推敲论点和润色文字等历练中成长。在他的指导下，其早期弟子就参与了对王廷相、何心隐、吕坤、陈确、方以智等"珍稀思想史资料"的发掘和整理，以及修订《中国思想通史》前三卷与撰写第四卷的工作，从而奠定了坚实的学术根基。

然而，在"文化大革命"的疾风暴雨袭来时，思想室难以幸免，成了重灾区，侯外老本人率先遭难。据说，侯外庐先生是"文革"时历史所第一个挨整的。在 1967 年的一天，侯先生被斗了一整天，结果出现脑溢血，回去就瘫痪了。据外老自传的执笔者朱学文追述，"先生那时是被全国各大报纸通稿通版点名批评的'反动学术权威'，在一次批斗中患脑血栓，从此卧榻，处在黑暗的深渊。那是一个充斥谎言、盛行告密、人人自危的年代"①。

---

① 朱学文：《忆外庐先生与〈韧的追求〉》，张岂之主编《中国思想史论集》（第二辑），广西师范大学出版社 2003 年版，第 68 页。

1984 年夏我考入思想室研究生后不久，随黄宣民先生去拜见外老，他家在大方家胡同 7 号，离历史所不算远，黄先生骑辆旧自行车，我则尾随其后，一路小跑。进了侯门，看见室内外老正倚靠在沙发上，在黄先生提示下，我上前主动与老人家握手，他那时已艰于行动、口不能言，但眼光犀利依然。

在侯先生晚年，北京的弟子和研究室的同仁，总是在春节期间正月初九先生生日那一天登门祝寿。在侯先生八旬大寿时，邱汉生先生还写了贺寿诗①，其中有云：

> 八卷煌煌思想史，沧溟泰华并高深。旁搜远绍兼才学，杰构凌云望后生。②

> 鼎堂博学迈前人，外老疏观自绝尘。冠冕史林原不忝，向来中土重传薪。③

> 青山无尽水无穷，照夜明灯雪岭松。侍坐及门诸弟子，已滋九畹树兰丛。④

二

侯外庐先生等著《中国思想通史》，凡五卷六册，洋洋 260 万言，它的撰写始于 20 世纪 40 年代后期，至 60 年代初，终于完成多卷本的通史体中国思想史专著。

言及该书的缘起，还要回溯到 20 世纪 40 年代。1946 年春，生活

---

① 《外庐侯先生八十寿辰赋呈（一九八二年二月二日壬戌年正月初九）》，《邱汉生诗集》，私印本，第 146 至 151 页。

② 自注：《中国思想通史》五卷六册，《近代中国思想学说史》两卷，故云八卷。

③ 自注：郭沫若先生与外庐先生后长历史研究所，启迪一代学人，张岂之、李学勤、杨超、林英均其卓卓者。

④ 自注：今黄宣民、卢钟锋、冒怀辛、唐宇元、步近智等继起，外庐学术传衍有人矣。

书店准备出版《新中国大学丛书》，约请侯外庐撰写一部中国思想史，他邀请志同道合的杜国庠、赵纪彬、陈家康合作撰写一部多卷本的《中国思想通史》，同年，侯、杜、赵开始撰写第一卷，陈家康因政务繁忙退出。《中国思想通史》第一卷以侯外庐著《中国古代思想学说史》为基本框架，融会了杜国庠《先秦诸子思想概要》与赵纪彬《古代儒家哲学批判》（后再版时易名为《论语新探》）中的见解与史料，论述了殷周礼乐文明、孔墨显学与诸子百家之学。

第二卷为侯外庐、赵纪彬、杜国庠和邱汉生编著，内容涉及两汉思想，着重论述了儒学的官学化与神学化、正宗思想与异端思想的对立、无神论与有神论的对立、唯物主义与唯心主义的对立、经今古文之争以及汉末清议。

第三卷为侯外庐、赵纪彬、杜国庠和邱汉生编著，论述了魏晋玄学的思想流派、葛洪的外儒术内神仙的金丹道教思想、佛学及范缜的无神论思想。

第四卷分上下两册，侯外庐主编，侯外庐、赵纪彬、杜国庠、邱汉生、白寿彝、杨国荣、杨向奎和诸青（即杨超、李学勤、张岂之、林英和何兆武）执笔，该卷论述了从隋唐到宋明思想史的内容。

第五卷脱胎于侯外庐著《近代中国思想学说史》（原名《中国近世思想学说史》上册；后补充修订，更名《中国早期启蒙思想史》），其以"六经责我开生面"的王船山思想开篇，以维新先驱龚自珍勇敢的历史预言结束，论述了明清之际至鸦片战争前的早期启蒙思想。

此外，侯外庐著《近代中国思想学说史》下册论述了清朝末叶至民国初期的启蒙思想，后经侯外庐的学生与助手黄宣民先生校订，以《中国近代启蒙思想史》为名于1993年由人民出版社出版。当年，白寿彝和邱汉生二先生曾建议外老，将《中国近世思想学说史》下卷修改成为《中国近代思想史》，同时作为《中国思想通史》第六卷出版。早在1978年，人民出版社出版了由侯外庐主编，张岂之、林英、黄宣民、卢钟锋、樊克政、何兆武和殷瑞渊编著的《中国近代哲学史》，该书系统论述了自鸦片战争到五四运动时期的哲学与社会思潮。外老暮年希望将来对该书进行修订之后，改名《中国近代思想史》，编为《中国思想通史》第六卷。[①]

《中国思想通史》是侯外庐先生及其领导的学术群体——"侯外庐学派"的代表作，集中体现了侯外庐及其学派的治学成就、特点、风格和方法。

关于《中国思想通史》撰写中所遵循的原则与规范，侯外庐先生总结为如下五点：1. 社会历史阶段的演进，与思想史阶段的演进，存在着什么关系。2. 思想史、哲学史出现的范畴、概念，同它所代表的具体思想，在历史的发展过程中，有怎样的先后不同。范畴，往往掩盖着思想实质，如何分清主观思想与客观范畴之间的区别。3. 人类思想的发展与某一时代个别思想学说的形成，其间有什么关系。4. 各学派之间的相互批判与吸收，如何分析究明其条理。5. 世界观与方法论相关联，但是有时也会出现矛盾，如何明确其间的主导与从属的关系。[②]

就其治学路数与学术立场而言，似可以概括为如下一些特点：

其一，综合哲学思想、逻辑思想和社会思想（包括政治、经济、法律等方面的思想），研究整个社会意识形态的历史特点及其变化规律。

其二，以世界史眼光看中国历史的特点，审视本民族历史思想的特别路径与传统。

其三，把握社会史与观念史的内在联系与矛盾运动，以社会历史为基础研究思想史，同时又透过思想观念考察社会存在。

其四，以时代课题和思潮学派为主线和视点，对历史上的思想家及其概念范畴进行定位定性。

其五，凸显民主与科学精神，以近代科学思想批判蒙昧主义，以近代民主思想批判封建专制主义，特别重视历史上的优良思想传统，着力发掘历史上被视为"异端"的具有科学精神和人民性的进步思想家，使之重放异彩。

记得在当年报考思想室研究生的前一年，邱先生的学生方尔加带我

---

① 黄宣民：《中国近代启蒙思想史·后记》，人民出版社 1993 年版，第 415 页；《侯外庐史学论文选集·自序》（上），人民出版社 1987 年版，第 8 页。

② 侯外庐：《韧的追求》，生活·读书·新知三联书店 1985 年版，第 267 页。

去见邱先生。此前我读《中国思想通史》有年，也做了不少相关卡片，但对书中有些理论问题还是心存疑窦，难得其解。有幸拜见邱先生，我一连串提了十几个积存已久的大问题，先生则细致入微，一一解答。我依稀记得，那是一个冬日的傍晚，邱先生家陈设很是简陋，灯光略显昏暗，先生因多年眼疾视力不佳。一周后，方兄再见邱先生，问起对我的印象如何，先生只说了句"人倒挺精神的"，而未谈及我的学术。《中国思想通史》这部巨著，思想艰深，言简意赅，牵涉许多重大的哲学、政治和经济等方面的理论问题，远非当时我这样的年轻人可轻而易举入其堂奥的。现在有些后学，提到侯外庐的著作，动辄就是一句"早过时了"。其实，这要么是意识形态的偏见，要么是"愚人好自用"的表现。侯著《中国思想通史》不仅是第一部中国思想通史，也是迄今为止中国思想史研究中分量最重、水平最高、成就最大和影响最广的通史著作。

不过，《中国思想通史》自然难免其时代的烙印与局限，有待充实和完善。1982 年，根据侯先生指示，在邱汉生先生指导下，思想史研究室黄宣民主持拟就《〈中国思想通史补编〉编写提纲（初稿）》，并送学界有关人士征求意见。补编暂定两卷，一百万字，以补原著之不足，计划在完成此补编后，在此基础上再完成规模更大的新的《中国思想通史》，下限至新中国成立前。此外，侯先生还有编著《中国现代思想史》作为《中国思想通史》最后一卷的设想。[①] 这个宏伟计划，因侯先生晚年久淹卧榻及侯先生、邱先生和黄先生等相继辞世，终成遗愿。

三

1977 年中国社会科学院成立后，中国思想史研究室主任为黄宣民，副主任为卢钟锋。这一时期，研究室为整理出版侯先生的著作、开展研究室科研工作以及凝聚侯门学者和联络海内外同行，做了大量工作。而

[①] 详见杜运辉《侯外庐先生学谱》，中国社会科学出版社 2013 年版，第 439—442 页。

对其任内完成的大型集体项目《宋明理学史》，他们自然责无旁贷，贡献良多。

早在 20 世纪 50 年代末编著《中国思想通史》第四卷时，研究室就开始进行宋明理学研究，在 80 年代初编完《中国思想史纲》下册后，邱汉生先生就将《宋明理学史》的章次目录编出，正式启动撰著工作。我在 80 年代中期攻读研究生期间，正是《宋明理学史》审稿与修订的后期攻坚阶段。一次来上课，黄先生把"阳明学"一章的手稿递给我，让我回去看看，提提意见。他说，此稿不甚理想，恐怕要大改或重写。

那几年，有关内容的商讨会，也多有举办。记得一次讨论中，冒怀辛先生就对书稿的材料问题提出不少修改意见，引经据典，多有指正。冒先生系近现代著名学者冒广生之孙，被称作"明末四公子"之一的冒襄是其祖上，他学问精粹，品格端方，惜墨如金，不尚虚文，颇有老派学者的流风。参加《宋明理学史》撰写工作的老先生还有何兆武先生，他当时就蜗居于室主任的办公室。有时我上黄先生的课来早了，总是何先生穿着短裤从里面给我开门，然后免不了畅聊一番。他的书架上满是各种语种的外文书，偶有几本中文书籍，差不多还是他自己的作品。侯门另一通晓多门外语的老先生是索介然，他的学问极其广博，但命运亦极其坎坷，运动中为小人所陷，被打入社会底层，直至"改革开放"后，才恢复科研工作。据说，"文革"期间他在东北的荒山野岭劳动改造，有时要靠定期卖血来维持生计。他虽不是《宋明理学史》的作者，但有时也参加讨论，发表意见。

侯外庐、邱汉生、张岂之主编《宋明理学史》无疑是继《中国思想通史》之后，"侯外庐学派"推出的另一重要的集体科研项目。该书从 1980 年开始动笔，到 1985 年全部完成，历时六载。全书共 130 万字，分上下两册，分别由人民出版社于 1984 年和 1987 年出版。上册由邱汉生、张岂之、卢钟锋、冒怀辛、唐宇元、何兆武、黄宣民、步近智、樊克政、李经元、龚杰、崔大华、姜广辉、李晓东分撰；下册由邱汉生、张岂之、卢钟锋、步近智、唐宇元、黄宣民、冒怀辛、龚杰、樊克政、孙开泰、崔大华、柯兆利、姜广辉、任大援分撰。作者中除了邱汉生、张岂之两位主编外，还有历史所思想史研究室和西北大学思想文化研究所的一批中青年学者，绝大多数是侯外庐先生、邱汉生先生的弟子。

《宋明理学史》的学术成就和特色主要表现在：

其一，对宋明理学思潮进行全面系统的研究。理学是宋元明时期占统治地位的思想体系，绵延七百余年，对我国后期封建社会乃至近、现代社会影响甚大。但新中国成立后，国内关于宋明理学的研究很不充分。"改革开放"以后，宋明理学开始引起学人的研究兴趣，但全面系统研究宋明理学的著作尚付诸阙如。《宋明理学史》的出版弥补了这个缺陷。此书除了研究宋元明时期的著名理学家的思想资料外，还对学术界未曾涉足或涉猎不多的理学家人物，如胡安国、胡宏、张九成、真德秀、魏了翁、程端蒙、董铢、桯端礼、饶鲁、许谦、方孝孺、曹端、钱德洪、王畿、刘邦采、王时槐、胡直、薛应旗、唐鹤征、张元忭、陈建和黄道周等人的思想资料进行了研究。

其二，凸显实事求是和独立自得的精神，研究视角和学术观点具有原创性。该书避免了国内学术界长期以来那种贴标签、引语录等简单化和绝对化的倾向，强调具体问题具体分析，尊重历史的客观性、复杂性和多样性；同时，注重理论创新，贵在自得，不人云亦云，许多见解均发前人所未发。

其三，方法论取得突破。该书在坚持唯物史观的前提下，在研究方法上又体现了如下特点：一方面，注重历史与逻辑的统一，如本书把宋明理学划分为北宋、南宋、元代、明初、明中期、明后期、清前期六个阶段，指出北宋是理学形成阶段，南宋是理学的发展阶段，元代是朱学北传阶段，明初是朱学统治阶段，明中叶是王学崛起和传播阶段，明后期和清前期是对理学的总结批判阶段，这既注意到时间顺序，又注意到理学发展的内在逻辑；另一方面是强调史实与理论的结合，该书史实翔确，考证严密，每个论断都是在胪陈史料、考辨真伪的基础上自然得出，全无空疏武断、游说无根之嫌。

其四，在史料爬梳和人物发掘上取得重要成绩。本书从第一手材料出发，对浩如烟海、纷繁驳杂的理学史史料进行广泛的搜罗和审慎的董理，此外，还发掘出不少如地方志史等鲜为人知的史料。

《宋明理学史》是新中国成立后第一部全面系统和科学阐述宋、

元、明时期理学产生、发展和衰颓的学术著作，其在完整性、系统性和科学性、思想性方面都是空前的，它对宋明理学乃至中国思想史、文化史的研究做出了重要贡献，对国内学术的发展有积极的推动和示范作用。该书1995年获教育部人文社会科学研究优秀成果一等奖，1997年获中国社会科学院学术著作一等奖，1999年获国家社会科学著作二等奖。

如果说《中国思想通史》奠定了侯外庐学派的学术基础和风格，那么，《宋明理学史》则是侯门学术发展中的又一部重要著作。它在历史科学的民族化、史料考辨与运用的科学性和哲学范畴与理论框架的逻辑分析方面，体现了侯外庐学派的发展和成熟。

《宋明理学史》是国家"六五"计划重点科研项目，为了审议和评估这项成果，全国哲学社会科学规划领导小组办公室聘请张岱年、任继愈、沈善洪、孔繁、萧萐父、张立文、余敦康、陈正夫、姚公骞、陈谷嘉、赵吉惠教授组成评审团，于1988年10月在江西大学召开"《宋明理学史》评审会"。我作为会议秘书参与其间。会上，黄宣民先生代表《宋明理学史》编写组做了编写工作汇报，与会的评审成员对该书进行了认真的评议，不仅指出该书的成就与不足，还就理学研究中的若干重大问题提出商榷意见。会上热议的问题有《宋明理学史》与"侯外庐学派"之关系、理学的核心议题是否为"性与天道"、理学是否"思想史上的浊流"等①。我记得，余敦康先生会上发言说，侯外庐先生非常重视思想史与社会史的联系，他所提出的古代中国思想具有血缘氏族烙印、即宗法制的特点，已成为史学界的不刊之论。但这一点在《宋明理学史》中则语焉不详，未能构成一条鲜明的主线，在理学家的个案研究中转入"性与天道"的哲学分析，而对理学的社会基础分析不够。他慷慨激昂地说，他虽不是外老的亲炙弟子，但自认为是"侯外庐的编外弟子"……评审意见由我连夜整理成文，翌日上午余敦康先生修润一番，下午会上宣读通过。遂后与会代表驱车庐山，观览美景。我们知道，侯先生的名字"外庐"二字是后来改的，出自苏东坡诗句"不识庐山真面目，只缘身在此山中"，取走出来看庐山之意。然而，当与

---

① 详见拙文《以争鸣精神评审学术成果》，《中国史研究动态》，1989年第2期。

会者登临其巅，亦感到另有圣境、别有洞天。其实，像侯先生他们这一代大学者，幼年受私塾教育，少年启蒙于"五四"时期，青年接受新学或出洋留学，成年成就于翻天覆地的大时代。对于传统文化，他们既沾染其中又能出于其外自觉反思，做学问沉潜之深、视野之广，后来者难以望其项背。

关于《宋明理学史》中"理学是思想史上的浊流"的说法，邱汉生先生后来有文字说明，指出："外老对《宋明理学史》的撰著，十分关心。当绪论这章在《中国哲学史研究》创刊号刊布时，外老看了很满意，但是在文章的某处用手指指点着，意思是'还可斟酌'。我当时没有问清楚外老的心意所在，至今追悔已是问询无从。我似乎感到外老是指点文章中的这句话，'从政治作用来说，理学是思想史上的浊流'。学术界有些学者的确对理学有所偏爱，会不同意我们的说法。然而这种异同就让它存在罢，现在我们不愿意进行辩论。但是当日外老指点的情况，我们不能缄默不谈。今天提出这个情况，请读者诸君共同揆度。外老一瞑之后，再也不能听到他的意见了。"① 这段话的深意，我们今天已难知原委，但仍能从中依稀感觉到邱先生那种理论担当的勇气和呵护外老的爱意。外老在自传中说，邱汉生先生"为《中国思想通史》献出了他所能献出的一切"②。就《宋明理学史》而言，则是邱先生在古稀之年为"侯外庐学派"做出的新的奉献。

其实，侯门的弟子们大都具有这种学派的理论自觉与奉献精神。例如，黄宣民先生作为侯先生的晚年助手和思想室主任，除了参加侯外庐主编《中国思想史纲》上、下册和《宋明理学史》上、下卷的撰写，还协助外老重订《船山学案》、《中国近代启蒙思想史》等著作，选编《侯外庐史学论文选编》上、下册，参加整理侯外庐回忆录《韧的追求》，并协助外老撰写了大量文章。直到晚年，黄先生不顾肺疾加重，还在进行学派的总结工作，规划和撰写《侯门学案》。终因长年积劳成疾，于2001年2月16日过早地离世，撇下他视若生命的事业。黄先生最后一次发病

---

① 邱汉生《沉痛悼念侯外庐先生》，《纪念侯外庐文集》，山西人民教育出版社，1991年，第83页。

② 《韧的追求》，三联出版社，1985年，第322页。

系因外出感冒引起，由我和李阿姨叫救护车护送到北京医院。经过一段时间的治疗，黄先生的病情本来出现好转，已着手准备出院。不想，一天傍晚我突然接到病危通知，旋即打车赶到医院，看到病房中黄先生正坐在椅子上喘着粗气，一男一女两位医护人员在旁看护。不久，李阿姨也匆匆赶来，她是刚从医院回家，得到消息后又折返回来。后来，黄先生的病情骤然加剧，倚在病床，一手抓着李阿姨的手，一手抓着我的，呼吸加快，脸色加重。再后来，李根蟠老师赶来，他是黄先生的同窗、同事和同寓，并与时任所领导的卢钟锋先生电话联系，通报情况。最后，黄先生被转移到急救室实施抢救，此后就再也没有出来……

四

自 1994 年黄宣民先生退休后，姜广辉接任中国思想史研究室主任，直至 2006 年调离。在这段时间，在他主持下研究室承担了社科院重大课题与国家社会科学基金项目《中国经学思想史》的撰写任务，并费十余年之力完成了这一鸿篇巨制。

姜广辉主编《中国经学思想史》第一、二卷研究范围是从先秦至唐代，2003 年由中国社会科学出版社出版；该书第三卷和第四卷研究的范围是从宋至清末，各分上下册，中国社会科学出版社 2010 年出版。《中国经学思想史》共四卷六册，分别论述“前经学时代”、“汉唐经学”、“宋明经学”和“清代经学”，全书共约 260 万字。参加本课题研究的学者二十余位，以社科院历史所中国思想史研究室的成员为主体，同时邀请国内的一些资深专家和知名学者友情加盟。

《中国经学思想史》的学术价值主要体现在：

一，填补中国思想史、学术史的研究空白。经学是中国中世纪的显学，在近代走向衰歇。经学的式微有着多方面的原因：一是西方思想潮流的冲击；二是科举制度的废止使经学赖以维系的体制性因素不复存在；三是经学自身未能实现现代化的转化。“五四”时期的激进学者吴稚晖曾说，应该把线装书投进“茅厕”，30 年后再研究。改革开放以来，中国传统学术的研究虽然有很大发展，但经学研究一直没能走出

"五四"以来的低谷。然而，儒家经典之成为经典，如同《圣经》之于西方文明、《古兰经》之于阿拉伯文明一样，在于其是民族传统文化的价值载体与意义源泉。不了解儒家经典及其诠释史，就不可能完整、深刻地了解中国思想史的源流与特质。可以说，《中国经学思想史》是思想史、学术史领域的拓荒之作。

二，开创中国经学研究的新视角和新领域。传统的经学研究不外乎对经典文本的训诂笺注或经学学术谱系的梳理。对于这种传统经学的研究路数，徐复观批评说："中国过去涉及经学史时，只言人的传承，而不言传承者对经学所把握的意义，这便随经学的空洞化而经学史亦因之空洞化。更因经学史的空洞化，又使经学成为缺乏生命的化石。"有鉴于此种弊端，他提出："即使不考虑到古代传统的复活问题，为了经学自身的完整性，也必须把时代各人物所了解的经学的意义，作郑重的申述，这里把它称为'经学思想'，此是今后治经学史的人应当努力的大方向。"①《中国经学思想史》，尽管也包括了对经典文本的训诂考释或经学传承和流派的董理爬梳，但其研究重心是以儒家经典的诠释历史为切入点，着重阐发先民追寻意义与价值的心路历程与精神轨迹。中国思想史的发展是以对原典不断解读和诠释的形式展开的，不同的历史时代，因其历史境遇与时代课题的不同而往往对经典有着不同的寓意解读和价值评判。就此意义而言，一部儒家经典的诠释史就是不断探寻意义与价值的历史。

三，探寻民族传统文化的思想价值与精神资源。"五四"以来的主流看法认为，经学是封建糟粕、是中世纪的官方意识形态。但是，儒家经学之所以能够主导中国人的精神世界达两千年之久，里面一定蕴涵了历史合理性的内核与反映民族精神的价值理性，不是可以用"糟粕"二字一棒打杀的。本书的旨趣之一就是着力发掘儒家经典及其诠释中的积极健康的合理元素和文化基因，为当前民族文化的伟大复兴提供某些历史资源和精神动力。

《中国经学思想史》得到学者专家的高度评价。庞朴先生讲："《中国经学思想史》在体系上和观点上不仅超过了古老经学的樊篱，

---

① 徐复观：《中国经学史的基础》，台湾学生书局1982年版，第208页。

而且也避免了近人的轻浮，从而在中国经学思想上，做出了突破性的进展，对许多重大的课题都给出了公允的新颖的解释。由于经学的特殊地位，这些新的解释，不仅对于经学本身，而且对于整个中国学术，都有着启发性的意义。"余敦康先生说："本课题就其视野的宏阔、论述的全面、理论的突破与方法的创新而言，不仅填补了此项研究的空白，而且具有开拓性的意义，誉之为奠基之作，诚不为过。本课题着眼点在于经学的价值体系问题，此价值体系由长期的历史发展而形成，代表着中华民族的文化'基因'，一种在世界民族文化之林中独具个性的生存样法，通过口耳相传到写成文字，确立为经典。在往后的历史发展中一方面表现为动态的开放的过程，不断地丰富扩展，同时又表现为向本源的复归、对核心价值观的坚守执着，由此而展现为一部仪态万千异彩纷呈的中国经学思想史。这种卓见通识彻底改变了学术界沿袭已久的成见，把经学置于一种全新的视角重新认识，提出了一系列不同凡响而又令人信服的论点，在理论上产生了极大的突破。我认为，这是本课题研究最值得称道的成果，在学术界必将激起强烈反响，热情关注。"①

《中国经学思想史》的撰写和出版也引起海外学术界的广泛关注，受到了热烈的好评，有些知名教授甚至将其列为学生的必读参考书。如美国亚利桑那州立大学历史学教授田浩（Hoyt Cleveland Tillman）评论说：

　　　　在当下中国正在进行的儒学研究中，由姜广辉教授主编的四卷本《中国经学思想史》在学术研究及其信念方面给我留下了深刻的印象。大多数撰稿者都是姜教授所在的中国社会科学院历史所的思想史学者。……

　　　　就方法论而言，这个群体首先决定的是将哪位思想家以及他们的哪部经学作品纳进写作中来；在研究和讨论之后，这个群体再逐步展开每卷每章的主体和框架。这个过程带来了有意义的成

---

① 姜广辉《继承侯外庐的中国思想史研究事业—写于〈中国经学思想史〉第一、二卷出版之际》，《中国社会科学院院报》2003 年 10 月 30 日。

果。……

　　这个集体关心的另一个问题，是儒家思想创造力的兴衰。……

　　根据姜教授他们的判断，近代以来在儒学与西方思想的碰撞中，儒家思想中尚未产生出可与宋儒等量齐观的创造力来。关于当代中国人需要重获或效仿宋儒回应佛教的创造力这一点，有些成员表达了强烈的关怀。……至少我们可以公平地说，当代中国人的创造力问题仍然是知识分子们的主要关怀。

　　这个群体的基本前提是，不管遭遇到怎样不同的问题，中国人总是最终转向儒家经典以寻求答案。而且在经典研究中，什么是最有意义和最切题的，这一问题包含并反映了他们所共同认可的基本价值和视角。确实，恢复和重建传统的价值观已经成为此项研究的基本内容和终极关怀。作为历史工作者，群体的成员们系统地阐明了各种历史情境和问题是怎样因时而变，从而儒学的意义和价值又是怎样演化的。但他们还有一种强大的动力去重新发现不同时代流行的共同价值系统。例如：宋明儒生坚守的共同价值是什么，这些价值又是如何受到清代汉学和五四运动的挑战？

　　他们甚至于决心去发现并阐发永恒价值。……

　　从我的视角来看，这些学者们都置身于一种创造过程当中。的确，我们可以说，这些对核心价值的寻求以及对这些价值的阐发，接近了这样一个创造性水准，即以解决当代问题的方式，再造儒家传统，或者至少从根本上重组儒家传统。姜广辉先生的研究项目提供了一个特别积极的例证。这种做法首先态度诚恳，而且具有学术的严格性。群体内部的讨论是我在中国所见到的最投入也最具成效的。这些讨论也不断提升了他们在自己项目上的创造性，以及对从古至今儒家传统多元性方面的认识水平。①

　　《中国经学思想史》被列为中国社会科学院精品战略项目，该书第一、二卷于 2007 年获得中国社会科学院优秀科研成果三等奖。

---

　　① 《中国思想史研究通讯》第五辑。

五

在新世纪前十年，研究室里有四、五位研究骨干先后调离，人才严重流失，且相当一段时间几乎没有任何活动经费，可谓人财两空，困难重重。然而，在侯先生的优秀弟子卢钟锋先生的关怀下，经由大家的不懈努力，目前已走出颓势，并取得了不错的业绩。

目前研究人员有：张海燕（室主任、研究员，主治先秦诸子、魏晋玄学、近代思潮与西方汉学），汪学群（研究员，主治《易》学史、明清思想史和现代学术史），王启发（研究员，主治儒学史和礼学思想史），张文修（副研究员，主治儒、释、道和《易》学），吴锐（研究员，主治上古思想史和近、现代学术史），牟坚（博士，主治朱子学与宋明清思想），谢寒枫（博士后，主治宋明理学和清代经学），江向东（副研究员、博士后，主治先秦名学史和西方哲学史），郑任钊（副研究员、博士，主治"公羊学"等儒家经学研究），高原乐（博士，主治《抱朴子》等思想文献研究）等。

研究室近年来的工作，除了发表和出版了一批高水平的学术论文、论著，整理和出版了一批中国思想史文献外，可以简要概括为如下七个方面：

1. 创办中国思想史网站

2007年我研究室创办了中国思想史网站，除介绍本室现有学者以及曾在我室工作过的学者，还有科研成果、学术前沿、学术动态、学术刊物、热点文章、推介文章等众多栏目，对思想史学科亦重点加以介绍。本网站成为研究室与外界联系的一个重要窗口，青年学者郑任钊为此付出了辛劳。

2. 举办思想史系列讲座

研究室学者除常到外单位及港台、日韩、欧美参加学术活动外，研究室还邀请海内外知名学者来本室学术演讲，旨在依托这个高端学术平台，联络海内外同仁，开阔学术眼界，推动思想史研究的深入发展。据不完全统计，近年举办的主要讲座有：

2006 年 11 月 8 日，台湾"中研院"研究员林庆彰讲"我研究经学史的一些心得"。

2007 年 3 月 30 日，香港中文大学朱鸿林教授讲"明代思想史研究的路径和空间"。

2007 年 8 月，台湾元智大学中文系主任、中文研究所所长詹海云教授讲"傅山《荀子批注》与《荀子评注》研究"和"从马一浮的名、字与号谈研究思想的一个新角度"两个主题。

2007 年 9 月，武汉大学哲学院邓晓芒教授讲"从'亲亲相隐'之争看新儒家的误区"。

2007 年 9 月，台湾大学中国文学系郑吉雄教授讲"清儒经典诠释的拓展与限制"。

2008 年 5 月 20 日，英国伦敦大学亚非学院副院长、中文系主任傅熊（Bernhard Fuehrer）讲"《论语义疏》与朱熹"。

2008 年 11 月，中国社会科学院荣誉学部委员余敦康研究员，台湾大学郑吉雄教授、甘怀真教授共讲"解释学与思想史"。

2009 年 9 月 21 日，上海大学祝瑞开教授讲"弘扬儒学浅议"。

2009 年 10 月 31 日，香港理工大学文学院副院长、中国文化系主任暨讲座教授朱鸿林讲"明代帝王的经筵讲学问题及其思想史意义"。

2010 年 4 月 20 日，中国社会科学院荣誉学部委员杨曾文研究员讲"魏晋南北朝隋唐儒、释、道三教关系——围绕《弘明集》、《广弘明集》展开"。

2010 年 6 月 22 日，中国社会科学院荣誉学部委员余敦康研究员讲"中国思想史的现状与展望"。

2011 年 6 月 24 日，日本东京大学名誉教授池田知久讲"《老子》思想的基本构造"。

2010 年 12 月 7 日，美国达慕思大学讲座教授艾兰（Sarah Allan）讲"禅让的意义"。

2010 年 12 月 8 日，美国亚利桑那大学教授田浩（Hoyt Cleveland Tillman）讲"朱熹研究——以《朱熹的思维世界》为中心"。

2011 年 9 月 27 日，中国社会科学院荣誉学部委员余敦康研究员讲"中国传统文化的核心价值"。

2011 年 11 月 22 日，香港科技大学人文学部陈荣开教授讲"论朱子的圣人天道观"。

2011 年 10 月 25 日，旅美学者李幼蒸讲"古代历史学研究的认识论问题——从解释学和符号学角度看"。

2012 年 3 月 16 日，浙江省社会科学院哲学所原所长吴光研究员讲"儒学的当代定位与侯外庐学派的学术发展"。

2012 年 3 月 27 日，俄罗斯科学院哲学研究所首席研究员、莫斯科国立大学教授布罗夫（Prof. V. Burov）学术座谈。

2012 年 10 月 16 日，浙江省社会科学院哲学所原所长、研究员吴光、中国政法大学教授、央视"百家讲坛"主讲人方尔加和中国社会科学院文学研究所研究员金惠敏共讲"阳明学的当代意义"。

2012 年 12 年 6 月 1 日，台湾"中研院"院士、"中研院"历史语言研究所所长黄进兴研究员讲"对儒教问题的反思"。

2012 年 8 月 21 日，台湾中山大学中文系原主任、教授戴景贤讲"如何确认阳明学在中国哲学史之关键位置"。

2013 年 7 月 16 日，台湾佛光大学人文学院院长李纪祥教授讲"论'西狩获麟'"。

2013 年 7 月 12 日，台湾"中研院"文哲研究所研究员李明辉讲"战后台湾的康德研究"。

2013 年 8 月 6 日，中央民族大学牟钟鉴教授讲"儒道释三教关系问题"。

3. 建立国际阳明学研究中心

2011 年 5 月，中国社科院历史研究所与余姚市人民政府合建"国际阳明学研究中心"，学术主导工作由思想室承担。本室承担此项工作，旨在以中心为园地，以阳明学为切入点，广泛联络海内外同行，推进学科发展，形成学术交流与文化传播的长效机制。此中心的特色和意义是：机构设置与学术活动并举，学科建设与科研项目兼顾，本室力量与地方资源优势互补，以及将区域文化与国际舞台对接。

目前，已经举办两届"国际阳明学研讨会"，出版三卷《国际阳明学研究》。

4. 积极投入院所创新工程工作

2012 年，申请创新工程一级项目"儒学演变与社会变迁"，下设四个子项目。此项目的学术意义在于：以儒学演变与社会变迁之间的矛盾运动为切入点，打通思想流变与社会发展、形而上与形而下、观念与存在之隔，关注两极之间如制度媒介、决策层、士大夫阶层、传统的力量、外部的冲击、"大传统"与"小传统"、"精英文化"与"民间文化"等中间要素及其角色作用，探寻历史的真实轨迹与先贤的心路历程，以及儒学与社会之间互感互动、动态有机、微妙复杂的关系。

就现实意义而言，当前，民族文化的振兴与大发展已经被提到国家文化战略的高度，成为全社会的高度共识。儒学作为一种历史文化资源，经由不断的诠释与解读、提炼与转化，对纠正现代社会的某些偏失、强化民族文化的认同与自觉、整固当代中国人的核心价值观与维护世界文化的多样性，将会起到某种积极的作用。

2013 年，本室部分同事又申请了创新工程一级研究项目"历代史论与思想史"。

5. 恢复研究室的传统学术集刊

《中国哲学》创刊于 1979 年 8 月，包遵信是主要创办者和早期主编。1981 年，侯外庐先生将包调入中国社会科学院历史研究所思想史研究室工作，考虑之一是将他办的《中国哲学》带到室里作为本室的学术刊物。侯先生生前十分关注《中国哲学》，亲自担任该刊名誉主编。①《中国哲学》作为研究室的学术刊物，按照国家有关出版规定挂靠在社科院历史所，院所历任领导对《中国哲学》十分关心，并促成给予它一定出版资助。

1989 年"政治风波"后，《中国哲学》的主编由思想史研究室主任接任，黄宣民、姜广辉均因研究室主任一职而相继主编《中国哲学》。

该刊曾因经费问题一度暂停。2008 年，《中国哲学》与历史研究所其他一些因经费困难而停刊的学术刊物一道得到所里财政资助。研究室

---

① 详见《〈中国哲学〉编辑部文件选登》，《中国哲学》二十六辑，中国社会科学出版社，2013 年 8 月。

遂开始联系编委会、筹划栏目、组稿审稿工作，最终克服困难，于2013 年 8 月复刊。

6. 对"侯外庐学派"的总结与继承

"侯外庐学派"早期弟子中，健在者已是耄耋之年。他们学富五车，著作等身，曾跟随外老多年，对学问之事独有心得。近年我们对何兆武、李学勤、祝瑞开和朱学文等侯门前辈进行学术采访，做了口述实录，希望不久的将来完成一部理论深、视域广且兼具指导性的中国思想史方法论著作《侯门学者思问录》，使之成为承上启下、继往开来的学术传承的重要阶梯。

2013 年恰逢侯外庐先生 110 周年华诞。我们思想史研究室主要靠自筹经费，于 4 月 19 日举办了学术纪念会，海内外的侯门弟子和相关学者近百人参加。在"侯外庐先生与中国思想史研究的方法论变革"的主题下，分设七个子题：1. 社会历史与思想观念；2. 社会思潮与时代课题；3. 精英文化与通俗文化；4. 官方哲学与异端思想；5. 中国文明起源的特殊路径；6. 中国传统社会的土地制度；7. 明清之际与启蒙思潮。

与会者表示，侯外庐先生是当代大历史学家和大思想家，在国内外享有崇高声誉。他笔耕不辍，著作无数，给后人留下了丰厚的精神文化遗产，在社会史和思想史领域均做出开拓性的贡献。我们今天在这里缅怀侯外庐先生，就是要学习继承他博大的胸怀、严谨的治学精神和高屋建瓴的学识，从而推动我国历史学学科进一步繁荣发展。

侯先生的大弟子、西北大学原校长张岂之教授，专门讲了出版《侯外庐文集》的考虑和规划，使大家高度认同，备感振奋。

会上多名侯门弟子还回忆起恩师对自己的培育和教导。清华大学教授李学勤表示，经常夜晚想起恩师，感动不已，以至迟迟难以入睡。侯先生对青年学子有着殷切的期盼，并能够提供最无私的帮助。上海大学教授祝瑞开对此也深有体会，他回忆说，侯老师不仅在治学上兼容并蓄、博采众长，对子弟积极引导，充分发挥年轻人的聪明才智和特色优势，而且还给予我们骨肉般的挚爱。浙江社会科学院吴光研究员，他不无感慨地回述起当年阴错阳差没能报考侯老研究生，以及毕业后未按侯老意思留在他身边工作的憾事，并对中国思想史研究室的年轻人提出了期望和忠告……

六

改革开放以来，中国思想史学科进入了空前繁荣的大发展时期。目前，中国思想史学科已然成为国内学术界的"显学"，呈现出一种遍地开花、各领风骚的新局面，思想室创建时那种独此一家、别无分店的局面，以及后来相当长时间里一家独尊的核心地位，已然不复存在。

然而，思想史研究室目前在国内外学术同行中整体上仍处于领先地位，尚保持不少传统优势项目，中国思想史目前是社科院重点学科建设工程项目。研究人员比较齐整，高学历和高职称者较多，整体力量比较强，易于形成集团优势，承担重大集体项目、攻克重大疑难问题。还有，侯外庐思想方法的影响犹在。

当然，与研究室老一代学者相比，我们还有不小的发展空间，还有很长的路要走。我以为，思想史学科未来的健康发展至少要坚持如下三点：一是发扬传统，总结和继承前辈学者那种阐微决疑、实事求是、独立自得、检点得失的治学态度和科学精神；二是登高望远，充分了解世界文明和国际汉学，在洞悉人类文明历史的大背景和汲取海外研究成果的前提下，审视和反思我们的历史与思想；三是下接地气，把思想观念的研究与社会史和民族性的研究以及对现实生活和时代精神的感悟体验紧密衔接起来，了解当今百姓的生存状态、所思所想，与时代同呼吸共命运。

总之，中国思想史学科的真正突破与思想史研究室的再度复兴，有赖于本室同仁百折不挠、坚韧不拔的学术定力，脚踏实地、埋头苦干的朴实学风，乐忧天下、普度众生的博大情怀，博通古今、纵横中西的理论视野，以及登高望远、独领风骚的学术气质和精神境界。

古语云"侯门一入深似海"，这里引作标题自是取其褒义，讲外老及其创立的思想史学科，学问淹博渊深，令人仰之弥高、钻之弥坚。我们才疏学浅，如同门外汉或局外人，未遑登堂入室，探其堂奥；又像是漂浮或游荡在大海与蓝天之间，管窥蠡测，浮光掠影，难得究竟。这里奉命操觚，敷衍成文，自是一孔之见。

历史地理研究室的过去与现在

史为乐

历史地理学包括历史自然地理、历史人文地理和历史地图，属于社会科学和自然科学的边缘学科。研究的是历史时期的地理学，为地理学的一个分支学科，但对于研究古代历史却是一个不可或缺的学科。历史地理组简称史地组，成立于 1960 年，组长为姚家积，当时一方面要承担编绘《中国历史地图集》的任务，另一方面还要完成外交部交下来的关于为边界问题提供资料的任务。谈到《历史地图集》，还要从毛泽东主席交办的改编《杨图》的任务说起。1954 年 9 月，在中南海怀仁堂召开第一届全国人民代表大会期间，毛泽东主席召见人民代表、历史三所所长（今近代史所）范文澜和北京市副市长、历史二所兼职研究员吴晗，布置改编清末杨守敬编绘的《历代舆地图》的任务。随后，范文澜、吴晗邀请中国科学院历史一所副所长尹达、历史二所副所长侯外庐、历史三所副所长刘大年，北京大学历史系主任翦伯赞、国家出版局局长金灿然及教育部、国家测绘局、地图出版社负责人传达毛主席交来改绘《杨图》的任务，立即成立了以范文澜、吴晗、尹达为首的专门委员会。《杨图》委员会一致决定聘请历史地理学家谭其骧任主编，负责主持编图任务，制图出版由地图出版社负责。改绘《杨图》任务由哲学社会科学部主办。1955 年谭其骧来北京历史一所，开始编绘《杨图》的准备工作。1957 年因发现重编改绘《杨图》不适应时代要求，"杨图委员会"决定编绘《中国历史地图集》，并作长期规划，由谭其骧回上海主持编绘。范文澜任顾问，具体工作由吴晗、尹达共同负责，吴晗因工作太忙，无暇顾及编图工作，尹达成为这项工作的实际负责人。后来又邀请南京大学历史系主任韩儒林教授、云南大学历史系主任方国瑜教授、中央民族学院傅乐焕教授、民族研究所冯家昇研究员、近代史所王忠研究员、考古研究所所长夏鼐研究员等负责边疆地区及石器时代的编绘任务。1961 年任命国家测绘局测绘所刘宗弼研究员为制图和设计室主任。《地图集》工作全面展开，历史所当然是重要协作单位，派出陈可畏、田尚、陈有忠等五人去上海复旦大学历史地理研究室参加编绘工作；1965 年分配来所的复旦大学历史地理专业毕业生全部参加《地图集》工作。1974 年《中国历史地图集》8 册，以中华地图学社名义出版，为内部发行试行本。1977 年中国社会科学院成立，恢复了《地图集》主办单位的地位，1981 年组织修改增补定稿，1982 年由地图出版社公开出版发行。历史所副所长、《地图集》的主要负责人之一的尹达及历史所参加《地图集》的史地组同志，虽未参加后期工作，但对《地图集》的编绘与出版，作出了重要贡献。

在接受完成外交部关于为边界问题提供资料的方面，20 世纪 60 年代初，中国与邻国的边界问题提上了日程，特别是东北与西北的中苏边界。历史所副所长侯外庐是"国务院边界委员会"的成员，接受了外交部的边界问题的任务。所领导决定将边界任务交给史地组留京的邓自欣、吕叔桐、苏治光（曾调出，由郑克晟补）、郑天成四人。侯外老科研、行政、外事活动任务繁重，具体工作交组长姚家积先生，邓自欣协助做事务性工作。第一阶段是搜集有关资料，9 月 20 日汇报边界资料的收集和研究进展情况，外交部催得很紧。在翻阅抄录大型图书资料时，如《清实录》、《明实录》需要时日，就请著名历史学家、负责行政工作的副所长熊德基研究员，动员先秦史组、明史组部分同志帮助。在 1960—1961 年间，先后交外交部苏联东欧司的资料在 100 万字以上。外交部苏联东欧司将重要资料编成《中苏边界历史文件集》，给史地组一套，作为我们进行研究边界问题的参考。第二阶段是写出参考性的专题文章。1961 年 1 月 18 日外交部苏联东欧司决定，历史所负责西段边界，近代史所负责东段边界。我所按照外交部的要求写了参考性的文章，每篇文章首先请姚先生审改，随后交侯外老审改批准，然后送外交部。外老有事不在北京时，外交部的任务托给熊德基副所长。这样，为亚洲司写了多篇文章，为 1964 年中苏边界谈判作出积极的贡献。

1964 年外交部还曾交给历史所关于东北史资料与研究的任务，由于当时所内大部分同志去山东海阳县"四清",组长姚家积先生经领导同意,另由张政烺、孙毓棠两位研究员负责,参加工作的有胡厚宣、王毓铨、谢国桢、赵幼文、陆峻岭、张泽咸等。1964 年由中华书局出版《东北古史资料汇编》上、中、下三册,供研究东北古史者参考。

史为乐在 1965 年研究生毕业后分配来所工作,但离校的时间被学校拖延,直到 1967 年 12 月才来所报到,当时历史所的业务也处在停顿状态,后来又到河南"五七干校"干了两年,1972 年回到北京。是年12 月,国务院出版口召开了"沙俄侵华史编写工作座谈会",决定由中华书局负责出版历史常识通俗读物,使广大工农兵和知识青年了解沙俄侵华的种种野蛮罪行及掠夺中国领土的历史。1973 年责任编辑何炳然同志来历史所约稿,所领导决定史地组来承担,当时史地组的陈有忠、田尚、邓自欣、苏冶光、李志庭、杜瑜弟、黄水祥、杨鸿嵩、卫家雄、史为乐等都参加了这项任务。70 年代末,中华书局先后出版发行了我们编写的《中俄尼布楚条约》、《中俄伊犁条约》、《血与火的历史》、《文明传播者还是刽子手》、《中俄密约与中东铁路》、《新疆人民抗俄斗争简述》等书。1979 年所里接受中央关于中越关系史资料任务,副所长尹达亲自动员,具体工作由陈智超负责,从先秦至清各室都有人参加,史地组有卫家雄、邓自欣、陈可畏参加。1982 年《古代中越关系史资料选编》由中国社会科学出版社出版发行。

《中国史稿》是 50 年代,中宣部交给中国科学院院长、哲学社会科学部主任、历史研究一所(后与二所合并为历史所)所长郭沫若的任务,是一部供干部阅读的通史。1958 年成立以尹达领导的《中国史稿》编写组,全面展开了编写工作,郭老特别提出"历史地图必须尽可能编绘,使读者有比较准确的历史地理概念"。1962 年出版《中国史稿》第一册的地图及图版是经过郭老一再审阅才定下来的。1966 年"文化大革命"开始后,《史稿》编写组的工作全面停顿。1970 年中央指示恢复《中国史稿》的编写工作,郭老再指示:"这次付印要配齐应有的历史地图,要求编绘达到一定水平"。尹达指定陈可畏负责《地图集》工作,要求与上海复旦大学史地室协作。根据书的内容,确定编绘原始社会(旧、新石器时代)、(王朝)政区、民族、经济、交通、战争、中外关系等大小不同类型的图幅。上册图目录及进展情况上报郭老后，郭老为《中国史稿地图集》题字。后调卫家雄、刘宗弼参加《地图集》工作。1979 年《中国史稿地图集》上册由中国地图出版社出版发行。《史稿》隋唐以后各册编写进展很快，要求《地图集》下册加速进行，尹达要求史地室全体同志承担。经过全体同志努力编稿，陈可畏、刘宗弼两主任精心设计审定，朱力雅认真编绘定稿图，终于在1990 年由中国地图出版社出版发行。《中国史稿地图集》为室重要研究成果，教育部定为高等院校文科教材，受到广大师生和史学爱好者的欢迎，多次重印。1995 年被评为全国高校优秀教材一等奖。

与编绘《中国史稿地图集》下册同时，史地室又接受中国青年出版社编写《中国古代史常识·历史地理部分》约稿，由田尚主编，全室同志分担题目，内容包括历史地理各个方面。由朱力雅绘图。1981 年正式出版，多次重版，被评为全国爱国主义优秀通俗读物奖。

1984 年由历史地理研究室集体讨论，史为乐执笔，写成《历史地理研究概述》，收入《中国古代史研究概述》一书，1987 年由江苏古籍出版社出版。其后，研究室全体同志参加了《中国历史大辞典·历史地理分册》的编写任务，陈可畏任副主编，田尚、史为乐、刘宗弼、陈可畏任编辑委员，主要承担了山西、山东、河南等省的历史地名。1996 年由上海辞书出版社出版发行。

1983 年全室同志参加了中国社会科学院主持的国家重点科研项目《中华人民共和国历史大地图集》。早在 1956 年，国务院批准《中华人民共和国大地图集》，其中《历史大地图集》在 80 年代才开始工作，由社科院主办。1982 年底在北京召开第一次编委会，社科院顾问张友渔任主任，谭其骧、侯仁之、史念海、夏鼐、翁独健任副主任。谭其骧副主任兼任总编辑，主持地图集的编绘工作，历史所史地室副主任刘宗弼任设计室主任，院科研局副局长高德任秘书长，协调全国大协作及《地图集》的日常事务。参加编委会的陈可畏主动承担战争图集分册任务。我们从先秦至清时期编绘大小战争图 140 多幅，史为乐承担上古图（包括传说时代的古史地图和夏代地图）的编稿任务。1991 年谭其骧病重，编委会决定成立由高德、林甘泉（历史所所长）、邹逸麟（复旦大学史地所所长）三人小组代行总编辑的职权。次年主任张友渔、总编谭其骧先生先后逝世。最近，据秘书长高德相告：《历史大地图集》将在年内分期出版发行。

90 年代，史地室完成出版一批重要科研成果：由田尚主编，卫家雄、邓自欣、杜瑜弟、陈可畏参加的《中国的寺庙》，1991 年由中国青年出版社出版；邓自欣、田尚、苏治光参加的四川社科院历史所所长贾大全主编的《四川历史词典》，1993 年由四川教育出版社出版；卫家雄、邓自欣、华林甫、辛德勇、杜瑜弟参加的施丁主编的《资治通鉴大辞典》，1994 年由吉林出版社出版；卫家雄、邓自欣、杜瑜弟、朱玲玲、苏治光、陈可畏（编委）参加的《中国百科大辞典》，1999 年由大百科出版社出版，荣获国家重点图书奖。卫家雄、邓自欣、杜瑜弟参加，冯涛主编的《二十六史大辞典》，1999 年由九州图书出版社出版。

由史为乐主编的《中国地名语源词典》，请谭其骧先生担任顾问，参加编写的有不少全国知名的专家教授，其中包括南京师院王维屏、云南大学朱惠荣、兰州大学刘满、中国社科院民族所黄颢、吉林省社科院历史所丛佩远、国家测绘科学研究院地名所武振华、牛汝成；黑龙江省文物考古工作队张太湘、湖北大学周兆锐、上海文艺出版社顾承甫、中山大学文锡进、中国人民大学薛惠引；地名系统的专家有湖南地名办的李增夫、广西地名办的宁世海、内蒙古地名办的玛尼扎布；本所史地室的卫家雄、邓自欣、田尚、苏治光、杜瑜、朱玲玲等都参加了编写工作。《中国地名语源词典》于 1995 年由上海辞书出版社出版，这是国内第一部全面阐述中国地名语源及释名的专著，在现代地名学领域起着开创性的作用。

1992 年，陈可畏带领史地室的卫家雄、朱玲玲、朱力雅（绘图）、华林甫、辛德勇、杜瑜弟，申报关于长江三峡历史地理研究课题。1994 年 7 月院科研局批准，列为院重点科研项目。1995 年 9—10 月，课题组同志去长江三峡地区进行实地调查考察。后由陈可畏主编，写成《长江三峡地区历史地理之研究》一书，2002 年由北京大学出版社出版。

编写《中国历史地名大辞典》是史地组的一项重要工作。这是一部大型工具书，原拟在《中国古今地名大辞典》的基础上进行改编，原书名不变。1975 年由史地组向哲学社会科学部及有关单位提出书面报告，主管学部的中央政治研究室负责人胡绳批示同意。1978 年又写报告，社科院院长胡乔木批示同意。接下来我们积极开展准备工作，先写出《中国古今地名大辞典》编撰体例，分送所内外专家学者征求意见。后听从谭其骧先生的意见，将书名定为《中国历史地名大辞典》。组内同志还将《中国古今地名大辞典》词条剪贴卡片；又派翟清福、李志庭、邓自欣去上海复印历史地名资料，得到复旦大学史地室的全力支持。本来我们提出来是请谭其骧先生出任主编，胡绳、胡乔木批示也完全支持我们的意见，但因谭先生主持编绘《中国历史地图集》尚未完成之前不能答应，后来新的任务一个接一个，《地名大辞典》主编一事还是一拖再拖，无法开展工作，我们才不得不自己动手干起来。后因接受其他科研任务而中途停止。从 1982 年开始，大家陆续着手自己所承担省区的编纂任务。90 年代初，向所提出申请重点课题，所领导很重视，批准为"八五"重点科研项目。1992 年决定由中国社会科学出版社出书，课题组重新组合，采取主编负责制，决定由史为乐任主编，邓自欣、朱玲玲为副主编，仍采取全国大协作方式开展编纂工作，计有复旦大学、南京大学、云南大学、安徽大学、安徽师范大学、中国人民大学、中央民族大学、中国社会科学院民族研究所、国家测绘总局等，请谭其骧先生担任顾问。谭先生向我们提出两点建议：1.《读史方舆纪要》中的地名可以全收；2. 一定要查对第一手资料，要尽量找出地名的最早出处。我们对这两条意见都不折不扣的执行，从不敢有丝毫马虎，成为确保本书质量的重要措施。我们对编者交来的书稿，一般采取初审和复审两道程序，尽量减少差错和遗漏。经过反复修改定稿，《中国历史地名大辞典》于 2005 年 3 月由中国社科出版社出版。2007 年本书获第三届郭沫若中国历史学奖三等奖；2008 年获第一届中国出版政府奖图书奖。

此外，研究室的获奖成果还有：辛德勇著《隋唐两京丛考》获社科院第二届青年优秀成果一等奖；华林甫《论唐代的地名学成就》获中国史学会中国古代史优秀论文奖；陈可畏与杜瑜弟承担的自然科学基金项目《山西、陕西、甘肃、宁夏、内蒙古黄土高坡历史时期农牧业研究》获中国科学院自然科学一等奖。

此外，卫家雄还有独著《银色巨龙——长江》、《方志史话》；杜瑜弟独著有《传统城市文化与现代社会生活》、《舆地图籍——〈异域录〉

与〈大清一统志〉》、《疆域沿革史话》、《海上丝路史话》、《地理学史话》、《中国经济重心南移：唐宋间经济发展的地区差异》；朱玲玲独著有《文物与地理》、《地图史话》等，有些书广为流传，深受读者的欢迎。由杜瑜弟、朱玲玲合编的《中国历史地理论著索引》一书，对于研究中国历史和历史地理的人来说，更是功德无量。史为乐也有独著《中华人民共和国政区沿革》等，后又编著《中华人民共和国政区沿革（1949—2002）》，为编纂《中国历史地名大辞典》提供了很大的便利。

　　参加学术交流活动，也是我们史地室的一项重要任务。从 1979 年开始，我们室参加了历史地理学会。历史地理学会是全国地理学会下属专业学术团体组织，在"文化大革命"以前，召开两次学术讨论会，每次只有十几人。1979 年历史地理专业学术会议，在陕西西安市召开，为第一次空前盛大的专业学术讨论会。我们室陈可畏、邓自欣参加，提交《沙俄对我国新疆地区的侵略和新疆各族人民的反抗斗争》论文，陈可畏被指派为历史经济组召集人，在大会上作了发言。80 年代，史为乐被推举为地理学会历史地理专业委员会委员。1988 年中国地名学研究会成立，史为乐被推选为地名学研究会理事、地名考证专业委员会主任，积极参加对地名干部和地名研究人员的培训，合编《地名学通论》。1991 年 11 月初，地名学研究会地名考证专业委员会在广州举办了地名考证学术研讨会，参加会议的有地理学、历史学、民族学、语言学等方面的专家，众多学者汇聚一堂，交流经验，探讨地名考证的方法、意义，在学科建设上是一个大的推进。史为乐在会上作了《有关地名考证的几个问题》的发言。会后精选了一部分质量较高的论文汇集成册，定名为《中国地名考证文集》，由广东地图出版社于 1994 年12 月出版。后来华林甫接替史为乐，参加地名学研究会的活动，在地名学研究方面取得不少成果。

　　在出国考察方面，1988 年 8 月，陈可畏随李学勤、李祖德等人一起，赴日考察日本古代城市遗址。1990 年 8 月，杜瑜随同李祖德、张泽咸等，赴日考察日本古代城市遗址并参加有关研讨会。1992 年 9 月，朱玲玲与张海燕一起，赴荷兰考察关于西方汉学研究现状及思想史、城市史研究动向。1992 年 10 月，朱玲玲与张海燕一起，前往英国伦敦大学东方与非洲学院远东系，收集本学科资料并进行学术交流。

　　此外，室内同志还参加了都江堰、徐霞客、古都、长城、郑和、比较学等学术团体及学术讨论会，扩大了研究室在社会科学领域的影响。

　　现在的历史地理研究室有一大批中青年科研骨干，有的长于历史军事地理，有的长于历史文化地理或侧重于历史宗教地理，有的长于历史城市地理，有的长于中国传统舆图或历史地理信息系统。当今的历史地理研究室可谓人才济济，硕果累累，为历史地理学科的发展与创新作出了贡献。

我在《中国史研究》杂志社的三十年

彭 卫

1984 年末研究生毕业，待业了几个月后，1985 年 3 月我来到历史所。当年分配和调动来所工作的人员还有刘洪波、吴玉贵和王震中，他们现在都是历史所的中坚力量。来所之前本以为会在战国秦汉史研究室工作，因此报到后的第三天我就去了室主任吴树平先生家中，向吴先生汇报我的研究计划。但后来的情形却改变了我的道路。

那时，《中国史研究》编辑部负责秦汉史审稿的萧立岩先生已年近60，杂志主编李祖德先生打算把我"截留"到编辑部，补充萧先生退休后的空缺。在我来所报到后两个月中，所里一直没有给我分配工作。我那时很年轻，三天两头找人事处的同志，希望能尽快落实工作。人事处领导很是热情，对我说：你是外地人吧，你刚来北京，可以抽空多看看祖国首都的壮丽河山和人文景观。

有一天，大约是 5 月下旬，主持所里日常工作的林甘泉先生派人找我，我有些忐忑地去了他的办公室。林先生告诉我，所里决定让我去《中国史研究》编辑部工作。我不知深浅地对林先生说：在学术研究中，我的理想是当一个冲锋陷阵的战士，不想做后勤人员。看到了我的茫然和不情愿，林先生教导我，做一个专业学术杂志的编辑，对提高自己的学术素养很有好处。他举自己的例子说，他在《历史研究》杂志工作的经历，对他的研究工作起了重要作用。最后，他还告诉我说：你先在《中国史研究》杂志工作两三年，然后回室里（战国秦汉史研究室）。林先生的现身说法和他的承诺给了我很大的希望，我毫不犹豫地服从了组织决定。当时没有想到是这"两三年"变成了"三十年"，从而我也把自己学术生命最长的时间和最重要的部分交付给了这份杂志。

　　由于萧先生尚未退休，我来编辑部最初的工作是外出组稿，印象中约稿的大学者有白寿彝、刘大年和何兹全先生。我接受的另一个任务是为在美国召开的一次国际学术讨论会写综述，交给我的论文有二十多篇，近三分之一是英文。编辑部和所领导李祖德、林甘泉先生仔细读了我写的综述，认可后在《中国史研究动态》上发表。后来我意识到这实际上也是对我的一次"考核"，算是及格了。

　　我的编辑工作的真正开始是从中央讲师团任教回来后的 1986 年夏天。除去审读秦汉史、史学理论来稿和看校样外，我还参与了去印厂核红工作。印刷厂在太阳宫一个曲里拐弯的胡同里。我是个路盲，第一次去印厂走了不少弯路。当时是铅字排版，逼仄的印厂里铅板林立。一次我不小心摔了一跤，撞翻了铅板，害得师傅们加班重新排版。现在想起这个"事故"我仍很内疚。

　　初来编辑部，留给我深刻印象的是《中国史研究》杂志倡导的求真务实的办刊方针，是各位老师严谨细致的工作作风，是各位同事和睦相处与人为善的生活态度。李祖德先生教给我如何处理稿件，如何与作者沟通，如何应对突发事件，其中包括了许多细节和技巧，这使得我少走了许多弯路。如果说今天我在专业学术期刊的编辑岗位上还算合格，李先生和其他老师的言传身教起了重要作用。

　　20 世纪 80 年代末和 90 年代初，编辑部的老同志席康元、杜婉言老师陆续退休，田树生老师去了语言所。新进的人都很年轻，颇有朝气。编辑部人员除了李祖德主编和比我年长 10 岁的许敏大姐，其余都年岁相仿。如老资格的曲鸣丽（她和我同龄，长我 20 天，但我们都习惯称她"小曲"），比我晚来的于威、郑剑英、史延廷和张彤。当时我们的年龄都只有二三十岁。于威毕业于北京大学历史系，负责魏晋南北朝和隋唐史来稿。他人很聪明，多才多艺，受过足球专业训练，曾经是北京市中国象棋少年冠军，与后来的全国冠军特级大师吕钦同龄并交过手，还有击败过柳大华特级大师的骄人战绩。不知从何时开始也不知何种缘故，于威逐渐变得沉默寡言，后来我们才知道于威患上了精神方面的疾患。那几年我们这几个年轻人试着通过心理安慰让于威恢复健康，我们经常和他聊天，一起外出吃饭。我还强记了几个高手对决的棋谱，找于威下棋。但遗憾的是他的病情日愈严重，最后住进了医院。若是身体不发生问题，以于威的才能，现在一定是一个好编辑。真是十分可惜。郑剑英长我两岁，在编辑部作编务工作，后来去了历史所科研处。老郑性情温和，待人处事很有些老北京人的"礼道"，因此人缘很好。我曾经和他同住一栋楼，时而小酌几杯，酒酣耳热时我批评他性子太慢，他总是憨厚地笑笑。郑剑英还是一位画家，他的作品曾获得社科院的奖励。记得第一次和他见面是在夏天，他穿着一件 T 恤，高大强壮。看到郑剑英，我突然想到了《水浒传》对武松的描写："虎一般似健的人"。几年前这个曾经"虎一般似健"的我的这位老友，罹患多种疾病不幸去世，我很久都不能相信这个噩耗。

听说《中国史研究》杂志原来只进男的，这个"家风"在 20 世纪 90 年代发生了变化。自邵蓓来所开始，编辑部新进人员都是女性。女同志做编辑工作有其特有的优点，她们一般都很细心，认真踏实，能够不折不扣地完成工作。如果说有更多的期待，那就是希望她们能够在编辑工作中体现出更大的主动性和创造性。

要在编辑工作中表现出主动性和创造性，就必须具有良好的学术根底和学术眼光。我刚到编辑部时，有的老编辑告诉我说，现在虽然不提倡编辑做研究工作，但比创刊时还是宽松多了，那时是不允许编辑做研究工作的。在经历了将近 30 年的编辑生涯后，我深深地体会到，一个好的编辑，首先应当是一个称职的学者，应当具备科研能力。因此，我们应当鼓励年轻的编辑在做好本职工作的同时，积极从事科研活动。现在编辑部的年轻同志都在学术界有声誉的杂志上发表过论文，有的论文产生了影响。她们中的一些人如邵蓓、陈奕玲还参加了院里的重要课题，并受到主持人的好评，令人欣慰。

20 世纪 80 年代和 90 年代的《中国史研究》杂志一直倡导着扎实求真的学风。当时最让我担心的不是对稿件质量的把握，而是编校工作。在我来编辑部之前，李祖德主编就制定了奖惩制度，校对工作中出现了差错要罚钱，虽然钱数不多（出一个错罚 1 分钱），但却使大家养成了认真工作的习惯。现在社科院创新工程对期刊的一个要求是，差错率必须低于万分之一，否则就要扣除主编和责编当期的创新智力补偿。其实类似的制度《中国史研究》杂志 30 多年前就已实践了，只不过创新工程的要求更为严格（新闻出版总署的规定是差错率低于万分之一），罚款数额也要大得多，让人有些难以接受。我建议我院期刊创新规定是否可以参考《中国史研究》杂志以前的做法，鼓励为主，适度惩罚，这样可能会更好的调动编辑人员工作的积极性。

来稿中的人情因素是一个令人头疼的事情。中国是一个人情社会，完全排除人情因素是不现实的。但这里有一个底线，就是文章质量必须达到"及格"线以上。此外，还有一种情形，就是稿件质量虽不错，但与《中国史研究》风格相左，这类稿件也只能舍弃。我知道被退稿的作者心情不会好受，但为了《中国史研究》杂志的学术质量和学术声誉，我和我的同仁只能选择"得罪"人了。坦率地说，我因为"得罪"了不少朋友心里同样不好受。听说庞朴先生有一句名言：教师是种花的，编辑是栽刺的。对我来说这个"刺"扎的主要是自己。

1988 年我担任《中国史研究》副主编，当时我不到 30 岁，这种情形在社科院可能是很少见的。时任所长的陈高华先生和主编李祖德先生对我的信任不仅让我诚惶诚恐，而且也让我深深地感受到老一辈学者对年轻人能够尽快成长的鼓励和期盼。此后，我协助了三任主编。2005年开始，我担任《中国史研究》杂志主编。这二十多年间，《中国史研究》的制度不断完善，在编辑部原有的三审之外，实行专家匿名审稿制度，并设立了杂志的编委会。对杂志的学术要求和技术规范也做了明确规定。而我本人也从一头黑发的"小彭"变成了满头斑白满脸褶子的"老彭"了。主持《中国史研究》这份在国内外有着很大影响的杂志的编辑出版工作，让我感到压力不轻。好在有编辑部诸多同仁的鼎力相助，又有陈高华先生的点拨，这些年的工作还算顺利。杂志副主编兼编辑部主任张彤除负责辽金西夏和元的初审以及二审工作，还奔波于印厂；副主任曲鸣丽除审读宋史稿件，还利索地处理编辑部的一些杂务；各断代编辑的初审工作也都很认真。他们出色的表现让我可以集中精力考虑《中国史研究》的发展方向，设立新的专栏，组稿和审稿。

办过杂志的人大概都听说过"无错即是有功"这句话。此言反映了创办学术刊物的某些特殊性。多年的办刊经历使我感受到专业学术期刊具有两种性质：一方面它具有稳定性，并通过这种稳定性维护学术研究的延续。另一方面它又需要创新，并通过合理和必要的创新活动使其更具生命力。二者相较，后者更具挑战性。如何在继承《中国史研究》

杂志优秀传统基础上进行创新，如何让这份国内外有重要影响的学术期刊继续前进，是我这几年思考的核心内容。我愿借此机会汇报我的基本思路。

求真务实是《中国史研究》杂志的魂魄。历史学家的一项基本职责就是最大程度逼近"真"的历史，并把历史的真相告诉公众。要达到这个目标，就必须不唯上，不跟风，反对华而不实的空疏学风。中国社会科学院在创新工程工作中提出历史学要为现实服务的方针自然有其合理性。从传统史学到新史学再到今天不断进步的历史研究工作，"致用"始终是中国历史学的一个重要传统。但同时我们应当看到，历史学是人文学科，也是基础学科，因此，历史学的"用"与经济学、法学、社会学等社会科学的"用"有很大不同。如果抛弃了"求真"这个基础，如果不能很好地理解领会历史学的学科特征，就很容易将历史学的社会功能庸俗化。影射和比附曾经在中国现代史学史中一再闪现，带来了不良后果，范文澜等老一辈马克思主义史学家曾经对其中的教训有过深刻的反思和总结。他们的经验值得我们认真汲取。从本质上说，历史学最高的社会价值在于它的指向是人类自身的发展和演变，揭示的是文明的根脉。通过历史研究，我们可以了解我们从哪里来，如何来；也启示了我们向何处去，怎么去。历史的智慧和经验这是通过这个路径得到铺展和延伸。因此，《中国史研究》杂志给自己的定位就是尊重历史学的学科特征，尊重学术，尊重学术自身的发展规律。

任何一个时代都有属于自己的历史学。在延续着以往学脉的同时，每一个时代的历史学都会面临新的问题。改革开放以来的中国历史学，大体经历了三个阶段。在最初的十年中，我们更多地关注理论和方法的变革，回首那段激情燃烧的岁月，今天仍令人怦然心动；其后第二个十年即20世纪的最后十年，由于学术自身发展规律和学术以外的某些因素，研究者更多关注的是对具体问题的考察，对学科发展的整体性思考较为薄弱。进入21世纪后的大致走向则是在继续着20世纪末的"专"、"精"、"深"的同时，研究方法和一些重大问题引起了人们的关注，琐细论题与宏大论题之间的畸轻畸重状况，有所改善。

在以往的中国古代史研究中，我们采用的理论、概念和研究方法大都来自于域外，我们使用的话语也与近代以前有了根本性的不同。这是没有办法的事情。但我们应当看到的是，我们仍然保留了这个民族思维的基本特征，我们的文化传统并未中断。如何在外来文化与固有文化相互交融的基础上，实现具有创造性的学术进步，是值得认真思考的一个大问题，也是我们所处时代史学工作者应有的学术担当。我还有 5 年就要退休了，在这几年里，我想做的主要工作有两项。首先，更多地关注中国历史上的重大问题。在这一方面我想特别强调对中国历史的发展道路的探索。"中国历史发展道路"这个提法可能最早出 20 世纪 30 年代社会史论战中。陈邦国以《中国历史的发展道路》为题撰专文探讨中国古代社会性质。此文刊于《读书杂志》第 1 卷第 4、5 合刊（神州国光社 1931 年）。我提出这一设想的学理根据之一是中国是世界历史上唯一不曾断裂的具有连续性的文明，这个事实本身就具有重大的理论价值，对它的重建和解释无疑是对人类知识体系的重大贡献，也会对研究中国未来的走向提供重要参考。另一个根据是，由于中国历史绵延不绝的发展路径是世界历史上的一个绝好文化标本，对其探讨有可能成为我们创建新的解释模式的突破口。其次，更多地关注学术评论工作，建立起学术评论机制，在中国历史学界形成良好地学术评论氛围。为此，我和中国史研究杂志社的同仁创办了《历史学评论》杂志，希望能够以这个杂志为平台，推进学术评论工作。我清楚上面这两个目标难度都很大，是否能够达成，或者能取得多大进展，只有尽人事听天命了。

我和《中国史研究动态》

刘洪波

《中国史研究动态》是我大学期间最经常读的史学刊物之一。那时的《中国史研究动态》装帧朴素，单色的封面印着目录，使人看到封面就可以知道本期有哪些内容。这本刊物所提供的内容极为丰富，一刊在手，国内外的中国古代史研究情况，大体可以了解十之七八，这可能就是我当时喜欢读她的原因。那时，我从来没有想过将来会负责这样一个在国内外学界享有盛名的史学期刊，而且一干就是十几年。

一 初到历史所

1983 年，我从中国人民大学历史系毕业后，分配到中共北京市委研究室工作。这是一个为市委领导服务的单位，主要工作是为市委的大型工作会议起草工作报告，有时也会给书记、副书记写写讲话稿，还有一项重要工作就是调研，实际上就是到基层了解情况，然后写个报告，以资市委领导做决策时参考。研究室的工作类似于旧时代主官的幕僚团。如果想在仕途上官运亨通，这是一个再好不过的单位，很多人梦寐以不求而不能得。但是，工作一段时间之后，我发现这个官场升迁的快车道，并不适合我这个不喜欢拘束，又经常满脑子跑火车的人。恰逢其时，在和一位同学闲聊时，他说到中国社会科学院历史研究所需要人编纂《中国历史大辞典》。在我的心目中，历史研究所就是学术研究的圣殿，这里集聚着史学研究领域精英中的精英。能成为这个学术殿堂中的一员，对我而言，是可遇而不可求的机遇。记得当时北京市委研究室主任白有光同志问我为什么要调动工作，我的回答就是："那里是学界的最高学府，机会难得。"

因为是平级调动，调动工作进行得很顺利，在 1985 年春天，我从中共北京市委的一名小官僚，变成了历史研究所的科研人员。我所在的具体工作单位为《中国历史大辞典》编纂处。编纂处的负责人为胡一雅先生，其他工作人员还有胡柏立老师、李世愉同志，加上我，一共四位正式工作人员，还有一位负责图书工作的临时人员金令宜老先生。我所做的虽然为事务性工作，但也无拘无束，乐在其中。除了把领导交办的事情做完，还有很多时间可以看书，这正是我年轻时一直心向往之的生活状态。

《中国史历史大辞典》是作为一个研究课题来做的，当时这种大型的项目很少。全国最顶尖的专家泰斗，几乎都被囊括其中，老一辈的史学大家有郑天挺、谭其骧、吴泽、杨志玖、王玉哲、翁独健、蔡美彪、戴逸、邓广铭、王毓铨、邹逸麟、李学勤、林甘泉等，而田余庆、林剑鸣、陈高华、杨讷、王曾瑜等稍晚一辈的学者只能作分卷主编、副主编，或者分卷编委。群贤汇集，不可能一一列举，读者只要看一看《中国历史大辞典》的编委会名单，就可知其阵容何其庞大壮观。能把全国这么多专家汇集在一起做一个项目，在以前没有过，后来也再没有出现。对于当时还是一个不到 30 岁的年轻人来说，一到历史所就能参加这样大的项目，其兴奋自豪之情，自不待言。可惜的是，我并没有利用这样一个大好机会，向这些学界泰斗多多讨教，大好时光虚度而过，至今在学术上一无所成，每思及此，常暗自汗颜。

再好的项目总会有结束的时候，集数百人之手，耗十余年之功的《中国历史大辞典》终于付梓刊行，这一项目也随之结束。而在这时，我的去向却成了问题。就我个人来说，还是愿意去研究室，因为以前写过一篇有关汉代西域都护的小文，因此想去秦汉魏晋南北朝研究室，又怕自己学力不够，难以胜任那里的工作，因为我的职称定为编辑，最合适的工作是到编辑部，因此去编辑部也成为我的选项之一。但是，对于能否胜任编辑部的工作，自己心里却完全没底。

二　我和《中国史研究动态》

正在我不知何去何从的时候，负责编辑《中国史研究动态》的许敏同志希望换个工作，重回《中国史研究》当编辑。田人隆先生因此建议我来接替许敏先生的工作，他说这个工作并不复杂，编辑稿件之余，还可以自己看看书，写些文章。我觉得他的话不无道理，于是接受了这个建议。很快，所领导便批准了我的请求。

《中国史研究动态》虽然是由历史所主办的刊物，可我对之并不很熟悉，如果说有联系，也只是曾在上面发表过一篇文章。至于这个刊物如何编辑，如何出刊，有怎样的工作流程，我都一无所知。只记得刚到历史所时，由田人隆和林永匡二先生负责编辑，最深的印象就是他们每个人手中有个手提包，里面装着稿件。后来，林永匡先生到清史研究室，改由田人隆和许敏两位先生编辑。在我去《中国史研究动态》编辑部前，主要由许敏先生负责，主编是陈高华先生。大概是因为工作过于繁重，许敏先生又想回到《中国史研究》，这时正值《中国历史大辞典》的工作结束，我便成了接手这本杂志的编辑工作合适人选。这大概是在 1996 年前后。

到编辑部以后，我才从陈高华先生及其他人员那里对《中国史研究动态》有了一定的了解。

《中国史研究动态》创刊于 1979 年，月刊，每期 32 页，每月 25 日出刊。创刊时，十一届三中全会刚开过不久，经过多年动乱的中国，正处于百废待举，拨乱反正的关键时刻。当时，广大知识分子和全国人民一样，处于思想解放的兴奋之中。老学者和中年学者个个摩拳擦掌，准备以加倍的努力，把损失的时间补回来；青年知识分子更是情绪激昂，以青春的热情去迎接那个属于自己的新时代。在这种背景下，作为海内外中国古代史研究重要部门的中国社会科学院（原中国科学院哲学社会科学部）历史研究所的广大学者，在多年的学术荒芜之后，迎来了一个学术研究高潮。但是，这一高潮也给历史所同仁带来了新的困扰。一是苦于缺少发表成果的阵地，二是当时国内外的研究状况不明。"文革"前，学术研究成果相对较少，而且政治审查比较严格，作为史学研究的重要刊物——《历史研究》，曾由历史研究所代管，所内同仁在这个刊物上发表文章还是较为方便的。在学术情报方面，历史研究所办有不定期刊物——《史学译丛》，主要介绍苏联及东欧国家的历史研究状况，大多是马克思主义史学理论方面的内容，其中也不乏欧美及日本等地区和国家的史学研究信息（该刊在1958年停办）。但是，改革开放以后，研究成果成倍增长，特别是当时名望还不是很高的中青年学者积极性很高，写了许多高质量的论文，困难的是缺少发表成果的园地。以前国内所有的几本学术期刊显然已不能适应学术研究的发展。在这种形势下，中国社会科学院历史研究所决定创办两本刊物：一本以刊登专业性较强的研究论文为主，取名《中国史研究》，另一本以介绍国内外中国古代史研究情况为重点，这就是《中国史研究动态》。

到《中国史研究动态》后，我很快接手了许敏先生的工作，负责稿件编辑和其他杂务。而陈高华先生作为主编，主要为杂志把关，并审读一部分稿件。

我初来乍到，便遇到两个问题：一是不熟悉工作流程，二是稿源匮乏。不熟悉工作流程可以在工作中逐渐摸索，时间长了，自然知道如何去做。最困难的是没有足够的稿件。作为一个按期公开出版的杂志，每一期的页码既不能多也不能少，对此，新闻出版署有明确的规定；每期出版发行都有固定的日期，到时不能出版，称之为拖期。杂志一旦拖期过久，读者便会有意见，杂志的名誉也因此会受到读者的质疑。记得刚到编辑部时，存稿极少，几乎只够编完一期；当期编完，下期的稿件尚不知在哪里。这种等米下锅的日子让人倍受熬煎，除了编辑工作，每天满脑子就是如何去找稿子。

为了摆脱稿源不足的窘境，陈高华先生和我想了很多办法。陈先生借助在学界的老关系，放下身段从各个渠道向老朋友求援。我也是想尽办法四处约稿。当时，由于稿件极度匮乏，每约到一篇稿子，便会有久旱逢甘霖的感觉，稿件一到，都会舒一口长气。心想，下期又可以按时出刊了。投来的稿件，水平高低不同，质量参差不齐。但在当时的情况下，编辑的选择余地有限，除了实在不能用的稿子，只要在学术上没有太大问题，主题能符合《中国史研究动态》要求的文章，大多都优劣不计，予以发表。能用的稿件，大体有三类：一是作者水平高，文笔好，文章编辑起来会很顺手；二是作者水平虽然不是很高，但经常看我们的杂志，知道《中国史研究动态》需要哪类稿件，写出来的文章比较符合杂志的要求，这种稿件稍加修改便可使用；第三类文章最难办，这类稿件有一定学术水平，内容也符合杂志的要求，但在表达上却问题多多，让人不忍卒读。对这种放弃了觉得可惜、编起来很吃力的文章，也只好在不变原意的情况下，自己动手修改，有些甚至改得面目全非，几近重写。这种修改往往要反复征求作者意见，费心劳神，苦不堪言。最大的痛苦还不在于出了多少力气，费了多少心血，痛苦的是情绪的煎熬。我对那种语句佶屈聱牙、读来不知所云的文字天生反感，每遇到这种文章，便如鲠在喉，血气逆行，浑身上下不舒服，恨不能撕之而后快。但是，对这样的文章又不能不用，只好耐住性子，逐句修改，所费之力，远远超过自己写一篇文章。

这种状态大约持续了一年之久，经过陈先生和我的努力，采取多种办法扩充稿源，情况才逐渐好转。

由于不再为稿源不足花费太多的精力，我们才腾出手来考虑如何改善杂志的外观，扩充内容。在外观上，最初几年只是变动了目录排列方式，增加了英文目录，把单色封面改变为花色封面。对于一本杂志而言，外观的改动并不重要，关键还在于内容。"内容为王"，是提高学术界期刊质量永远不变的真理，高水平的稿件才是办好刊物的关键所在。在我刚接手《中国史研究动态》的前几年，栏目并不是很丰富，信息量也不能适应学术研究的发展，所内外同仁对此都有所反映。

《中国史研究动态》是以介绍海内外中国史研究情况为宗旨的刊物，办刊的目的是为广大中国古代史研究者提供一个交流研究情况的平台，使学界对该学科的研究水平、研究方向、研究选题有一个大体的了解，既可避免重复研究，也可以互相促进。这本刊物的读者对象大体确定在本学科的学者，以及对中国古代史研究有兴趣的中高级知识分子。

本着这一宗旨，在创刊之初，刊物设立了年度综述、专题综述、海外汉学、学界名人、会议综述、书评与书讯等类栏目。

年度综述以断代或专史为纲，介绍每一年该断代或该专史的研究情况，类似于论著提要，对每一部著作或论文作一两句的观点介绍，并加以适当的评论，给读者简单的指引，读过这一栏目的文章，可以对该年中国古代史研究情况有个基本的了解。

专题综述则介绍某一专史或专题的研究情况，不限年代，这个栏目方便了那些想了解专史或专题的读者。

海外汉学，以介绍海外中国古代史研究状况为主。改革开放之初，学界对海外的学术研究状况还不是很了解，广大学者迫切想知道国外同行的研究状况和研究水平。编辑部同仁通过各种途径约稿、开辟专栏、举办访谈，为国内学者提供了丰富的海外研究信息，特别是在介绍海外中国史研究比较活跃的日本、欧美等国家和地区的学术动态方面，起了重要的作用，为中国古代史研究的对外交流作出了自己的贡献。

学界名人栏目，顾名思义，以介绍海内外学术名人及学术观点为主。

会议综述对每年的学术会议进行学术评述。

书评与书讯则刊登有关最新著作的书评或新书简讯。

我刚到编辑部的时候，这些栏目虽没有太大的变化，但都不太令人满意。年度综述和书评书讯基本每期都有，专题综述也时常有一些，而海外汉学已经多年没有稿件，学术名人的稿件也极少。

为了改变信息偏少、偏窄的状况，我和陈高华先生商议后，决定把原来的海外汉学、学术名人栏目重新恢复起来，同时又增加新史料与新方法、学术前沿、学术热点等栏目。总体来看，仍以先前延续的年度综述、专题概述、会议报道、书评书讯为主，后来又把新恢复的海外汉学作为主要内容，直到现在，这些栏目都是《中国史研究动态》的主体骨架。

作为一本学术刊物，"内容为王"不仅仅体现在栏目的设置，更重要的是学术文章水平的高低，从我刚到编辑部的时候，陈高华先生作为刊物的主编，便一直强调这一点。陈先生的这一主导思想深深地影响了我。

从编辑的角度讲，一篇文章的水平，要从两个方面来看，一方面要看学术水平，另一方面还要看表达能力。前者是根本，后者亦不可忽视。学术动态类文章不同于一般的学术论文，人们大多认为，这类文章比起写论文要容易一些。在我看来，也不尽然。就范围而言，写学术论文虽然也要了解与该论文主题相关的内容，但比起动态类文章，所涉及内容还是比较单一的。写一篇好的动态综述，不仅要看许多文章，而且还要对该学科有一个总体的把握，对前人的研究成果有基本的了解，对当前的研究水平有深刻的认识，也只有这样，才能对自己所介绍的内容进行恰如其分的评价。这些话说起来不难，可实际做到却不容易。要在每年几百篇文章中找出那些真正有学术价值的高水平的文章，并要言不烦、文字流畅地加以介绍，就必须有高屋建瓴，披沙拣金的本事才行。从我办刊十余年的经验，这样的文章实在是少之又少。

海外汉学栏目是我国学者了解海外（包括国外、港澳台）学术研究的重要通道，在改革开放初期尤其如此，近十几年来，虽然和海外学者交流的渠道渐多，海内外的学术交流基本没有多少障碍，但是，与海外学者直接交流机会也并非人人有份，所以，《中国史研究动态》在介绍海外学术研究状况方面，仍有其重要的地位。在恢复这个栏目的过程中，也遇到了不少困难。最主要的是找不到既了解国外情况，语言转换和表述能力又很强的作者。我们办这个栏目，一般从两个方面着手，一是约请对海外研究有所了解的学者写介绍文章，这类文章的难点在于是否能够真正如实反映海外的研究状况和水平。二是直接翻译海外介绍中国史研究状况的文章，这类文章不仅在于对海外研究状况有所了解，而且在语言上要过关。凡是搞过翻译的学者都知道，在语言翻译的过程中，真正做"信、达、雅"并不容易。翻译学术文章尤其难。这些年，《中国史研究动态》发表较多的是日本《史学杂志》上的综述译文，在翻译这类文章的过程中，我们在这方面所遇到困难非常典型。大家知道，日本的语法与中国语法出入很大，中日两国很多文字虽然可以通用，但直接用语言交流却困难重重。这种差异在翻译的时候表现得极为突出。最初几年，我们多找在日本留学多年的朋友来做这项工作，结果令人失望。他们的翻译虽然能够忠实原意，但语言表述上却中日语法混杂，读起来佶屈聱牙。对编辑而言，修改这种稿件着实让人头痛。由于不懂日文，每次修改都要和作者反复协商，稿件往还，费时费力。经过多年的经验，最终只有找本所的同仁来做这项工作，一来本所同事都是专业人员，且都是某一领域的专家，加之有在日本留学的经历，对日语的理解上应该不成问题；二来我所的研究人员，绝大多数在语言表述上有很强的能力。这几点对提高翻译质量助益良多。退一步讲，即使有了问题，互相协商解决也方便。

书评与书讯一直是《中国史研究动态》的主要栏目，从创刊到现在，这个栏目的文章一直没有中断过，由于这个栏目的存在，很多最新的学术成果得以尽快为学界所知，这无疑为推广研究成果、促进学术交流起到了很好的作用。但是，这个栏目也存在一些具体问题。由于《中国史研究动态》在很长时间里，每期只有 32 个页码，这么小的篇幅，每期要发表年度综述等长文，同时还须兼顾各个栏目之间的平衡，因此很难刊登长篇幅的书评。鉴于这种情况，刊物要求每篇书评最好在两千字以内。这一要求限制了作者对学术成果的完整解读，除了介绍著作的主要内容外，已经没有更多文字对成果的得失做出评价。即使有点滴评价，也大多落于空泛。

除了以上几个栏目是每期必有的内容之外，经常发表的还有会议综述。其他如学术名家、新史料与新方法、学术前沿、学术热点等栏目，都以来稿为主，有时也约些稿件，但不是每期必有。

从 1996 年至 2002 年这五年多的时间，《中国史研究动态》由陈高华先生和我两个人编辑，陈先生负责把关和终审稿件，其他具体工作由我来做。当时还是月刊，从来稿登记到初审稿件、组织稿件，最终到印厂核红，头绪繁多，整个流程就像一部不停转的机器，上期的清样还没有校对完，就开始编辑下一期，循环往复，每一期都不能拖期。尽管工作很紧张，由于安排得当，从我接手以后，还未曾有拖期的事情发生。

除了要保证刊物的学术水平，还有几项指标也极为重要，一是政治方向上不能出问题，特别是不能出现违反四项基本原则的内容，其他如有损民族、宗教、对外关系的文字，都不可以在刊物上出现。此外，对台、对港澳用语也不能随意使用，哪些名称要加引号，哪些名称只能用简称，相应机构都有具体规定，稍不留神就会出现差错

以上几项固然重要，但对我来说，减少差错率才是最让人头痛的事。新闻出版署规定，期刊的出错率不超过万分之三才算合格，超过此标准，轻则收回刊物，重则批评警告，严重者甚至要吊销刊号。我院规定更为严格，凡是达到万分之三及以上的刊物都要通报。院科研局期刊管理部门每年组织专家审查，定期公布审查结果。这就要求文字校对时

严格把关，全力减少差错。文稿校对看似简单，实际上很烦琐，看校样时要一丝不苟，真正把心静下来，逐字逐句地看，才能尽量减少错误。做过编辑的人都知道，几个校次都由一两个人做很容易出错。最初几年，只有我和陈先生两个人，每期至少有四个校次，根本轮换不过来。刚接手的时候，不熟悉工作流程，又时常为稿件不足闹心，从而在质量上出了问题，并曾被院里通报。对此，我和陈先生都极为重视。但解决这个问题，除了加倍努力，别无他途。为了减差错，我们不仅增加了一个校次，而且在看校样的时候，花费更多时间，反复阅读。从此后，在差错率方面，再也没有出过问题。

2002年，经编辑部多次请求，人事部门将李学勤先生的高足苏辉同志分配到《中国史研究动态》编辑部。苏辉同志随李先生学习多年，功底扎实，聪明肯干，很快就熟悉了编辑部的工作流程。他到编辑部以后，分担了很多工作，大大减轻了我的压力。2002年至2009年这七年间，一直是陈高华先生、我和苏辉同志在编辑这本杂志。三个人处于三个不同的年龄段，经历也各不相同，但工作上却能互相配合，甚为融洽。从他们身上，我获益良多，这对我来说，是一种愉快的经历。

2009年，李成燕同志也参加了编辑部的工作，编辑部的力量进一步得到加强。李成燕同志细致认真，工作上很有特点，她的到来，对进一步提高刊物质量，起了很大作用。

人员增加了，工作并不轻松。在李成燕同志到来之前，院有关部门提出名刊工程，要求我院主办的各个刊物提出新的改革措施，刊物的外观和学术水平要有明显的改变，争取在尽短的时间里，办成国内外一流的学术期刊。同时，院科研局期刊管理部门制定了相关的规章制度，每年要定期检查。这无形中给刊物增加了新压力。

为了完成我院创名刊的要求，也为了适应学术发展的需求，我们于2011年将原来的月刊改为双月刊，每期由原来的32页增加到96页，篇幅增加了50%，从页面到版心也都重新设计。厚度的增加，封面、版心的美化，使得《中国史研究动态》面貌一新，一改过去那种小册子的形象，这应该是杂志创刊以来最大的变化了。对此改变，外界褒贬不一，就我们编辑部而言，尽管工作量大了，但对新版的《中国史研究动态》，还是比较满意的。在这次改版过程中，为了扩大信息量，我们还增加了几个栏目：课题介绍、研究单位介绍，研究生培养。这几个栏目虽然办了起来，但是，由于稿源不足，办得并不理想。

世事如白驹过隙，转眼间，《中国史研究动态》已经走过了35个年头，我来编辑部也将近20年。在这近20年的时间里，自己虽然做了一些工作，实在是微不足道，《中国史研究动态》能够走到现在，和前辈的开创之功和各位师长的努力有着莫大的关系，他们为这个杂志所做的贡献，可以说居功至伟。

林甘泉先生对《中国史研究动态》的创办具有开创之功。我们知道，林甘泉先生参加学术管理工作多年，而且自己学术功底深厚，见解独到，对学术研究有着深入了解。在当时形势下，林先生充分认识到在百废待兴之际，只靠闭门造车，无法有效提高学术水平。要想提高所内研究人员的学术水平，出更多的成果，扩大历史研究所的学术影响，就要有一个交流学术研究信息的平台，不仅要和国内学者交流信息，还要了解海外研究状况，这无疑是尽快恢复历史所学术地位的最佳途径。《中国史研究动态》正是有老一辈学者的远见卓识，才得以诞生。

《中国史研究动态》创刊后，我国著名的元史学家陈高华先生是该杂志的主要负责人，陈先生在副所长、所长任上主管《动态》，后来又兼任《中国史研究动态》主编。可以说，陈高华先生对《中国史研究动态》的编辑出版付出大量心血，对杂志所取得的成就做出极大的贡献。

杂志最初的主编为历史所老研究员张书生先生。实际负责杂志工作的是杨讷先生，杨先生虽然后来不再做编辑工作，再以后又去北京图书馆担任常务副馆长。但是，《中国史研究动态》能够发展到今天，杨先生最初几年的草创之功对刊物的发展起到了至关重要的作用。田人隆和林永匡二先生编辑杂志的工作也不算短，我们最初看到的文章大部分都是由他们编辑的。林永匡先生回到清史研究室后，又由许敏女士和田人隆先生共同负责。除了以上几位先生，《中国史研究》编辑部的其他同志，也为《中国史研究动态》的编辑出版做了很多工作，曲鸣丽同志一直负责编务，《中国史研究动态》的事务性工作大多是由她来做的。除此之外，《中国史研究》编辑部的同志们还承担了稿件的登记、稿费的发放、校对等事。总之，作为一个团体，《中国史研究》杂志社的同志们体现了很高的互帮互助精神，这对《中国史研究动态》的顺利出版发行，都起到了至关重要的作用。

当年参加《中国史研究动态》工作的大部分同志已经退休，不论在编辑部工作的时间长短，这些老先生对这本小小的杂志的创办，编辑、出版，先后做出了重要的贡献。他们不计报酬、不计个人名利、默默无闻、一丝不苟的工作作风，永远值得我们这些后辈认真学习。如果说《中国史研究动态》还有一些成就的话，和他们所做的工作是分不开的。作为后学，我在此对这些师长表示深深的敬意。

在《中国史研究动态》工作的十多年，在我一生中是很重要的经历。在此期间，编辑部的各位同仁对我的工作给予了很大的帮助和支持。特别是陈高华先生，作为国内外知名的元史专家，从来都是那样谦逊，没有一点架子。以六七十岁的高龄，仍然不辞辛苦地审查稿件，校对清样，而且每次都一丝不苟，认真对待每一个疑问。工作上有了问题，总是以平等的地位和编辑部的同志们商量，找出解决的办法。在这十几年的工作中，他深厚的学养，认真负责的态度，对我的影响颇深，使我终身受益。苏辉和李成燕同志，虽然来编辑部工作时间长短不同，他们二人各有特点，但对工作认真负责的态度是一样的，从他们身上，我也学到了不少东西。总之，我们这三代学人在一起工作，既是同事，也是朋友，可以说亦师亦友，相处无间，十分融洽。此外，《中国史研究》杂志社作为一个整体，《中国史研究》编辑部的同仁们对我们的帮助也很大，特别是曲鸣丽和张彤同志，和我们从来不分彼此，不计报酬，为我们联系业务，发放稿费，寄送样刊，以及其他许多事务性工作。《中国史研究动态》发展到今天，也有他们的一份功劳。对他们所做的工作，我一直心怀感激，无以言表。

人们常说，当一个人回想往事的时候，说明这个人已经老了。我虽然心态自觉年轻，但不知不觉间，已年近花甲，工作寿命也接近尾声。我在《中国史研究动态》这十几年，开始担任副主编，后来作主编，总感觉这个杂志就像自己的孩子，时不时会牵动自己的心绪。但是，有时也扪心自问，我对这项工作真正全身心投入了吗？如果说全身心投入，又哪里有时间去管所里信息化这种劳神费力耗时的事情；如果说没有全身心投入，又为什么会经常为了搞好这个杂志昼思夜想，寝食难安？就像我这个人一样，一直处在矛盾当中。虽然问心无愧，却不十分满意。

明年，我就到了退休年龄，在编辑部的工作也将结束，希望接手工作的同志把杂志办得更好，真正办成海内外学术界的名刊。

尊敬的所内外广大作者和读者，在过去的三十五年间，你们给予了我们极大的支持，没有你们，《中国史研究动态》不可能走到今天。在以后的日子里，希望学界同道和本刊编辑部一起，继续对这个杂志给予精心的呵护，热情的支持，使这个学术信息交流平台日益稳固，信息更加通畅。

在十几年间，我一直负责这个刊物的主要工作，尽管在主观上以与人为善的态度待人，对所内同仁的稿件也大多优先发表，但在工作中难免有这样那样的不当之处，如果哪位同仁因此受到伤害，请您原谅我的无心之失。

那些年，我们做过的那些事

刘荣军

历史所建所60年了。在60年的发展历程中，全所同仁一茬茬、一代代经历了风风雨雨，与历史所共同成长，这里面也饱含着科研辅助人员和行政人员的辛勤汗水。

在所里，最默默无闻的人，也许是图书馆的同仁、行政岗位的同事、还有所谓的临时工（他们中有的人在所工作的时间比许多在编人员都长）。学者只要努力就可变默默无名为一鸣惊人，而在科辅和行政岗位的同事，从入所就默默地工作，到退休也可能还是默默无闻。

图书馆的工作再平常不过了，日复一日地借书还书，旁人看来枯燥无味。但正是通过他们双手的一借一还，延续着学术的传承。

科研处、人事处、办公室具体、细致的工作，认真负责的事项处理，维系着所里的和谐、顺畅、安全，辅助许多人实现了成名成家的梦想。

在所里60年的科研成果中很少出现他们个人的名字，但是在平凡的工作中，他们也干出过不少不平凡的事情。他们所做过的事，大多可能只被受益者铭记。我有责任在60年所庆的日子，从他们做过的无数件事情中，记下几件事。

南下"抢文书"

20世纪80年代，徽学兴起，到安徽等地抢救资料，成了有关科研院所的大事。当时所里组织过几次到安徽抢救资料。图书馆为主,办公室为辅,加上有关人员的配合,几次南下,抢购回来大批散在于民间的资料。这期间,有过家门而不入的故事,也有过黄山而不游的插曲;路途的辛苦不言自明,保证文书回程的安全,则是最令人担惊受怕的。

几次购回的资料,使历史所在徽学领域占有十分重要的地位,起到了关键作用。

近几年,所里徽学专家又在当地发现了一批重要的资料,并请相关专家做了鉴定。这批资料如果能归到历史所,对所里徽学建设的推动无疑是巨大的。所里太穷,没有钱做这件事。我们及时向院里打了报告,请示购回这批资料,并做好了一切准备。但是由于一些客观因素的拖延,致使资料被某高校购走。这是我在历史所工作期间非常遗憾的一件事。

大搬家

现在来说,搬家或许是件幸福的事。有了新房、扩大了面积、离好学校近了……搬家也最能体现一个家庭的团结、合作。历史所我们这个大家也有几次大的搬迁。

1989 年春,北京城在动荡中。按照院里的安排,历史所要从院部搬到日坛路 6 号。60 万册书,还有许多办公家具,当时还不太兴搬家公司,经费也有限,好在当时搬家的主力(行政和图书人员)还比较年轻,绝大多数的力气活,都由所里自己承担了。那时,白天街道上人山人海,只有利用早晚时间,避开街道的喧嚣,安全顺利地完成了搬迁。

这之后,十年多的时间里,我们又从日坛路 6 号搬到院里 3 号楼,再从 3 号楼搬到科研大楼。十来年间,当年 30、40 岁的中年人也到了40、50 岁的年龄,体力上不可与十年前相比。图书是我们立所建业的基础,3 次 60 多万册书的搬迁,就不是一个简单的数量问题。好在大家的责任心还在,干劲还在,为了社科院和所的利益,继续搬迁。

为了往科研大楼搬,图书室的同志比照电梯的尺寸,设计了小推车,大大提高了搬运速度。一时间,十来辆小车在前后院穿梭运行,成了当时全院一大景观,有人还俏皮的在车上插上"支前模范"的小旗。

十来年间,三次大的搬迁是全院大的所级单位没有过的,三次大搬迁也是全所同志不分岗位齐心协力共事的见证。2002 年,我们搬进了科研大楼。这一来,持续了十几年的平静。近十来年到所的同仁,当你们在食堂吃饭时,感觉一下,口中吃的是食粮,脚下踩的正是历史所当年的所在。

生命的接力

2007 年 9 月,所里有位女学者到日本进修,在日期间突发疾病,医嘱绝对卧床,急需回国治疗。由于女学者在京无直系亲属,一切的回国安排势必要由行政人员和她所在室的同事完成。我们及时与她的父母联系,她父母将她在北京落地后所有救治安排托付给了我们。日本朋友帮助联系好航班,疾病使她只能平躺,为使其担架平稳,飞机特地拆了几个座椅。这不是一次正常的回国旅程,根本不可能像正常人自行走出飞机,坐车回家;而她回国后的行动路线是躺着出飞机——救护车——住医院。这一切只有在电影、电视剧中出现的镜头,要通过我们来实现。

飞机准点到达,救护车和我们的同事在舷梯旁守候;担架承担着我们的女学者直接进入救护车,救护车一路闪着红灯向医院狂奔;那天晚上,北京的交通出奇地畅通,好像也在为这次生命的接力让道。医院急诊室的平车对接到救护车,医生直接检查、治疗,省去了许多手续;一切一切都是那样的顺利。当这位女学者的父母赶到北京,他们的女儿已经安静地躺在医院的病房。

记不清是怎样获得机场的同意,允许救护车直接到停机坪飞机旁;医院急诊室预留病床,医生直接就诊……有许多是通过组织的联系,更多的是我们的真诚打动了方方面面,这都是常规无法做到的事,我们做到了。

老吾老以及人之老

历史所的半边天是离退休人员。多年来，在人数上与在职人员大体持平，做好这些同志的工作是所里工作的重要组成部分。具体负责这项工作的几位同志也不再年轻，除了自身的工作之外，还需照顾家中老人；再要做到及人之老，着实是要下很大功夫。

所里一位单身退休职工年高体弱，一直是所里离退工作的重中之重。防止他走失、防止他钱财被骗、防止他做饭失火，千百次的防止；帮助他治疗眼疾、帮助他联系亲属、帮助他住进养老院，无数次的帮助。一切能想到的，都尽力做到了。

为了使他有一个比较清洁的生活环境，几位同志去帮他打扫卫生，由于行动不便，家中多年没有整理，难有落脚之处，我们这才有机会体会到故纸堆中的感觉。三轮车好几次装满清出的废旧物品，虽然没有完全做到窗明几净，老人家还是不停的说：太好了，太好了。

在养老院住了一段时间后，老人家的思乡情结越来越重，我们与他的亲属取得联系，在所里其他同事的帮助下，经过多方做工作，将他迁到上海安度晚年，也算是叶落归根。

"非典"，我们来了

那一年，闹起了"非典"。直到现在也没有人能说清楚是怎么回事。那时，就是多年不见的好朋友，见了面，也就是相视一笑，连握手都免了。避免接触人和物，成了防"非典"唯一最有效的办法。而当时在所里每天留守的大多是行政人员。

闹"非典"的时候，最不愿意去的地方——医院，有了小毛病，能扛就扛，生怕看病时被留下。连出租车听到要去医院，都想方设法推脱。就在这时候，所里一位女同事到了产期。检查、生产，都需要接送。所里的司机去了，从医院接回了母子两人。我们在背后叫这个孩子

"非生"，取意为"非典"时期所生，也蕴意为非常的生命，愿这个孩子和历史所所有的孩子一生一世健康快乐。

那时候，全国流行一句话：防火、防盗、防北京人。仿佛北京就是"非典"的发源地，北京人就是病源。住在通州的年轻人回不了老家，也上不了班，一时人心惶惶。在与他们的电话联系中，有一个年轻人说："没有人管我们了。"说者无奈、听者有心。（这是不可能的，不管你在北京有没有家，只要进了历史所这个大家，总是会有人管的！）我们带上了当时民间最推崇的 84 消毒液，去消毒，去看望我们的同事。到达通州宿舍区时，引起了小小的轰动，所里年轻人相互转告，非常自豪地说：我们所来人了！引来其他所年轻人的旁观，我们是全院第一个到通州看望单身宿舍职工的单位。别的所里的年轻人羡慕得不得了："你们有人管了！"

稀释 84 消毒液，认真地清洗宿舍，同单元其他所职工的房间，能消毒的我们也帮着做了。

当时真不敢说是冒多大的风险，回到单位从每个人的眼睛中还是看出了忐忑，没有完成一件大事后的兴奋、议论；默默地换下衣服、冲洗。也分不清我们去消毒，是杀了病毒，还是带回了病毒，至今不知道这样消毒在病理学上是否有效果，但是我们做了。在危险时期，为那些单身的青年同事做了，至少对他们是一种慰藉，同时也净化了我们自己的心灵。

在非常时期，能做的事，我们尽力做了。

有许多事，做过了，也就淡忘了。随着时间的流逝，人在事非，或事在人非，再者人和事面貌全非。我们的工作就是这样，不可能像科研人员的成果那样为历史所的建设留名后世，或在史学界传世；但我们为历史所的建设实实在在地做过了。

补记

拙文写完，拿给几位同事征求意见。都认为要加几件事，我也认为提出的每一件事都有足够的代表性，都该写出来，我们的同行前辈一定也有许多事应该记录，还有很多很多。同前辈们一样，份内的事，我们履行了职责；分外的事，我们也尽力做了。毕竟我们的工作是围绕所的中心工作在做，做到了，也就行了。不再加写，请各位谅解！

一位室主任知道我在写这篇小文，特别提醒我，要写上图书馆2013年做的古籍目录整理工作。在院里古籍整理计划提前，势必要影响到全所进入创新工程时，正是图书馆和相关人员加班加点的工作，保证了全所同仁能够正常进入院创新工程。

这位主任的提醒，也使我感到，即使是默默无闻的工作，还是有人会默默记得的。

建所60周年之际，谨以此文记录所有为历史所的发展默默无闻做出贡献的人们。

同舟十五年

张金奎

今年是历史研究所建所 60 周年。掐指一算，不知不觉中，自己竟然已经在所工作了 15 年，有幸与研究所共同度过了四分之一的岁月。回首 15 载，五味杂陈，真不知该用哪个词汇来概括。

1999 年 7 月，我在离开中国人民大学的次日到所报到。和想象中金碧辉煌的史学研究最高殿堂相比，眼前稍嫌破旧的三层小楼，拥挤的办公环境，未免有些寒酸，让人有些无法适应。与工作环境的心理落差相比，工作方式上的不适应更让人挠头。在读研究生期间，虽然恩师毛佩琦先生因材施教，采用的是"散养"的教学方式，从阅读书目、课程选择到毕业论文题目的确定，都尽量照顾我的个人兴趣，没有命题作文，但终归有具体的目标，可以事先拟定学习计划，按部就班地进行。而进入历史研究所之后，遇到的第一个难题居然就是不知道该干什么！因为在这里既没有具体的工作任务，也没有量化的要求，一切全凭自己的兴趣，自主进行。从一个长期受具体约束的学生突然变成"完全"自由的研究人员，近乎 180 度的大转折，真不知该如何措手。好在这种茫然只持续了一个多月的时间，就有两股"甘霖"及时地降落到面前。

一 两个机遇

9 月下旬的一天，人事处的同志突然通知我到院人事局去一下，具体做什么，所里也不是很清楚。到了那里才知道，原来是院里决定调少量新入院的同志，以到基层实践的名义（按当时的规定，像我这样没有工作过的员工应该下到外省基层锻炼一年左右）到院史研究室短期工作。

院史研究室是在李铁映院长直接安排下成立的新机构，以整理、研究中国社会科学院自己的历史为主要工作，由当时的中国地方志指导小组秘书长单天伦先生具体领导。当时的院史研究室尚处于初创阶段，包括我在内只有三个人，另两人是科研局的翟福华和院党组办公室的胥锦成同志。和我一样，他们也是入院不久的年轻人。

由于此前没有任何研究积累，我们唯一的工作就是泡在档案室，查阅档案、整理资料，进而按年编写大事记。由于这个原因，我阅读了大量从酝酿成立中国社会科学院到 1986 年前后的各类档案（纪检档案除外），对我院第一个十年的历史有了相对清晰的了解。虽然在院史研究室只工作了八个多月，但收获非常大。

在上学期间虽然知道档案资料的重要性，但并没有直接接触和使用过。在院史研究室的两百多天，几乎天天泡在档案堆里，对档案的生成、分类、保存，不同文种的形态等有了直观的了解。这对后来正确使用明清档案史料，有很大帮助。

大概从 2005 年前后，院里开始组织新职工进行入院教育。和他们相比，我在院史研究室的 8 个月，不仅对有关历史有了相对深入的了解，而且对"研究无禁区，发表有纪律"等工作准则有更切身的体会。可以说，我们三个是才第一批入院教育的受惠者。而且这样的教育模式，可能也是唯一的一次。

2000 年 7 月，我回到历史研究所。在院史研究室，由于工作内容很具体，让我克服了初入所时的茫然。回到所里后，这种茫然并没有重新出现，因为一个新的机遇已经摆在面前，这就是全面推开的研究课题制度。

其实，在我刚入所的时候，课题制度已经在落实当中。在印象中，当时的主要工作是把所有研究人员纳入课题制度的大框架，具体的研究工作尚未展开。待我回到所里，恰恰是各研究项目组正式开始启动的时刻。

我被编入"晚明社会变迁"课题组。为了使研究工作顺利展开，课题组在半年多的时间里，先后开了三次工作会议，以确定每个人的具体研究角度。因此，在回到历史所之后，我即刻投入课题的研究工作，自动解决了茫然无措的问题。不过这时候出现了一个新的麻烦，就是我的研究切入点迟迟没能定下来。

在读研究生的时候，我的注意力主要集中在明代的北方国防上，总体上属于军事史的范围。军队作为国家机器的核心，向来被严格控制，对社会变化的反馈往往是最迟钝的，怎么能把它和社会变迁联系起来呢？因为思维上的惯性，在前两次工作会议上，我提出来的都和军事制度有关。会议的气氛无疑是热烈的。大家畅所欲言，我的收获很多，不过最大的收获是两张否决票。其他的先生们都已经确定选题并开始工作，我还处在摸索当中，心理压力非常大。好在这时另一个在历史所行之已久的制度救了我，这就是导师制度。

为了使年轻人尽快适应工作岗位，历史研究所为每个入所的新人配备了一名资深研究人员，具体指导各项工作，以便其顺利完成从学生到研究工作者的过渡，这就是导师制度。在我的印象中，这项制度大约执行到 21 世纪初就自动废止了，因为从那时起，进入历史所的新人至少拥有博士学位，在校期间就有着相对丰富的独立研究经历，似乎不再需要有人引导过渡。因此，我无意中又创了一个纪录，即成为了历史所导师制度的最后一代受益人。

我的导师是万明老师。和毛佩琦先生一样，万明老师对我的引导同样是"散养"式的，没有命题作文，在课题初始阶段同样如此。这种主要依靠个人摸索的引导方式虽然有些痛苦，但摸索过程中的自我减压和知识积累无疑是一笔宝贵的财富。能在半年后灵光乍现，找到军户这个切入点，和这种"散养"式的引导是分不开的。与前期的"散养"不同，在课题收尾阶段，万老师的指导无疑是具体而细腻的，大到某一节是否需要整体删除，小到具体的注释格式，都有细致的安排。我的定稿能从拉拉杂杂、东拼西凑的八万多字精炼到最后的五万余，都要归功于万老师的指导。

或许是命运使然，不仅毛、万两位老师如此，我后来在职攻读博士学位时的导师商传先生同样采取的是因材施教式的"散养"。前后十余年的"散养"教育，让我学会了独立思考、独立面对工作和生活中的困难，独立承受各类"打磨"。也正是这样的"散养"式引导，帮助我在 30 岁之前，就确定了未来的三个研究方向。

二 三块骨头

大约在 2007 年前后，我给自己拟定了 50 岁之前的三个研究目标，我称它们为三块有颜色的骨头。

第一块骨头是军户。军户原本是我参加"晚明社会变迁"课题时选择的切入点。正式开始研究之后，才发现这是给自己找了个大麻烦，因为军户问题涉及金、元、明、清四朝，且横跨政治史、军事史、经济史、社会史等多个领域，实在是一块难啃的硬骨头。不过既然这个选择已经在工作会议上通过，不便再作改动，也只能硬着头皮做下去。随着研究工作的深入，我发觉这是一个挖掘不尽的金矿，于是不再头疼，转而将其视为一块金色的硬骨头。

2002 年，在万明老师的鼓励和督促下，我又以军户为题，申请了所重点课题，同时将其作为"晚明社会变迁"课题后续研究的一部分。转年，SARS 病毒肆虐神州，在不得不减少外出的情况下，通过不同途径，我把所需研究资料尽可能多地搬回了家，几乎整整三个月，心无旁骛，安心读书。后来用到的大部分史料，几乎都是在那一年整理出来的。2006 年，军户课题终于脱稿，并于当年 5 月出版，实现了入所以来的第一个"跨越"。所谓的跨越，不是树立了什么里程碑，而是通过实践，证明了自己已经完全具备了独立科研的工作能力。

第二块骨头是海防。"明代山东海防与地方社会"是我在 2006 年 6 月申请的另一项所重点课题。随着改革开放的深入，海洋日益受到重视，与海洋有关的历史研究也日渐成为显学。由于是时髦、热点话题，我视之为一块红色的骨头。

军户课题从 2000 年算起，前后共进行了大约 8 年的时间。与之相比，进入海防史显得有些仓促，中间少了一个过渡时间段。不过，同样是用了大约 8 年的时间，这项研究的初期成果亦告竣。

第三块骨头是锦衣卫，我视之为黑骨头。之所以称之为黑骨头，不是因为它难啃，而是因为由于特殊的研究氛围，锦衣卫的形象在人们心目中几乎已经定格化，在普通人眼中，锦衣卫更是与特务机构紧密联系在一起，几乎就是明代黑暗统治的代名词。我将其作为研究对象，并非要刻意为它漂白，而是希望通过还原它的本来面貌，拔除附着在明代社会身上的错误的"黑色"标签。想来这也符合历史研究所求真、务实的学术传统吧。

夫子曰："先行其言而后从之。"锦衣卫课题，我尚未展开具体研究就先张扬若此，似乎有违千年古训。与出了成果再公之于众相比，我这么做其实是为了给自己增加一份外在监督的力量，切断回头路。尽管由于研究对象的特殊性，在未来的研究过程中可能会遇到很多非学术因素的干扰，但在这个话题上搞出一点名堂的决心是不会变的。

自我总结，金色骨头刚刚啃下一丝血肉，红骨头还是夹生饭，黑骨头尚未动口。如能如愿在50岁之前啃动黑骨头，基本目标也就达到了。至于剩下的10年，如果没有大的变动，我不准备再开拓什么新领域，而是希望就这三块骨头进一步钻研，争取在退出工作岗位之前，每块骨头都能啃出一些骨髓。

回首15年，苦与乐相兼，失误与成功并存。既有成为唯一一批特殊入院教育受益者的喜悦，也有沦为第一批房改对象，彻底丧失分房资格的无奈；既有成为最后一代导师制度受益人的庆幸，也有面对意外"打磨"时的苦涩。唯一可以肯定的是，我无悔成为历史所的一员。衷心希望能继续与历史研究所相守，直到它年满80周年那一天。到那时，我也可以自豪地说：我在历史研究所工作了35年，伴随它走过了近一半的历程。

在所十年

陈时龙

2004 年我从复旦大学毕业，到历史所工作，正赶上建所 50 周年庆典。转眼间又快到 60 周年所庆，所领导让我写一下来所后工作的感悟。10 年不算短暂。对于一个学者而言，从 27 岁到 37 岁的 10 年，也是其研究方向与治学风格形成的 10 年。因此，有机会对自己前一段时间的治学做个小结，也是有意义的。

我很幸运，能在历史所度过这宝贵 10 年。历史所的治学环境很好，学风严谨，有好的平台，有丰富的资料，最为重要的是没有发表论文的压力。因此，自己想研究的，可以细心深入下去，文章也不必按照时下一些刊物的要求拆成万字左右的豆腐块。在历史所的 10 年中，我向刊物投稿发表的论文大概只有四篇，而这四篇论文自己也觉得比较满意。第一篇是 2007 年在台北《政治大学历史学报》上发表的《明代关中地区的讲学运动》。那篇论文，是我的博士论文《明代中晚期讲学运动：1522—1626》的延续，但后者是对明代讲学运动纵贯的梳理，而前者是对明代一些讲学发达地区所做的区域性研究，其实也是自己负责的所重点课题《明代地域讲学活动研究》的阶段性成果。与之相类似的，是发表在北京大学《国学研究》的《以慈湖学的名义——十六世纪阳明学在慈溪县的传播》一文。该文探讨了阳明学在阳明家乡余姚附近的慈溪县传播时所采取的与当地传统的慈湖学相兼容的策略。但是，很遗憾，地域讲学运动研究的成果，除这两篇以外，其他部分均不够成熟未能公开发表。这是一个深刻的教训：如果在一个研究课题上拖得太久，惰性会逐渐蚕食你的研究欲望。其间，在历史所所刊《中国社会科学院历史研究所学刊》上发表的《明代书院志考》一文，则是自己多年以来关注书院志这类文献的成果。将 88 种明代编纂的书院志逐一考出，虽稍有些遗漏，却已是相关论题最全面的考证。第四篇论文《万历张府抄家事述微——以丘橓〈望京楼遗稿〉为主要史料》发表在香港中文大学的《中国文化研究所学报》上，其写作之萌动纯属偶然。有一次，我在历史所图书馆十二楼的善本室翻卡片目录，无意中见到丘橓的文集《望京楼遗稿》。丘橓是万历十二年（1584）前往荆州查抄张居正家的主要官员，而之前研究张居正的史家从未提及此书。此书系赵俪生教授旧藏，1963、1964 年家庭困难时售出，流入中国书店，后为历史所购入。赵俪生夫人高昭一在《回首忆当年》一书中提到过"《望京楼》"一书。书中有五份丘橓写给张居正的公子们的信——《与张府诸公子书》，两份丘橓写给朝廷的奏疏，以及几封写给朝中人臣们的信。我原本只是想简单地把资料公布出来，但汪惟真教授建议我利用该资料对抄家过程进行梳理，而万明老师后来又提供了丘橓的曾外孙——清初参加《明史》修纂的李澄中——的相关资料线索。因此，最后文章非但进一步还原了查抄张居正家的场景，还揭示了《明史》修撰过程中对丘橓的相关评价的演变。在写这篇论文的过程中，我深切地认识到两点，一是历史所图书馆中宝贝不少，尚待采掘；二是对新资料的利用要尽可能深入，不应浅尝即止，停留在介绍的层面。

　　当然，我之所以对《明史》修撰过程中丘橓相关评价的演变特别敏感，又与之前参与过一项集体课题——《天一阁藏万斯同〈明史稿〉整理与研究》有关。我来所后的这些年里，院里和所里抓科研，主要采取课题制，集体课题多。人们经常批评集体课题求大求全，研究不够深入。确实，它会有这样的弊端。但是，对于参加集体课题的个体来说，"入伙"却并非全无益处，至少可以扩大自己的研究范围，而这点对于年青学者来说很重要。因为要研究天一阁藏的《明史稿》，便不得不涉及清初《明史》修撰过程，以及《明史》的取材问题，于是才会在研究丘橓的相关评价时有史学史的角度。所以，集体课题虽然分割了学者的研究时间，但对年青学者的成长还是很有益的。这方面的例子还可以再举一个。例如，我因为参加院重点课题《明代诏令文书的整理与研究》，对明代诏令文书的分类以及其上传下达的过程产生了兴趣，也潜在地为我将来的研究预留了一个方向。

最后，回顾一下历史普及工作。2005 年，中华书局的编辑徐卫东先生约我与当时同在明史室工作的许文继先生撰写《正说明朝十六帝》。虽是普及性读物，我们写得比较认真，当时也确实有比较多的想说的话。在此之前，我的研究主要局限在嘉靖朝以后，而十六帝的写作至少让我把自己需要关注和了解的时间段向前拓展到成化、弘治两朝，而对明朝历代帝王生平及其统治期间的大事更趋熟悉。《正说明朝十六帝》后来重印十余次，发行十七万余册。对于一介书生的我，这种"业绩"大概是可遇而不可求的。2009 年，故宫博物院《紫禁城》杂志开辟"人物专栏"，编辑李文君先生邀我写明代帝王，每期一篇，二三千字即可。一个帝王的生平，要用短小的篇幅写出，除了要熟悉史事外，还要精于拣择，锻词炼句，形诸文字的过程极其痛苦。往往一个月的时间里，前两周在翻资料，后两周在琢磨如何下笔。文章写出来后反响还不错。香港的董桥先生在一篇文章中说，读过我给明神宗写的小传，说"很好看"。这样的评价已让我很感欣慰了。之后，我又接续为清朝皇帝写了十二篇小传。由于之前从未接触清代历史，因此那项工作更富挑战性，但好歹敷衍成文了，其间也难忘杨珍副所长偶尔在所内走廊间晤谈时的鼓励。做历史普及工作，似乎有点不务正业，然而其社会作用之大，我却是深信不疑的。2012 年出版的《简明中国历史读本》，集合了历史所多位学者的努力，由我负责明代一章。我曾遇见一位治明代哲学史的学者。他熟悉我的名字不是因为我同样在研究明代思想史，而是因为之前读了我们写的《简明中国历史读本》。当然，社会影响只是一个方面，对我们自身来说，只要不粗制滥造，只要有端正的态度，历史普及读物的写作也未尝不是对我们学术能力的一种锻炼。也大概是从 2009 年起，我与所里许多同事在所长卜宪群先生的带领下开始撰写百集纪录片《中国通史》的电视片稿。按照程序，一集片子拍下来，历史所的作者前后要经历撰写初稿、审阅基础内容稿、配音稿和样片四道程序。在这个过程中，我们对于一朝一代的历史因此也会更加清晰。因此，我一直想，尽管在所里的十年中，有大量时间被历史普及工作牵制，但历史普及读物的写作也拓宽了我的视野。

如果将集体课题与历史普及工作比作责任田，作为史学工作者的我们，不能不去尽一分职责，而收获其实亦终有一分归己。自己的研究兴趣，好比自留地，不妨精耕细作，使其花繁叶茂，让它成为每一个读书人的后花园。我想，这大概是一个史学工作者应有的态度。

编 后 记

　　2014年，中国社会科学院历史研究所迎来了建所六十周年。为了庆祝这60年的历程，所党委会和所长办公会决定编辑出版一部追述以往的纪念文集，由王震中负责约稿和编辑，收到稿子后，由所长卜宪群、副所长王震中、杨珍三位先读一遍，并请一些老先生也看一看，然后再交出版社。我们这次的组稿方针是：第一，撰写的作者在体现老中青三代相结合的同时，要尽量多向稍年轻一点的学者们组稿；第二，在反映前辈学者治学和个人回忆之外，要多组织撰写历史研究所各学科六十年来成长和奋斗的历程。我们认为这样做，既展现了60年薪火相传，也有利于学科建设，是一件非常有意义的事情。从呈现在大家面前的这28篇佳作来看，我们的目标达到了，因此也甚感欣慰。当然，也有几篇稿子没能按时收到，多少有些遗憾！

　　在编辑稿子的过程中，我们对有的稿件做了删节，有的则是作者本人进行了修改，但由于时间仓促，难免有不周全、不妥当之处，望同仁们多加谅解！

王震中

2014 年 4 月 20 日